LA IGLESIA MENTORA

CÓMO LOS PASTORES Y LAS CONGREGACIONES CULTIVAN LÍDERES

PHIL A. NEWTON

EDITORIAL
PORTAVOZ

La misión de *Editorial Portavoz* consiste en proporcionar productos de calidad —con integridad y excelencia—, desde una perspectiva bíblica y confiable, que animen a las personas a conocer y servir a Jesucristo.

Título del original: *The Mentoring Church*, copyright © 2017 por Phil A. Newton y publicado por Kregel Publications, una división de Kregel Inc., 2450 Oak Industrial Dr. NE, Grand Rapids, MI 49505-6020. Traducido con permiso. Todos los derechos reservados.

Edición en castellano: *La iglesia mentora* © 2021 por Editorial Portavoz, filial de Kregel Inc., Grand Rapids, Michigan 49505. Todos los derechos reservados.

Traducción: Loida Viegas
Revisión: Juan Terranova

Las cursivas en los versículos bíblicos son énfasis del autor.

EDITORIAL PORTAVOZ
2450 Oak Industrial Drive NE
Grand Rapids, Michigan 49505 USA
Visítenos en: www.portavoz.com

ISBN 978-0-8254-5907-8 (rústica)
ISBN 978-0-8254-6812-4 (Kindle)
ISBN 978-0-8254-7634-1 (epub)

1 2 3 4 5 edición / año 30 29 28 27 26 25 24 23 22 21

Impreso en los Estados Unidos de América
Printed in the United States of America

«Pocas tareas son tan importantes en la iglesia como la formación de futuros líderes. En este nuevo libro, Phil Newton enseña a los pastores a discipular líderes y cómo pastorear a una congregación que valore la inversión en el liderazgo futuro. Como nos recuerda Newton en este libro, la preparación de los futuros líderes no es tarea única del pastor, sino de toda la congregación. Las iglesias necesitan hoy este libro con urgencia».

—R. Albert Mohler Jr., presidente de Southern Baptist Theological Seminary

«La pregunta para los cristianos de hoy no consiste en si están llamados a potenciar su vida para la Gran Comisión; solo es cuestión de dónde y de cómo. ¿Y quién mejor que la iglesia local para entrenar a nuestra gente con el fin de aprovechar estas oportunidades? Como solemos afirmar en Summit: "El discipulado se produce en las relaciones". Este libro llega al fondo del discipulado; las relaciones intencionales, estratégicas y bíblicas que preparan a las personas y las envían a la misión de Dios».

—J. D. Greear, pastor, autor y teólogo

«En todas partes, los pastores luchan por formar líderes. Sabemos que es necesario hacerlo, pero desconocemos por dónde empezar. *La iglesia mentora* combina la verdad bíblica y la perspectiva histórica con ejemplos contemporáneos de iglesias que están preparando a futuros líderes. Pastor, ¡lea este libro! Se alegrará de haberlo hecho. Mejor aún, estúdielo con su equipo de liderazgo. Ningún otro libro trata este tema de forma tan completa. Me alegra que Phil Newton compartiera su sabiduría con el resto de nosotros. ¡Que Dios use este libro para levantar a una nueva generación de líderes para la causa de Cristo!».

—Dr. Ray Pritchard, presidente, Keep Believing Ministries

«*La iglesia mentora*, de Phil Newton, es una lectura fundamental para los cristianos interesados en ser o tener un mentor. Newton muestra la centralidad absoluta de la iglesia local para la mentoría (u orientación) espiritual, construye un modelo de mentoría práctica para las iglesias y proporciona ejemplos contemporáneos que ayudarán a los pastores a visualizar la orientación (o dirección) espiritual en sus propios contextos únicos. Sumamente recomendable».

—Bruce Riley Ashford, rector y decano del profesorado
Southeastern Baptist Theological Seminary

«Este llamamiento a los pastores, para que se entreguen como mentores en la orientación de la siguiente generación de líderes de la iglesia, está arraigada en las Escrituras y se ilustra tanto en la historia de la Iglesia como en los distintos modelos de iglesias contemporáneas. Este libro nos alienta a mantenernos enfocados en esta tarea vital para la salud de las iglesias locales y en la constante difusión del evangelio de nuestro Señor Jesucristo».

—Paul Rees, pastor principal, Charlotte Chapel, Edimburgo

«Phil Newton ama a la Iglesia de Jesucristo; le apasionan su salud y su crecimiento espirituales. Ese entusiasmo recorre este libro sobre la formación, orientación y maduración de líderes piadosos y eficaces en la Iglesia de Cristo para su gloria».

—Liam Goligher, ministro principal, Tenth Presbyterian Church, Filadelfia

Dedico este libro a los plantadores de iglesias, misioneros, pastores, ancianos y líderes de iglesias que han disfrutado de una mentoría (u orientación) a lo largo de los últimos treinta años en South Woods Baptist Church, Memphis (Tennessee)

y

a la congregación que con tanta fidelidad los amó, sirvió, desafió, moldeó, oró por ellos y los alentó.

CONTENIDO

PRÓLOGO

Phil Newton ha bendecido a congregaciones y líderes congregacionales con un proyecto serio y cuidadosamente diseñado para ayudar al desarrollo de una nueva generación de pastores y líderes de iglesias. Inspirándose en las Escrituras, en modelos saludables tomados de la historia de la iglesia y en su propia experiencia ministerial como pastor, Newton ha proporcionado un regalo para las congregaciones y sus líderes.

Esta visión de servir de mentores de una nueva generación de líderes de la Iglesia precisará de ministros bien preparados y de talento, así como de congregaciones dispuestas y otros colaboradores en el ministerio, para la implementación de esta tarea. La propuesta de este volumen, extremadamente útil, está fundamentada por las profundas realidades del Gran Mandamiento (Mt. 22:37-39), y enraizada en la comisión de Jesucristo mismo, quien le encargó a la Iglesia que hiciera discípulos a todas las naciones (Mt. 28:19-20). En Efesios 4:11-16, el apóstol Pablo identifica los objetivos de semejante esfuerzo de edificación de la Iglesia: guiarla a la madurez en la fe y conducirla a la unidad. Estas metas del siglo I siguen siendo también el enfoque de la mentoría[1] y el desarrollo de los líderes de nuestra época. Esta obra exige que los líderes maduros inviertan sus vidas en los ministros más jóvenes llamados por Dios, según el modelo de Pablo con Timoteo y Tito. Lo que estas dos personas habían oído de boca del apóstol, debían transmitírselo a líderes

1 Dado que en español no existe un verbo para el inglés *mentoring*, y que el sustantivo *mentoría* tampoco se utiliza demasiado en nuestra lengua, la traducción alternará verbos como *orientar*, *dirigir*, *ser* o *tener un mentor*, o sustantivos sinónimos como *orientación* y *dirección*, en aras de una mejor comprensión y fluidez del texto.

fieles que pudieran enseñar también a otros (2 Ti. 2:2). El proyecto de Newton concibe la réplica de estas prácticas de una forma similar.

La imagen que nos presenta el libro que tiene entre sus manos no renuncia a la importante tarea de las universidades cristianas, los seminarios teológicos u otros ministerios paraeclesiásticos especializados. Más bien, esta propuesta pide la cooperación y colaboración de dichas entidades; no se trata de una disyuntiva, sino de elementos complementarios. Partiendo del reconocimiento de que las instituciones académicas necesitan a las congregaciones, y que estas pueden beneficiarse de otras instituciones u organismos, Newton propone un alentador modelo de colaboración, que todos los llamados a preparar a la siguiente generación de ministros deberían recibir de buen grado y alentar.

A los líderes de las iglesias se les ha confiado la fe cristiana, el cuerpo de verdad «que ha sido una vez dad[o] a los santos» (Jud. 3; véase Tit. 1:9). La fe cristiana no es solo fe en la fe —un cierto sentimiento subjetivo y amorfo—, sino, más bien, en un sentido objetivo, un cuerpo de creencias, que en las Epístolas pastorales se denomina enseñanza, el depósito, la fe y la verdad. Este modelo de verdad cristiana está ahora disponible en el Nuevo Testamento para los mentores y sus aprendices, para las iglesias y los líderes de las iglesias. Una de las principales responsabilidades en el desarrollo de los jóvenes ministros, llamados por Dios y capacitados por el Espíritu, incluye la instrucción en los temas fundamentales de las creencias cristianas sobre el Dios trinitario (Padre, Hijo y Espíritu Santo), las Escrituras, la humanidad, el pecado, la salvación, la vida cristiana, la Iglesia, el reino de Dios, la vida eterna, así como la ética cristiana.

Los mentores y las congregaciones también tienen la responsabilidad de preparar a los jóvenes ministros para las cuestiones y las expectativas con las que se encontrarán en sus iglesias. La visión para la mentoría debe ser global, que prepare la cabeza, el corazón y las manos. Las congregaciones necesitan ministros bien informados, pero que también posean una formación cristiana y estén preparados para el ministerio. La importancia de relacionar la mentoría con la vida de las congregaciones es vital para este esfuerzo. Newton ha proporcionado ejemplos bien documentados para sus lectores que muestran cómo Zuinglio, Calvino, Spener, Gano, Spurgeon, Bonhoeffer y otros se dedicaron a esta importante tarea durante su época y en sus contextos. Por tanto, no se nos invita solamente a aprender de las Escrituras mismas, sino también de la sabiduría de quienes nos han precedido.

La visión de Newton respecto a una colaboración entre líderes del ministerio, congregaciones e instituciones teológicas reconoce que la educación teológica tiene sus raíces en las iglesias. En el período apostólico y posapostólico, los pastores y los líderes de iglesias eran llamados al estudio constante (2 Ti. 2:15) con el fin de proveer supervisión para el ministerio de la Palabra de Dios en los cultos de adoración, así como para formar y discipular a nuevos conversos (2 Ts. 2:15; Tit. 1:9). Tal enfoque reconoce que se hace mejor teología en, con y para la iglesia.

La orientación centrada en las Escrituras reconoce a la Biblia como fuente inspirada y autoritativa para entender la vida, la adoración y el ministerio; como un manantial para la predicación, la enseñanza y la liturgia; como fuente primaria para la formulación de la teología; como modelo del cuidado pastoral; y como fundamento para la formación espiritual y de la cosmovisión. Los líderes de la iglesia y las congregaciones deben crear un contexto de comunidad —incluyendo las conexiones relacionales— donde los jóvenes ministros y aprendices podrán aprender las mejores prácticas respecto a la interpretación de la Biblia, el estudio de la teología cristiana y la aplicación de esas verdades para la administración práctica de la iglesia y su liderazgo, así como para la predicación, la adoración y el ministerio. Las prácticas de la mentoría pueden incluir también el fortalecimiento de la propia comprensión de los distintivos denominacionales, así como los llamados a ministerios especializados, además del trabajo esencial asociado con los funerales, las bodas, la consejería pastoral, la administración de las ordenanzas, las misiones globales, la reconciliación racial y las competencias interculturales.

En última instancia, la visión de Newton para la orientación se centra en la edificación del pueblo de Dios y en el progreso de la misión del evangelio. Al incorporar esa misión, se llama a la iglesia a ser fiel en el discernimiento, la interpretación y la proclamación del evangelio de Jesucristo como poder transformador para el mundo. Tales prácticas de mentoría ayudan a eliminar al intelectual frente al practicante, a la academia frente a la dicotomía de la iglesia, que existe en algunas porciones de la comunidad cristiana.

Los jóvenes ministros preparados para el ministerio de la Iglesia, a través de una orientación fiel, estarán capacitados para entender lo que la Iglesia ha venido creyendo a lo largo de los siglos, para proclamar las buenas nuevas del evangelio, dirigir a otros en la adoración de nuestro majestuoso Dios, recuperar una comprensión verdadera de la salud de la Iglesia y proveer una relevancia y una seguridad genuinas para la vida en nuestros días. Las congregaciones y los pastores mentores ayudarán a que la siguiente generación de líderes de la Iglesia esté preparada para servir con convicción, talento y humildad; servir junto con otros hermanos y hermanas en Cristo para extender la obra compartida del evangelio en todo el mundo y así promover el reino de Dios. Esos jóvenes ministros aprenderán a relacionarse entre sí en amor y humildad, y a producir una verdadera comunión y comunidad en la ortodoxia, así como en la ortopraxis, ante un mundo que observa.

Nos unimos a la oración de Phil Newton para que Dios levante a una nueva generación de fieles líderes de iglesias, bien preparados, con convicciones y compasivos, capacitados para los retos siempre cambiantes y en constante expansión del siglo XXI, y que acepten la responsabilidad de invertir en la vida y en el ministerio de los llamados a servir a la siguiente generación. Juntos le rogamos al Señor que amplíe y renueve nuestra visión del ministerio y del liderazgo, y del discipulado y la actividad en la iglesia. Confiamos en que la siguiente generación de líderes de iglesias manifestarán una dedicación más fuerte y más profunda al trabajo de la iglesia y del ministerio, dando gracias por los muchos que nos han precedido y aprendiendo de ellos.

Las mejores prácticas de la historia de la Iglesia documentan y moldean la visión de la mentoría eficaz y fiel propuesta en este volumen, que nos capacita para reconciliar la comprensión y el conocimiento del pasado y evitar, así, que los líderes de la iglesia confundan una mera expresión contemporánea o una moda pasajera de lo que es perdurablemente relevante. Dar forma a estas verdades y a estas prácticas ministeriales en el contexto de la historia cristiana ofrece un profundo conocimiento para hoy y dirección para el futuro.

Oramos por los pastores y por las iglesias que procurarán implementar esta visión mientras sirven juntos en la preparación de la siguiente generación de ministros y líderes para el ministerio y el liderazgo en las iglesias del Señor Jesucristo. Ciertamente, la tarea de orientación y desarrollo de los jóvenes líderes de iglesias es un llamamiento distintivo e importante. Oremos por las bendiciones de Dios y para que su favor repose sobre aquellos que acepten el reto de este llamado, por el bien de las iglesias, por el progreso del mensaje del evangelio y por la gloria de nuestro gran Dios.

David S. Dockery
Presidente, Trinity Evangelical Divinity School/Trinity International University

AGRADECIMIENTOS

Los libros crecen en comunidad. Evolucionan y toman forma al afinar y pulir a los hermanos y hermanas que viven juntos la vida en Cristo. Mi vida sigue enriqueciéndose y recibiendo el efecto de esta clase de comunión con el cuerpo. Estas relaciones contribuyen, deliberadamente o sin que nos percatemos, al proceso de plasmar palabras en una página. Por esa razón, debo atraer la atención del lector a unas cuantas personas que hicieron posible este libro.

La South Woods Baptist Church de Memphis, Tennessee, me ha proporcionado la oportunidad de servir a los hermanos durante treinta años. Durante este tiempo, me han apoyado y alentado a ser mentor para el ministerio. Mis colegas ancianos —Tom, Dan, Jim, Tommy, Chris, Drew y Matt— se han unido a mí en este menester. Los miembros de nuestra congregación a los que hemos venido dirigiendo junto con otros ya involucrados en el ministerio, han contribuido a nuestro gozo en la mentoría. Hermanos, ustedes nos han dado muchísimo más de lo que han recibido de nosotros.

Mi gratitud especial para quienes han ofrecido sugerencias a fin de mejorar esta tarea: John Hammett, Alvin Reid, Matt Sliger, Bruce Ashford, Chris Spano, Ray Pritchard, Jonathan Leeman, Matt McCullough, Jordan Thomas y Raymond Johnson. Estoy agradecido por la ayuda de Debbie Jones con un montón de detalles. David Dockery ejemplifica al experto-practicante fiel en la formación de la generación siguiente. Valoro su alentador Prólogo a este libro. De nuevo, agradezco enormemente trabajar con el excelente equipo de Kregel Publications. ¡Gracias a todos ustedes!

Karen, el amor de mi vida, ha hecho avanzar este proyecto en infinidad de formas, con su apoyo, su estímulo, su actitud de escucha, sus oraciones y sus consejos siempre buenos.

¡Toda la gloria sea para Jesucristo, quien formó a sus discípulos para predicar el evangelio!

INTRODUCCIÓN

DIECISÉIS AÑOS, LLAMADO Y SIN LA MENOR IDEA

Junto con centenares de otras comunidades, la extensión del Movimiento de Jesús, a finales de la década de 1960 y principios de la de 1970, llevó el mensaje del evangelio a mi pequeña ciudad de Alabama. El pastor de nuestra iglesia no tenía ni idea sobre qué hacer con los adolescentes y los jóvenes adultos que profesaban su fe en Cristo, compartían y daban testimonio en la comunidad, y se reunían varias noches a la semana para tener comunión. De modo que nos ignoró. Al mismo tiempo, se involucró y participó con algunos de nosotros que sentíamos el llamado de Dios al ministerio. Producto de esa atmósfera, sin saber nada sobre el ministerio, a mis dieciséis años empecé a perseguir el ministerio del evangelio.

Aunque varios centenares de personas asistían a la First Baptist Church de la capital de nuestro condado, la mayoría parecía contentarse con actuar con amabilidad, asistir a los estereotipados cultos de adoración, tolerar sermones vacíos de evangelio y mantener las apariencias del cristianismo. Sin embargo, la invasión del Espíritu de Dios en poder regenerador en la vida de mis amigos, y en la mía propia, nos dejó hambrientos de más.

Fuimos conscientes de la falta de unidad en el personal de la iglesia, de los concursos de popularidad para elegir a los diáconos de la iglesia y de la conversación superficial sobre las misiones. Dedicar las tres cuartas partes de nuestra hora de escuela dominical a analizar el partido de fútbol de la noche del viernes, y hacer una rápida lectura de quince minutos de la lección resumida, no servía para estimular el estudio de la Biblia ni satisfacía nuestra hambre espiritual. No era el entorno ideal donde prepararse para el ministerio del evangelio.

A pesar de que habían transcurrido tres años desde que anuncié mi llamado al ministerio, el pastor de esa iglesia jamás me habló sobre las disciplinas espirituales: tener un tiempo devocional diario privado y tranquilo, memorizar las Escrituras, estudiar la Biblia o leer buenos libros. En dos ocasiones me dio la oportunidad de predicar, durante las cuales salí del paso con mediocres intentos de exponer mis textos escogidos, sin la más mínima idea de qué hacer y sin directriz alguna de su parte. Tampoco me dio sus impresiones sobre la predicación para guiarme a una mejor exégesis y una homilética más clara. Nada. Ni estímulo ni corrección, ni orientación; solo el silencio y la expectativa de que, cuando acabara la universidad y asistiera al seminario, entonces obtendría lo que me capacitaría para el ministerio del evangelio. Esto parecía ser el *ethos* de la mayoría de los asistentes a la iglesia, mientras observaban desde la distancia a los «muchachos predicadores».

Afortunadamente, algunas parejas invirtieron su tiempo y su alimento espiritual en ayudarnos a mis amigos y a mí. Nos abrieron sus hogares, nos enseñaron las Escrituras, oraron con nosotros, escucharon nuestras inacabables preguntas y fueron modelos de satisfacción en Cristo. El pequeño grupo de miembros de la iglesia inició, sin darse cuenta, el proceso de prepararme para el ministerio del evangelio. Fueron mis mentores en la vida cristiana y en el servicio del ministerio.

Felizmente, mi tiempo en la universidad me ayudó y, por primera vez, asistí a una exposición continuada de hombres que procuraban explicar las Escrituras. Mi corazón se aceleraba al escuchar la Palabra abierta y explicada. Yo quería hacer lo mismo, pero… ¿cómo?

Ansioso por saltar al ministerio, acepté la oferta de una iglesia para servir como parte de su personal. Esta pequeña iglesia de la ciudad donde yo asistía a la universidad tenía poco que brindarles a sus miembros, o a mí. Soportamos sermones repetitivos que carecían de claridad respecto al evangelio, seguidos por extensas súplicas y coacciones para tomar la decisión. De nuevo, otro pastor que nunca se comprometió a darme orientación, a ser mi mentor ni a instruirme en los detalles del ministerio. La iglesia parecía estar exhalando su último suspiro. La mejor lección que aprendí fue que no quería emular a ese pastor ni tener una iglesia tan poco sana.

Mi siguiente puesto de trabajo me proporcionó muchas más oportunidades de aprender, pero, aunque era cálido y afectuoso conmigo, el pastor mismo no había recibido una mentoría en un entorno congregacional saludable. Seguía el típico protocolo denominacional sin pensar demasiado en desarrollar una iglesia fuerte y centrada en Cristo. Aunque no lo comprendí en ese momento, no parecía saber mucho sobre cómo pastorear a la iglesia hacia la salud espiritual. Su predicación apenas se regía por la dinámica de la exposición bíblica. De modo que, cuando predicaba, con la poca antelación con la que solía avisarme, aparte de un mero

«¡Buen trabajo!», nunca me tomó aparte para corregir y pulir mi predicación. ¡Y yo necesitaba mucho perfeccionamiento! Pero a él tampoco lo habían orientado en los detalles de la labor pastoral, de manera que no tenía ni la menor idea de cómo dirigirme en el cometido de pastorear la iglesia.

Felizmente, mientras yo buscaba discipular a un grupo de jóvenes adultos, nos reuníamos para crecer en las disciplinas espirituales y en el testimonio del evangelio. Sin siquiera notarlo, las preguntas, las interacciones y la responsabilidad de esa pequeña parte de la iglesia me sirvieron de mentores en el ministerio. El tiempo que pasé con ellos, en una comunidad cristiana activa, moldeó más que cualquier otra cosa mi labor pastoral futura.

Durante mi último año de maestría en Teología empecé a pastorear una pequeña iglesia rural, a un par de horas al norte de mi seminario. Me comprometí a predicar de forma expositiva y, por consiguiente, uno de mis profesores me impartió una excelente, aunque exigua, formación en la predicación bíblica. Sin embargo, yo seguía entendiendo poco de los menesteres de pastorear a una congregación, de la dinámica de una iglesia sana o de las funciones de una iglesia de la Gran Comisión. Sabía cómo elaborar sermones bíblicos, pero no cómo apacentar al rebaño de Dios. Con gran paciencia, aquella pequeña iglesia soportó mis muchos errores y me proporcionó la ocasión de empezar a aprender unas cuantas lecciones en el ministerio pastoral. Otras enseñanzas se fueron añadiendo en otras iglesias donde serví, pero también llegaron otras equivocaciones. Una y otra vez extendí mi mano y agarré el teléfono para llamar a un hermano en el ministerio, en busca de consejo sobre qué hacer a continuación o cómo guiar a la membresía en un espinoso problema. Sin el paciente consejo de esos hermanos, estoy seguro de que no hubiera alcanzado un gran progreso en el ministerio. También es posible que no hubiera durado mucho tiempo. Aunque no se percataran, ellos fueron mis mentores.

Tal vez haya detectado ya el tema que recorre mi narrativa personal. Los que se preparan para el ministerio necesitan orientación. Este tipo de mentoría requiere, desde luego, la sabia dirección de un pastor o anciano veterano. Pero igual de fundamental para el proceso es que la clase de instrucción que prepara a los futuros pastores, misioneros, obreros cristianos y plantadores de iglesias se produce mejor con el involucramiento de una congregación saludable. *La mentoría más eficaz forma un mismo equipo con los pastores y las congregaciones para ayudar a moldear a quienes servirán en las iglesias de Cristo.*

Ese es el tema de este libro. Procuro considerar el fundamento bíblico y teológico para que las iglesias locales y los líderes pastorales formen a los que fueron escogidos de entre ellos por el Señor para el ministerio del evangelio. Para ello, echaremos un vistazo a los modelos de orientación o mentoría en Lucas, Hechos y las Epístolas Pastorales. Los detalles que consideraremos sientan las bases para las iglesias contemporáneas.

No obstante, también es importante ver cómo otros construyen sobre los modelos bíblicos a lo largo de los siglos. Dado que los ejemplos históricos nos ayudan a recorrer el proceso de la formación para el ministerio, consideraremos a algunos a lo largo de cinco siglos, con pastores más o menos conocidos. Tal vez visualizar los ejemplos actuales de una mentoría centrada en la iglesia sea más aplicable y nos ayude a enmarcar mejor cómo podemos hacer lo mismo en nuestras iglesias. De modo que analizaremos cuatro iglesias locales de distintos tamaños, que varían en su liderazgo, y plantearemos la orientación desde ángulos diferentes. A continuación, identificaremos un modelo de líder de iglesia/pastoral viable que nos resultará útil al embarcarnos en la formación de obreros del evangelio, independientemente del tamaño de la iglesia. ¡Sigamos adelante con nuestro viaje!

ABREVIATURAS

ANF *Ante-Nicene Fathers*
BDAG *Greek-English Lexicon of the New Testament*
BECNT *Baker Exegetical Commentary on the New Testament*
BGC Billy Graham Center
BST Bible Speaks Today
DBW Dietrich Bonhoeffer Works
EBC *Expositor's Bible Commentary*
EKK Evangelisch-Katolischer Kommentar zum Neuen Testament
EMQ *Evangelical Missions Quarterly*
HNT Handbuch zum Neuen Testament
ISBE *International Standard Bible Encyclopedia*
JSNTSup Journal for the Study on the New Testament, Supplement Series
LCC Library of Christian Classics
LNTS Library of New Testament Studies
NAC New American Commentary
NICNT New International Commentary on the New Testament
NIGTC New International Greek Testament Commentary
NSBT New Studies in Biblical Theology
NTC New Testament Commentary
PNTC Pillar New Testament Commentary
SBL Society of Biblical Literature
SBLDS SBL Dissertation Series
SNTSMS Society for New Testament Studies Monograph Series
WBC Word Biblical Commentary
ZECNT Zondervan Exegetical Commentary on the New Testament

CAPÍTULO 1

LAS IGLESIAS SANAS NECESITAN LÍDERES SANOS

Mientras ministraba en Brasil, un pastor me invitó a predicar en su culto de adoración de la noche. Resulta que era el «día de reconocimiento al pastor», de manera que fui testigo de lo que pareció ser un afecto genuino hacia él. Mi sermón fue precedido de música en vivo, cánticos del coro infantil y una presentación. Sin embargo, supe que tenía un verdadero problema cuando me levanté para exponer las Escrituras y observé que mi traductor no llevaba Biblia. Tras tomar prestada una Biblia en portugués, le pedí que la abriera en Tito, para que pudiera leer el texto antes de que yo iniciara el sermón. Aunque era un miembro fiel de la iglesia, no podía encontrar el libro de Tito. Yo me las arreglaba bastante bien en portugués para ayudarlo y mitigar su incomodidad. Percibí que, entre la congregación, muchos de los que estaban sentados en los bancos tenían el mismo problema para dar con Tito. Algunos incluso lo buscaban en el Antiguo Testamento. Apesadumbrado, entendí que este pastor y la iglesia descuidaban la exposición bíblica y el aprendizaje de la Biblia. Aunque se los veía animados, no estaban sanos. El ruido y el movimiento no equivalen a la salud de la iglesia.

Sin embargo, este no es un problema que se circunscriba a Brasil o a otros países. He sido testigo de experiencias similares, sin tanta vivacidad, en los Estados Unidos. Algunos pastores reaccionan ante las congregaciones enfermas tomando la decisión de plantar una iglesia. Es algo que conozco personalmente, ya que yo hice lo mismo a los nueve años de pastorear iglesias poco saludables.

Ningún observador ocasional del estado del cristianismo en los Estados Unidos discutiría la necesidad de nuevas iglesias. Sin embargo, limitarse a *multiplicar* iglesias no es la respuesta a la carencia de iglesias *eficaces* respecto a la Gran Comisión (Mt. 28:18-20). El líder misionero David Platt señala que demasiadas iglesias asumen simplemente el conocimiento del evangelio sin admitir que muchos de sus adherentes no lo han entendido nunca ni han creído en él.[1] Ed Setzer, un destacado plantador de iglesias y estratega, se hace eco de la preocupación de Platt y advierte que muchas iglesias consideran innecesaria la evidencia de un discipulado genuino para llamar seguidor de Cristo a una persona.[2] Precisamos algo más que iglesias nuevas.

Aunque aumenta la necesidad de la multiplicación de iglesias, estas también tienen que mantener un enfoque y una fidelidad centrados en el evangelio.[3] Aparte de este enfoque y de la fidelidad, la iglesia permanece carente de salud. ¿Qué es, pues, una iglesia sana? El pastor Mark Dever, de Washington DC, explica: «Una iglesia sana es una congregación que refleja cada vez más el carácter de Dios tal como ha sido revelado en su Palabra».[4] Las iglesias saludables deberían ser algo normal; sin embargo, con demasiada frecuencia, las iglesias confunden la ajetreada actividad —como aquella iglesia de Brasil— con la salud espiritual que crece en el carácter cristiano corporativo. Tristemente, en ocasiones, los líderes pastorales parecen paralizados al tener que pastorear a una congregación enferma para llevarla a una salud de hierro.

Al evaluar a los Estados Unidos como campo misionero, el teólogo Jeff Iorg admite que muchas iglesias «han perdido su misión, su identidad, su enfoque y, en algunos casos, incluso su credibilidad». Reflexiona con sabiduría: «Pero no desestime a la Iglesia con demasiada rapidez. Dios sostendrá a la Iglesia y a las iglesias, tanto la universal como las locales (Ap. 5:9-10)».[5] Las iglesias de la Gran Comisión deben ser diferentes de aquellas que han caído en patrones y prácticas poco saludables. Como afirma Iorg, tendrán que regresar a la proclamación del

---

1 Lillian Kwon, «Is the Church Dying in America's Bible Belt?», *Christianity Today*, 28 de abril de 2010, s.l. [citado el 24 de enero de 2012], consultado el 24 de enero de 2012, http://www.christiantoday.com/article/is.the.church.dying.in.americas.bible.belt/25802.htm.

2 Ibíd.

3 Véanse Joseph Hellerman, *When the Church Was a Family: Recapturing Jesus's Vision for Authentic Christian Community* (Nashville: B&H Academic, 2009), 120-181; Timothy Keller, *Iglesia centrada ¿Cómo ejercer un ministerio equilibrado y centrado en el evangelio en la ciudad?* (Nashville, TN: Editorial Vida, 2013), caps. 1 al 6.

4 Mark Dever, *What Is a Healthy Church?* 9Marks (Wheaton, IL: Crossway Books, 2005), 40. Publicado en español por 9Marks con el título *¿Qué es una iglesia sana?*

5 Jeff Iorg, «North America as a Mission Field: The Great Commission on Our Continent», en *The Great Commission Resurgence: Fulfilling God's Mandate in Our Time*, eds. Chuck Lawless y Adam W. Greenway (Nashville: B&H Academic, 2010), 228.

evangelio bíblico, a elevar las normas de membresía, a practicar la disciplina de la iglesia, a mantener la fidelidad doctrinal, a adoptar una mentalidad misionera y a ser un modelo de comunidad cristiana. Además, será necesario que muestren creatividad para adaptarse al contexto cultural de sus comunidades.[6] El servicio pastoral en las iglesias que se toman en serio el llamado de Jesús en la Gran Comisión exige un acercamiento deliberado a la formación y la preparación de los líderes que las sirven.

Al considerar el plano mundial, David Platt explica su deseo como líder de la Southern Baptist's International Mission Board: «Estamos trabajando y rogando a Dios que levante a multitudes de obreros», de manera que puedan canalizarse a través de la agencia misionera de la denominación. Aunque los líderes misioneros pueden «pescar» en universidades y seminarios en busca de obreros potenciales, la *multiplicación* de futuros misioneros solo tendrá lugar por medio de iglesias sanas que desarrollen y formen a misioneros potenciales.[7]

DESARROLLO DEL LIDERAZGO ORGÁNICO

El desarrollo de los líderes de la iglesia primitiva tuvo lugar de forma *orgánica* y no institucional. La orientación de la iglesia, que tuvo incipientes comienzos en Jerusalén y se extendió poco a poco hasta Judea, Samaria y el resto del mundo, demuestra un empuje intencionado por cumplir la Gran Comisión (Hch. 1:8). Jesús *preparó* a sus discípulos para que proclamaran el evangelio y establecieran comunidades de creyentes por todo el Imperio romano que siguieran haciendo lo mismo.

Evidentemente, tal como explica la práctica primitiva el pastor J. D. Greear, de Carolina del Norte, «la estrategia de Dios para cumplir la comisión de Hechos 1:8 fue plantar el estilo de iglesias de Hechos 2:42-47 en cada ciudad del mundo».[8] Admiramos el modo en que la iglesia primitiva «perseverab[a] en la doctrina de los apóstoles, en la comunión unos con otros, en el partimiento del pan y en las oraciones». La sencillez de la comunidad, la generosidad, el servicio, el compartir la comida y la gratitud diferenció a los creyentes de sus vecinos y acrecentó su testimonio del evangelio. Como veremos en los tres capítulos siguientes, de esa clase de comunidad el Señor levantó líderes para que sirvieran en la red de iglesias en expansión.

¿Acaso es este planteamiento demasiado descabellado para las sofisticadas

6 Ibíd.

7 Tess Rivers, «Trustees: IMB's Platt Unfolds Five-Point Strategy» [citado el 4 de diciembre de 2014], http://www.bpnews.net/43691/trustees-imbs-platt-unfolds-fivepoint-strategy.

8 J. D. Greear, «Great Commission Multiplication: Church Planting and Community Ministry» en *The Great Commission Resurgence*, 342.

iglesias y estrategias del siglo XXI? Aunque disponemos de mejores estructuras organizativas para ayudar en el desarrollo de los líderes pastorales, no logramos mejorar la fuerza de las congregaciones sanas que producen líderes sanos por medio de una combinación de supervisión pastoral, mentoría congregacional y un mejor uso de la formación académica.

ORIENTAR A LOS NUEVOS LÍDERES

Aunque el vocabulario referente a mentores y aprendices se ha ampliado en nuestra generación, los obreros cristianos han sido orientados y entrenados durante veinte siglos para iniciar nuevas congregaciones y servir de catalizadores que estimulen a los demás. Los que van a protagonizar el pastoreo de iglesias —local o globalmente— necesitan ser entrenados, como mínimo, en doctrina apostólica, teología bíblica, proclamación, eclesiología, misionología y liderazgo espiritual. Lo más frecuente es que recurramos a la academia para proporcionar este tipo de entrenamiento intensivo. Sin embargo, el Nuevo Testamento demuestra que la clase de entrenamiento necesario para unos líderes pastorales sanos, en cualquier entorno, ve aumentada su eficacia cuando se arraiga en el contexto de modelos saludables de comunidad. En su explicación de la importancia de la comunidad, Tim Keller, pastor de Manhattan involucrado con regularidad en la formación de líderes cristianos, establece la relación entre la iglesia local y la formación ministerial.

> La comunidad moldea la naturaleza de nuestro testimonio y compromiso en la misión… da forma al desarrollo de nuestro carácter… perfila nuestra ética y las reglas explícitas o tácitas que guían nuestra conducta… es la clave de la espiritualidad verdadera conforme crecemos en nuestro conocimiento de Dios, aprendiendo a conocernos los unos a los otros en las relaciones… [y] es, quizá, nuestra forma principal de testificar al mundo, de formar un carácter como el de Cristo, de practicar un estilo de vida claramente cristiano, y de conocer a Dios de forma personal.[9]

La práctica de formar nuevas comunidades de discípulos, bautizándolos y enseñándoles *en la comunidad*, implica la necesidad de un liderazgo eficaz en estas tareas de la Gran Comisión (Mt. 28:19-20).[10] Pablo habló de los dones pastorales y de liderazgo dados por Cristo para la iglesia (Ef. 4:10-16), «al suplir [Jesús] a la iglesia de todo lo necesario para fomentar el crecimiento del cuerpo hasta que se

9 Keller, *Center Church*, 311-314; véase también 311-320 para una explicación más detallada.
10 Ibíd., 355-365.

ajuste a su propia plenitud», según explicaba F. F. Bruce.[11] Estos dones precisan cultivarse y madurar en su uso.[12] Jesús estableció el modelo: *Líderes espirituales que trabajan por medio de la comunidad, entrenando a líderes que pastorearán, plantarán y revitalizarán a las comunidades que discipulan, y que a su vez repetirán la misma tarea.*

¿Cómo se prepararán los nuevos líderes para los retos de su ministerio? Con bastante frecuencia, el entrenamiento tendrá lugar en un entorno académico. Sin embargo, cuando expone sobre la formación de los plantadores de iglesias, el autor británico Stuart Murray señala los vacíos existentes en la educación teológica por culpa del énfasis sobre la teoría en lugar de la aplicación. A continuación, señala la valiosa idea de que «tal vez las *participaciones entre las iglesias locales, las redes y los institutos de formación* puedan proveer un entrenamiento de liderazgo que dotará a los plantadores de iglesias de fundamentos sólidos y del potencial de una reproducción creativa».[13] Su observación no se limita a los plantadores de iglesias, sino que incluye el amplio espectro del liderazgo pastoral y misionero. Si los líderes de las iglesias tienen que ser capacitados para sus tareas mundiales, su entrenamiento ha de eclipsar lo teórico para abrazar lo experiencial. Esto no significa que lo teórico no tenga lugar en la formación; por supuesto que lo tiene. Sin embargo, aunque lo académico parece normalmente más adecuado para ampliar lo teórico, la iglesia local armoniza la teoría con la aplicación y la experiencia.

Mientras me preparaba para el ministerio como estudiante universitario, mi involucramiento en las iglesias locales me moldeó espiritualmente, me proporcionó el grado de responsabilidad que tanto necesitaba y me proveyó posibilidades regulares para emplear mis dones en el cuerpo. Lamentablemente, cuando me mudé para iniciar estudios teológicos, mi esquema carecía del mismo nivel de involucramiento. Aunque mi esposa y yo asistíamos a la iglesia con asiduidad, viajábamos mucho durante el fin de semana para visitar a la familia y a los amigos, retrasando así una participación establecida en el ritmo de una congregación. En aquel momento no me di cuenta de lo necesaria que era la iglesia para nuestro crecimiento personal y en nuestro entrenamiento para el ministerio. Y, aun así, ¡me estaba preparando para ser pastor! El énfasis en el seminario sin la intensidad de la vida congregacional disminuyó mi aprendizaje teológico y pastoral.

Me percaté de que muchos seminarios buscaban introducir los aspectos

---

11 F. F. Bruce, *The Epistles to the Colossians to Philemon and to the Ephesians,* NICNT, F. F. Bruce, ed. (Grand Rapids: Eerdmans, 1984), 344-345.

12 Véase Colin Marshall, *Passing the Baton: A Handbook for Ministry Apprenticeship* (Kingsford, Australia: Matthias Media, 2007), 15-17, 34-39, para ejemplos útiles.

13 Stuart Murray, *Church Planting: Laying Foundations* (Scottsdale, PA: Herald Press, 2001), 227 (cursivas añadidas).

prácticos y experienciales de la formación en el programa de estudios. Por ejemplo, el Southeastern Baptist Theological Seminary (de la Convención Bautista del Sur) en Wake Forest, Carolina del Norte, actúa así a través de la Equip Network y combina el acercamiento académico con la mentoría pastoral de la iglesia local. El Reformed Theological Seminary cuenta con ocho campus estratégicamente situados, de manera que muchos estudiantes pueden asistir al seminario a la vez que siguen capacitándose en sus iglesias locales. Los seminarios y las universidades cristianas atribuyen especial importancia al entrenamiento en el ministerio. Tratan temas necesarios como las lenguas bíblicas, la teología, la hermenéutica y la homilética. Sin embargo, la academia no es la iglesia, la esfera en la que más deben utilizarse esos aspectos de la formación. Como sugería Murray, la participación entre la academia *y* la iglesia presenta un modelo de formación eficaz para un mejor entrenamiento de los líderes.

EL EJEMPLO DE JESÚS

En su obra clásica, *The Training of the Twelve* [La capacitación de los Doce], A. B. Bruce, pastor y profesor de teología escocés del siglo XIX, afirmó que la declaración de Jesús en Juan 17:6: «He manifestado tu nombre a los hombres que del mundo me diste», implicaba que «la parte principal de su propio ministerio terrenal» conllevaba la capacitación de aquellos que llevarían a cabo la obra que Él había iniciado.[14] Bruce destaca dos ideas importantes que definen lo que significa *la formación para el liderazgo.* Estos conceptos sirven de plataforma útil para sondear la mentoría que los pastores y las congregaciones imparten a los líderes.

En primer lugar, como instructor, Jesús no solo quiso tener discípulos alrededor de Él, sino que también pretendía que estuvieran cerca de Él y prestándole atención. De esa manera podía instruirlos para hacer discípulos, cuando ellos repitieran lo que habían presenciado en la intimidad de su vida. *Los mentores eficaces buscan repetir sus propias vidas y ministerios en aquellos a quienes entrenan.* Gran parte de la replicación se produce en todas las relaciones de la comunidad, donde los problemas de la vida real traen a la superficie la aplicación completa del evangelio. Solo mediante la vida en comunidad, los aprendices ven la profundidad de la autenticidad en el modo de vivir de su mentor.

Durante mis días de universitario, dos pastores locales de la misma edad, aproximadamente, servían en dos de las iglesias más sólidas de la ciudad. El primer pastor invertía una cantidad enorme de tiempo en la preparación de hombres jóvenes para el ministerio. Los mantenía cerca, se reunía con ellos para debatir, los invitaba a eventos especiales y estaba a su disposición. Se aseguraba de que estuvieran

14 A. B. Bruce, *The Training of the Twelve* (Grand Rapids: Kregel, 1971, reeditado de 1894), 13.

entrelazados en la esencia de la congregación. Aunque su iglesia era grande, los conocía a todos por nombre. Cuarenta años después, a menudo me encuentro con hombres a los que él había orientado y moldeado para el ministerio y las misiones.

En el púlpito, el otro pastor era un magnífico ejemplo de exposición bíblica, pero los jóvenes que se preparaban para el ministerio no tenían gran cabida en la rígida planificación de su tiempo. Aunque alcanzó mayor notoriedad que el primer pastor, por sus destrezas en el púlpito, y predicó en muchas grandes iglesias, el otro tuvo impacto en casi todo un ejército de pastores, misioneros, plantadores de iglesias y líderes cristianos. El segundo acabó pastoreando una de las mayores iglesias del país, pero el primero multiplicó su ministerio de manera exponencial por el tiempo que dedicó a orientar a otros hombres para el ministerio. Los mentores eficaces dan prioridad a reproducir sus vidas y sus ministerios en aquellos a los que entrenan.

En segundo lugar, Bruce describió la tarea del mentor como pulir finamente los espejos de los aprendices para que puedan «reflejar la imagen de Cristo».[15] Los mentores lustran los espejos hablando a la vida de sus protegidos de modo que puedan reflejar la imagen de Jesucristo en la vida y el ministerio. El pulimento elimina los bordes ásperos, agudiza el enfoque y resalta los puntos fuertes de los aprendices. *Sin embargo, los mentores no están solos en el menester del pulido* (1 Ts. 1:6). Las manos de una congregación sana se unen a él para suavizar y refinar a los aprendices que aspiran al ministerio. Eso es lo que he venido observando durante tres décadas de orientación para el ministerio. Únicamente cuando los aprendices están inmersos en la vida de la comunidad, de manera que los cristianos se refinan entre sí, es que ellos son perfeccionados del modo adecuado y preparados para liderar a los demás.

Una de nuestras mujeres más ancianas solía invitar a las jóvenes parejas a su casa con regularidad. Mientras saboreaban sus pastas caseras y daban sorbos a un café, ella les formulaba preguntas que conducían a una conversación productiva y moldeadora a la imagen de Cristo. Justo un mes después de la muerte de esta señora, mi esposa y yo viajamos a otro país; nos encontrábamos sentados en la sala de estar de una pareja de nuestra congregación que servía a un grupo de personas marginadas. Mientras hablábamos, salió a relucir el nombre de esta amada santa, y también los detalles de cómo los ayudó a entender la aplicación del evangelio en sus propias vidas. De ella aprendieron a vivir en la esperanza de Cristo. Yo los instruía en misionología y plantación de iglesias, pero ella les enseñó a descansar cada día en Cristo. A esto me refiero cuando afirmo que los mentores no refinan solos a sus aprendices. La congregación se involucra.

---

15 Ibíd.

Bruce explicó el modelo de formación de Jesús como «el aprendizaje regular para el gran oficio del apostolado, durante cuyo transcurso debían aprender, en la privacidad de una comunión diaria íntima con su Señor, aquello que deberían *ser, hacer, creer* y *enseñar* como testigos y embajadores suyos ante el mundo».[16] Jesús preparó el escenario para desarrollar líderes cristianos sanos en cada generación mediante el establecimiento de la meta y el método para su capacitación. Este acercamiento básico al entrenamiento puede seguirse y replicarse en cada generación.

En primer lugar, el objetivo de los aprendices implica ser, hacer, creer y enseñar. (1) El *ser* concierne a la formación espiritual. A menos que el aprendiz se desarrolle en madurez espiritual, por mucho que posea grandes dones, estos solos no bastarán para la obra del reino. Además, el *ser* no se produce en aislamiento. Tiene lugar en la comunidad. La vida en común revela los puntos fuertes y las debilidades en su entrenamiento espiritual. Su forma de vivir en relación con los demás pone a prueba la autenticidad de su madurez espiritual.

La comunidad ayuda, asimismo, al orar unos por otros, lidiar juntos con los textos bíblicos, debatir sobre buenos libros que fortalecen la devoción a Cristo y confraternizar en el evangelio. No orientamos para conseguir monjes de clausura, sino líderes espirituales que se sumerjan en apacentar el rebaño de Dios. La formación espiritual que se lleva a cabo en el cuerpo profundiza la relación con Dios y los unos con los otros.

(2) El *hacer* alude a las acciones o la obra del reino que implica todo el espectro de vivir la vida cristiana. No es algo que suceda en el retraimiento, sino en la comunidad. Allí, los dones espirituales se desarrollan con bastante naturalidad, en el servicio al cuerpo de Cristo, conforme los miembros se involucran en servirse unos a otros. Las relaciones crecen y se encuentran con el reto de amar, perdonar, aceptar, alentar y servir. Mientras un aprendiz no aprende a servir a los demás, sigue sin estar preparado para el ministerio pastoral, la obra misionera o el liderazgo de la iglesia. He descubierto que el ambiente universitario del entrenamiento en grupo ayuda a que cada miembro reconozca mejor sus dones y los perfeccione para el ministerio.

(3) El *creer* se centra en la doctrina, insistiendo en que los aprendices no hagan su trabajo de manera robótica, sino más bien como resultado de haber entendido el fundamento doctrinal establecido en las Escrituras y la dependencia del mismo. Creer se convierte en la motivación para perseverar en la obra del ministerio. Los mentores establecen el escenario para sus aprendices en la comprensión de esta realidad teológica, al demostrar la aplicación práctica de la doctrina a la vida

16 Ibíd. (cursivas añadidas).

cotidiana. A medida que la congregación de la que forman parte los aprendices vive su comprensión de la verdad cristiana, ellos experimentan un fortalecimiento intensivo de su fe.

(4) El *enseñar* se convirtió en la obra pastoral principal realizada por los protegidos de Jesús, porque, mientras enseñaban, situaban el contenido y la aplicación del evangelio en el corazón de sus ministerios. Así también, los que son entrenados en un entorno congregacional deberían establecer la prioridad en la enseñanza bíblica. Poco a poco, Jesús fue encomendando responsabilidades a sus discípulos, entregándoles, paso a paso, las riendas del ministerio tras su ascensión. Sus discípulos se convirtieron en los maestros de la primera congregación de Jerusalén, así como de las futuras congregaciones del mundo romano. Enseñar sigue siendo esencial para la existencia de la Iglesia. Por esta razón, Jesús no solo dejó ejemplo en la enseñanza, sino que también formó a sus discípulos para que fueran e hicieran lo mismo.

A estas alturas, los mentores deben afinar los dones de la enseñanza y de la predicación de los aprendices, proporcionándoles oportunidades para enseñar y predicar, para discutir la preparación y hacer después una evaluación. He observado el constante progreso de los jóvenes involucrados en nuestro ministerio de formación pastoral al confiarles la enseñanza y la predicación, y después hacer el seguimiento con el fin de moldearlos para el futuro. Varios de nuestros ancianos se unen a mí en este proceso de perfeccionamiento. Aquellos a los que hemos enviado a servir en entornos pastorales o misioneros nos agradecen una y otra vez el proceso que les permitió aprender a enseñar y predicar con una «red de seguridad». Ese aspecto de nuestro ministerio sigue produciendo fruto hoy, y otras congregaciones se benefician de esta inversión en la formación pastoral.

En segundo lugar, siguiendo el modelo de Jesús, el método usado por los mentores con sus protegidos involucra la doctrina, la praxis y el envío. (1) Como investigaremos de forma más completa en los modelos de orientación histórica, la *doctrina* debe hallarse en el corazón del entrenamiento de los pastores, los plantadores de iglesias, los líderes de la iglesia y los misioneros. La doctrina nunca debe darse por sentada con los aprendices. He descubierto que es normal que algunos aprendices pastorales carezcan de claridad doctrinal en una serie de áreas. A veces se detecta en su predicación; en otras ocasiones, en su discusión. Ciertamente se reflejará en su forma de pastorear el rebaño. Por tanto, los mentores deben insistir en la precisión doctrinal, ya que esta afecta a la totalidad del ministerio del evangelio.

(2) La *praxis* se refiere a la experiencia concreta del ministerio en lugar de limitarse a hablar del mismo en un ambiente estéril. A menudo, los aprendices se comprometen en la obra pastoral y misionera bajo la directa supervisión de un mentor, con el fin de probar y mejorar sus dones, aprender a desarrollar la

precisión en diversas funciones pastorales y dar muestras de la buena disposición a involucrarse en el ministerio. Tanto el modelo histórico como el contemporáneo que consideraremos en capítulos siguientes ofrecerán formas de llevar la praxis al primer plano de la formación para el liderazgo.

(3) El propósito supremo de la mentoría y el entrenamiento implica *enviar* al ministerio. Los pastores y las congregaciones se unen con el fin de preparar a sus aprendices para que se embarquen en lugares de ministerio, manteniendo un estímulo incesante, oración, consejo y apoyo, mientras sus protegidos sirven al reino de Cristo de manera local y mundial.

LA FORMA DE AVANZAR

A pesar de no utilizar terminología alguna de la mentoría contemporánea, es obvio que Jesús orientó a los Doce y a los Setenta (Lucas 9–10), quienes se comprometieron en la obra misionera y en la plantación de iglesias. Algunos de ellos, a su vez, dirigieron a otros que siguieron sus pasos. Por ejemplo, Richard Bauckham, erudito del Nuevo Testamento, ofrece pruebas convincentes de que Papías (*ca.* 70–163), padre de la iglesia, conoció el mensaje del evangelio y su aplicación de primera mano al escuchar al apóstol Juan (llamado «Juan el Anciano») o a otro Juan que había recibido adoctrinamiento apostólico.[17] La mentoría se practicaba, aunque probablemente no en el sentido formal tan popular en la actualidad, al aprender a los pies de quienes conocieron al Señor, recordaban su enseñanza y entendían cómo se plantaría el evangelio por medio de las comunidades de creyentes.

La manera de proceder en la formación de los líderes cristianos no puede ser la búsqueda de manuales o libros. El misionólogo Dr. Michael Crow observa: «Comprobamos que el material sin orientación tiende a inocular a las personas. Creen haberlo entendido, cuando en realidad esto es erróneo».[18] Así como Jesús entabló relaciones personales con sus discípulos en la esfera de la comunidad, y estos a su vez plantaron congregaciones y expandieron la obra misionera, los líderes de la iglesia contemporánea encuentran un paradigma reproducible en Jesús y sus discípulos para entrenar a quienes servirán y establecerán iglesias. *La relación auténtica, de vida a vida, de los mentores con los aprendices centrados en comunidades locales de seguidores de Cristo sigue siendo la mejor forma de moldear a una nueva generación de líderes cristianos sanos.*

---

17 Richard Bauckham, *Jesus and the Eyewitnesses: The Gospels as Eyewitness Testimony* (Grand Rapids: Eerdmans, 2006), 12-38.

18 Dr. Michael Crow, «Multiplying Jesus Mentors: Designing a Reproducible Mentoring System—a Case Study», *Missiology: An International Review* XXXVI.1 (enero, 2008): 106.

CAPÍTULO 2

LO QUE DICE JESÚS SOBRE LA MENTORÍA

Cuando oímos el término *discípulo,* es posible que acudan a nuestra mente imágenes de un maestro zen con su aprendiz o un gurú de las dietas con sus famélicos seguidores. Podríamos pensar en un mago de las finanzas con sus acólitos o en un exitoso entrenador de fútbol con sus fieles ayudantes. Cada una de ellas presenta al discípulo en su contexto.

Entre los judíos rabínicos y los filósofos griegos de la antigüedad, los discípulos se unían mucho a sus maestros para poder aprender la enseñanza repetitiva de sus tradiciones. Se apartaban de su mundo para seguir la doctrina y la vida de sabiduría de sus maestros.[1]

Jesús actuó a la inversa. Llamó a los discípulos a sí mismo, exigió un seguimiento radical respecto al cual todas las demás relaciones quedarían en segundo plano. Los discípulos de Jesús escucharon y aceptaron su llamamiento a una nueva vida de obediencia a su señorío. «El centro de esta nueva vida era Jesús mismo», no una filosofía o una mera doctrina, explica Michael Wilkins, «porque sus discípulos lograron la nueva vida a través de Él (Jn. 10:7-10), lo siguieron (Mr. 1:16-20), debían escuchar sus enseñanzas y obedecerlas (Mt. 5:1-2), ir por todo el mundo y predicar el evangelio del reino, y llamar a todas las personas a convertirse en discípulos de Jesús (Lc. 24:47; Mt. 28:19-20)».[2] En cambio, sus discípulos no se

1 Martin Hengel, *The Charismatic Leader and His Followers* (Eugene, OR: Wipf & Stock, 1968), 27-33. En cierto modo, la enseñanza repetitiva producía seguidores robóticos más que discípulos vivos.

2 Michael J. Wilkins, «Disciple, Discipleship», en *Evangelical Dictionary of World Missions,* eds. A. Scott Moreau, Harold Netland y Charles Van Engen (Grand Rapids: Baker, 2000), 278-279.

limitarían a enseñar, como era común entre los discípulos rabínicos y filosóficos: se los había llamado a «pescar gente», a reunir y reclutar más seguidores de Jesús.[3]

Darrell Bock define como «discípulos cristianos» a quienes «aprenden lo básico» de lo que significa seguir a Jesús, incluyendo la «misión, el compromiso, el amor por Dios, el amor por el prójimo y la devoción a Jesús y su enseñanza y la oración (Lc. 9:51–11:13)».[4] En el sentido más verdadero, los discípulos eran aquellos que se apegaban personalmente a Jesús para que Él moldeara sus vidas.[5] Eran «aprendices». *El proceso de moldear a los discípulos equivale a la mentoría contemporánea.* Jesús entrenó a los Doce, mientras los formó para el ministerio futuro.

El Evangelio de Lucas y el libro de Hechos revelan tanto el progreso étnico como geográfico del evangelio, más allá del pueblo de Israel y sus fronteras.[6] Los discípulos no estaban naturalmente preparados para dicho avance. Como señala Eckhard Schnabel, la obra misionera a corto plazo de los discípulos sirvió «de paradigma para su obra misionera posterior, que sería más larga y tendría lugar en un contexto diferente».[7] Lo que Jesús hizo con los discípulos con el fin de prepararlos para el ministerio futuro se convierte en la estructura para el discipulado, la plantación de iglesias y las misiones a lo largo de los siglos, incluyendo la formación y la orientación, como hizo Jesús con los discípulos.

D. M. Crow muestra los efectos futuros del entrenamiento al que los sometió y el encargo que les encomendó. «Ordenó a los discípulos que hicieran discípulos, que a su vez harían discípulos, que también harían más discípulos. Jesús visualizaba la reproducibilidad del liderazgo y de la multiplicación».[8] Este tipo de proliferación de discípulos no se centraba meramente en individuos, sino en el desarrollo de comunidades de seguidores de Cristo por todo el Imperio romano. Lucas establece el escenario para ello en las narrativas de los Doce y de los Setenta, expandiéndolo en Hechos.

El llamamiento de Jesús a sus discípulos respecto a convertirse en pescadores de hombres (Mr. 1:16-20) es fundamental para la expansión del testimonio del

3 Eckhard J. Schnabel, *Early Christian Mission: Jesus and the Twelve*, 2 vols.

4 Darrell L. Bock, *Luke 1:1–9:50*, BECNT, Moisés Silva, ed. (Grand Rapids: Baker, 1994), 24.

5 K. H. Rengstorf, *Theological Dictionary of the New Testament*, 10 vols., Gerhard Kittel y Gerhard Friedrich, eds.; Geoffrey W. Bromiley, trad. (Grand Rapids: Eerdmans, 1964–1976), 4:441.

6 Bock, *Luke 1:1–9:50*, 28–29, 41; por ejemplo, los publicanos (Lucas 7:18-30; 19:1-10) y diversas razas (Lucas 7:1-10; 8:26-56; 17:11-19).

7 Schnabel, *Early Christian Mission*, 1:292; cita a D. A. Carson, *Matthew 1–12* (EBC; Grand Rapids: Zondervan, 1995), 242, quien afirma: «En este sentido, los Doce se convierten en un paradigma para otros discípulos en su testimonio pospentecostés, una idea que Mateo entiende (cp. 28:28-20); y, en este sentido, sugiere que Mateo 10 debería hablar también a sus lectores».

8 D. Michael Crow, «Multiplying Jesus Mentors: Designing a Reproducible Mentoring System—a Case Study», *Missiology: An International Review* XXXVI.I (enero, 2008): 92.

evangelio y la posterior plantación de iglesias por todo el Imperio romano, y paradigmático para quienes los sigan. Las iglesias que quedaron como resultado de su misión salpicaban todo el Imperio hacia finales del siglo I. ¿Acaso los apóstoles —los Doce— plantaron personalmente cada una de ellas? Por supuesto que no, pero su avance, su dirección, su entrenamiento de otros y la consciencia de la misión condujeron a la plantación de iglesias. Asimismo, ellos extendieron la preocupación por la estabilidad y la constante salud de las iglesias, incluyendo la doctrina correcta y el liderazgo fiel.[9]

Para que podamos visualizar cómo formó líderes Jesús, acudimos al Evangelio de Lucas como estructura fiable para los líderes contemporáneos involucrados en orientar a pastores, a plantadores de iglesias y a misioneros.

EL ENTRENAMIENTO DE LOS DISCÍPULOS DE JESÚS

Dado que Lucas se interesó por la misión salvadora de Jesús, tanto en su Evangelio como en Hechos, su inclusión del entrenamiento y el envío de los Doce *y* los Setenta[10] es objeto de atención para quienes ahora llevan el manto de la extensión del evangelio.[11] Nuestro enfoque estará sobre las dos narrativas de los Doce y los Setenta en el Evangelio de Lucas.

El entrenamiento de los Doce

Los discípulos aprendieron al ver a Jesús como el cumplimiento de la profecía de Isaías 61 declarada en Lucas 4:16-21. Presenciaron sus obras milagrosas, oyeron su predicación del reino de Dios, escucharon sus oraciones y vieron cómo vivió. Cuando los envió a las aldeas de Galilea para proclamar el evangelio y sanar a los enfermos en su nombre, partieron siendo conscientes de lo que habían observado en Él.[12] Jesús llamó a los discípulos a ser pescadores de hombres (Lc. 5:1-11), a ser

9 Esto es particularmente evidente en los acontecimientos de Hechos 15 y, mucho después, en 1 Pedro 5:1-5 y 2–3 Juan. En este sentido, la revitalización —o traer a la vida lo que ha decaído en fervor— caracterizó parte de la obra apostólica posterior.

10 Véanse Bruce M. Metzger, *A Textual Commentary on the Greek New Testament* (Nueva York: Sociedades Bíblicas Unidas, 1971), 150-151, quien muestra el argumento dividido entre los críticos textuales respecto a si lo correcto son setenta o setenta y dos discípulos. El Comité de las Sociedades Bíblicas Unidas optó por incluir *duo* entre comillas para indicar ciertas dudas respecto a su certeza. Craig L. Blomberg, *Jesus and the Gospels: An Introduction and Survey*, 2ª edición (Nashville: B&H Academic, 2009), 338, sostiene que las pruebas textuales están justamente equilibradas entre «setenta» y «setenta y dos», pero cree que todo se inclina hacia los «setenta y dos».

11 William J. Larkin Jr., «Mission in Luke», en *Mission in the New Testament: An Evangelical Approach*, American Society of Missiology Series, núm. 27, eds. William J. Larkin Jr. y Jopel F. Williams (Maryknoll, NY: Orbis Books, 1999), 154-155.

12 A. B. Bruce, *The Training of the Twelve* (Grand Rapids: Kregel, 1971; a partir de la edición de 1894), 99.

ejemplos de la predicación del reino, a llamar a los pecadores al arrepentimiento (Lc. 5:31-32) y a enseñar las distinciones en el nuevo pacto (Lc. 5:33-39) *antes* de enviar a los Doce al ministerio. A. B. Bruce observó que los Doce eran meros principiantes y, sin embargo, entendían mejor el llamado al arrepentimiento y a la ciudadanía del reino que aquellos a los que eran enviados.[13] Jesús llamó a los Doce para que estuvieran «con Él» (Mr. 3:14), para que aprendieran de su enseñanza y su compañía, de manera que estuvieran cualificados «para la misión de continuar su misión».[14]

Lucas ofrece una comprensión estructurada de la misión cuando Jesús nombra a los Doce como apóstoles (Lc. 6:13). Günther Krallmann denomina esta relación como «estar con», es decir, el «proceso dinámico de transferencia de vida» que se produciría entre Jesús y ellos. Él hizo que se desarrollaran como los líderes futuros de su Iglesia mientras los discipulaba como seguidores suyos, en los elementos básicos del ministerio cristiano.[15]

Lucas recoge el envío de los Doce (Lc. 9:1-11), e identifica al menos ocho elementos en la misión. En primer lugar, Jesús reúne a los Doce de forma intencionada para esta tarea (Lc. 9:1). A. B. Bruce explica que Jesús demostró cierto grado de confianza en los discípulos al enviarlos siendo aún unos principiantes. Sorprendentemente, Jesús les encomendó la proclamación en ese momento. Podemos tener la seguridad —escribe Bruce— de que Jesús «puso en boca de ellos una forma sana de palabras», para evitar que se desviaran de sus propósitos. Los mentores deben estar dispuestos a confiar en sus protegidos dándoles responsabilidades con el fin de entrenarlos.[16]

He vivido la lucha de confiar mi púlpito a un nuevo aprendiz pastoral para que adquiriera experiencia en la predicación. ¿Comunicará la Palabra? ¿Permanecerá fiel al evangelio? ¿Mostrará precisión teológica? ¿Masacrará la gramática y mutilará la estructura homilética? ¿Echará a perder la oportunidad? Estas preguntas realistas acompañan la relación mentor/aprendiz, y Jesús también se enfrentó a lo mismo con sus discípulos.

Segundo, Jesús les dio poder y autoridad sobre los demonios y para sanar enfermedades (Lc. 9:1). Tercero, los envió a «predicar el reino de Dios y a sanar a los enfermos» (Lc. 9:2). Cuarto, para enseñarles a depender del Padre, una lección que los prepararía bien para el ministerio futuro, los envió sin bordón, sin alforja,

---

13 Ibíd., 102-103.

14 Richard Bauckham, *Jesus and the Eyewitnesses: The Gospels as Eyewitness Testimony* (Grand Rapids: Eerdmans, 2006), 95.

15 Günther Krallmann, *Mentoring for Mission: A Handbook on Leadership Principles Exemplified by Jesus Christ* (Waynesboro, GA: Gabriel Publishing, 2002), 13-14.

16 Bruce, *Training of the Twelve*, 102-103.

sin pan, sin dinero y sin una túnica de repuesto (Lc. 9:3).[17] Quinto, debían aprender a aceptar la hospitalidad de quien se la pudiera ofrecer, un reto que podría hacer pedazos algunas nociones y sensibilidades preconcebidas (Lc. 9:4). Sexto, debían sacudir el polvo de sus pies como testimonio contra quienes se negaran a recibirlos (Lc. 9:5; cp. Hch. 13:50-51). Séptimo, los apóstoles tuvieron que rendir cuentas a Jesús a su regreso, una realidad perpetua para todos los enviados por Jesús en misión (Lc. 9:10).[18] Finalmente, Él prescribió un descanso, retirándose de las multitudes, aunque fuera por poco tiempo (Lc. 9:10-11).

Tanto Mateo como Lucas narran el envío de los Doce (Mt. 10:1-42), pero solo el segundo relata el de los Setenta. ¿Qué lugar ocuparon estos últimos en la misión de Jesús?

El envío de los Setenta

Aunque el envío de los Doce y el de los Setenta guardan similitud, unas cuantas distinciones añaden alguna capa a nuestro entendimiento de cómo Jesús entrenó y preparó a los primeros discípulos para la misión. John Nolland sugiere, con razón, que el ministerio futuro de la Iglesia se puede prefigurar en los Setenta,[19] y esto es, en cierto modo, el presagio de la futura plantación de iglesias y de la obra de misión. Los Setenta tal vez incluían a los Doce o quizá fueran además de ellos; esto último parece ser lo más probable dado el uso de *heterous* para «otros setenta».[20] Se observan doce aspectos en la comisión y el entrenamiento de Jesús.

Primero, Jesús envió a los Setenta por parejas, como había hecho con los Doce (Lc. 10:1; Mr. 6:7).[21] Segundo, Jesús preparó y, al parecer, asignó los treinta y cinco equipos a lugares particulares a los que planeaba acudir (Lc. 10:1).[22] Tercero, los discípulos debían sentir la urgencia de su tarea y orar para que el Señor de la cosecha enviara a más obreros para la recolección, una exhortación que debería

---

17 Joel B. Green, *The Gospel of Luke,* NICNT (Grand Rapids; Eerdmans, 1997), 359.

18 Bock, *Luke 1:1–9:50,* 827, obsérvese el uso que hace Lucas de *diegesanto,* tan relevante en la explicación de las experiencias que los discípulos le contaron a Jesús, ya que es el mismo término que Lucas usó en 1:1-4. Implica una completa narrativa de los sucesos en la misión.

19 John Nolland, *Luke 9:21–18:34,* WBC 35B; Ralph Martin, NT ed. (Nashville: Nelson, 1993), 550.

20 Ibíd. Nolland sugiere que Lucas podría entender que los Doce «estaban incluidos en los Setenta (y dos) como continuación de la función que ya tienen».

21 Robert H. Stein, *Luke,* NAC; E. Ray Clendenen, ed. gen. (Nashville: Broadman, 1992), 304. Esto incluye tanto la razón práctica —«el apoyo mutuo»— como la razón teológica —se necesitaban dos testigos para afirmar la veracidad del testimonio (Dt. 19:15; Nm. 35:30). Véase Schnabel, *Early Christian Mission,* 1:290.

22 Schnabel, *Early Christian Mission,* 1:321-322, elabora una estrategia potencial de Jesús siguiendo a los Setenta durante seis semanas en las que pernoctaba un día o una noche en cada lugar. Sin embargo, reconoce que es más plausible que los discípulos lo representaran, ocupando su lugar; véase Lucas 10:16.

parecer igual de perentoria en nuestra propia época (Lc. 10:2). Cuarto, Jesús no los envió con falsas excusas; serían corderos en medio de lobos (Lc. 10:3). Una práctica que ha resultado útil a nuestros aprendices es la franca sinceridad sobre las diversas cuestiones del ministerio. Algunas situaciones ministeriales son como zonas de guerra y otras, como circos. Enfrentarse a la realidad cuando entra en el ministerio podría evitar que un joven pastor o misionero sucumba al desaliento precoz.

Quinto, tanto los Doce como los Setenta tenían que aprender a depender del Padre al no llevar equipaje consigo (Lc. 10:4). Sexto, la urgencia y el enfoque de la misión se manifestaban en no saludar a nadie por el camino (Lc. 10:4). Séptimo, los Setenta debían buscar un hijo de paz que los hospedara (Lc. 10:5-7), lo que probablemente significa alguien dispuesto a escuchar y recibir el mensaje que ellos proclamaban.[23] Octavo, debían aprender a contentarse con la hospitalidad que el Señor les proporcionara (Lc. 10:7-8) y descubrir también la relevancia de la comunión en la mesa para el ministerio.[24] Noveno, los discípulos tenían que servir a los necesitados y proclamar la cercanía del reino de Dios (Lc. 10:9). Décimo, el juicio también debe aplicarse de manera adecuada contra los que rechazan el mensaje del reino (Lc. 10:10-12). Undécimo, los Setenta tenían que aprender su identidad con Jesús como sus representantes (Lc. 10:16).[25] Finalmente, los Setenta —y los futuros misioneros que siguieran sus pasos— habían de aprender a hallar su gozo en la gracia que Dios les mostraba y no en un grado particular de éxito (Lc. 10:17-20).[26]

Aunque solo estamos echando un vistazo al entrenamiento de los Doce y de los Setenta a manos de Jesús, tal como observa Lucas, queda suficiente evidencia para ofrecer un paradigma apropiado para los líderes contemporáneos de la iglesia en su búsqueda de ser mentores para el ministerio. El balance de este capítulo considera cómo el modelo de mentoría de Jesús debería moldear nuestra práctica.

23 I. Howard Marshall, *The Gospel of Luke*, NIGTC (Carlisle: Paternoster; Grand Rapids: Eerdmans, 1978), 419-420 declara que «hijo de paz» suele ser una expresión frecuente en el griego clásico y helenístico y en la lengua semita, que no señala a alguien que ya es un discípulo, «sino ofrecer salvación a los que estén dispuestos a recibirla». En otras palabras, debían buscar a quienes estuvieran abiertos a escuchar y recibir su mensaje. Esto encaja mejor en el contexto.

24 Marshall, *Luke*, 421. La comunión en la mesa podría haber sido una idea relevante de la comunicación del evangelio. Derek Tidball, *Ministry by the Book: New Testament Patterns for Pastoral Leadership* (Downbers Grove, IL: IVP Academic, 2008), 61, ofrece una aseveración válida: «Gran parte de la enseñanza más importante de Jesús tuvo lugar en torno a la mesa de comer» ([Lucas] 5:27-32; 7:36-50; 10:38-42; 14:1-24; 19:1-9; 22:7-38; 24:13-35).

25 Stein, *Luke*, 307, expresa esto con acierto como «la solidaridad corporativa del mensajero y el Señor», una verdad importante para las generaciones futuras de misioneros y de plantadores de iglesias que se debe tener en mente.

26 Bruce, *Training*, 107, denomina esto como «una advertencia oportuna contra la euforia y la vanidad».

EL MODELO DE JESÚS Y NUESTRA PRÁCTICA EN LA MENTORÍA

Dado que los escritores de los Evangelios solo proporcionaron breves explicaciones de la formación de los Doce y de los Setenta, «es imposible —como explica Schnabel— reconstruir o incluso especular sobre la extensión de este período de formación».[27] La narrativa del Nuevo Testamento indica que la capacitación de los Doce excedió a la de los Setenta por la involucración íntima que los primeros tuvieron con Jesús durante su ministerio terrenal. Cuando los líderes de la iglesia local planean una estrategia de orientación para aquellos que se forman para el ministerio, deberían considerar, sin lugar a duda, la obra que Jesús llevó a cabo con los discípulos como modelo para sus propias consideraciones.[28] ¿Qué entraña este modelo?

El impacto de la mentoría

Ser mentor es algo que se produce en estrecha asociación o «consociación», como lo expresa Krallmann. Observa que Jesús consideró la «consociación con Él como el terreno más fértil para el crecimiento de sus discípulos con respecto al carácter, al entendimiento y a la habilidad. De ahí que convirtiera la experiencia de estar con Él en el eje central de la formación de ellos».[29] Crow concuerda y añade que la limitación de un entrenamiento impulsado por el *contenido*, como el que se encuentra en las aulas de los seminarios, en las conferencias o charlas, requiere una instrucción enfocada en la *mentoría* que añade la dimensión personal para moldear a los aprendices. Él recomienda elaborar un programa de formación en torno a las relaciones mentoras, tal como hizo Jesús.[30] «Jesús entrenó a la medida de cada individuo».[31] La iglesia local proporciona el ambiente más coherente para esta clase de enfoque en la mentoría, ya que, como sucedió con los Doce y con los Setenta, incluye la mentoría en el contexto de la comunidad. Este planteamiento no desacredita el intenso entrenamiento académico, sino que más bien lo pone en perspectiva al insistir en la capacidad de la iglesia local para moldear de forma más eficaz a los ministros para las exigencias prácticas del ministerio.[32]

---

27 Schnabel, *Early Christian Mission,* 1:290.

28 Ibíd., 1:292; véase Carson, *Matthew,* 241-242, quien concluyó que el entrenamiento no cesó con el envío de los Doce. Parecía necesaria una formación adicional. Observa: «En este sentido, los Doce se convierten en el paradigma para otros discípulos en su testimonio pospentecostés».

29 Krallmann, *Mentoring for Mission,* 53.

30 Crow, «Multiplying Jesus Mentors», 93.

31 Ibíd., 92.

32 Warreb Bird, «Churches Taking Back the Task of Theological Education», *Leadership Network* [citado el 12 de enero de 2013]: s.l., leadnet.org//resources/advance/churches_taking_back_the_task_of_theological_education, explica la educación teológica de Sojourn Church (Louisville, KY) basada en la colaboración de la iglesia con el Southern Baptist Theological Seminary.

Los seminarios y las escuelas bíblicas son un complemento *en colaboración* con la iglesia local, donde la iglesia pueda carecer de la capacidad de ofrecer una educación teológica exhaustiva.

A través del contacto con Jesús, explica E. F. Harrison, los Doce «absorbieron de Él casi sin darse cuenta. Debieron de haber aprendido algo del arte de conocer personas y manejar las situaciones conforme eran testigos del modo en que su Maestro se abría camino en la vida y su laberinto de difíciles circunstancias ocasionadas por el carácter público de su obra».[33] La mejor forma de mantener esta estrategia similar de Jesús con los que se entrenan para el ministerio es que los fieles pastores los lleven a una relación de mentoría en el contexto de una iglesia local. Como en el caso de Jesús, requiere tiempo e involucramiento personal; exige tratar con la naturaleza de las relaciones, en ocasiones desordenadas, pero que en los años futuros produce mucho fruto. Quienes reciben mentoría *absorben* de sus mentores las habilidades relacionales, la aplicación de la doctrina y el discernimiento a la hora de manejar las dificultades con la «cercanía» de la relación orientadora. Consideremos cinco aspectos imitables del impacto de la mentoría de Jesús y sus discípulos.

Primero, Jesús proveyó un ejemplo a seguir por los mentores. En cambio, los maestros judíos esperaban que sus discípulos les prestaran atención a ellos. Jesús no solo declaró estar entre ellos como quien servía (Lc. 22:26ss), sino que también lo puso en práctica.[34] Lavó los pies de los discípulos (Jn. 13). Alimentó a las multitudes (Lc. 9:12-17). Llevó a sus agotados discípulos a lugares apartados para que descansaran (Mr. 6:30-32). Incluso les preparó el desayuno tras su resurrección (Jn. 21:9-14). Los discípulos aprendieron también a confiar en el Padre tanto para su sustento como para la protección de incontables peligros, como vieron en Jesús.[35] Incluso les dio ejemplo de ir más allá de las convenciones sociales de la época, impregnadas de prejuicios.[36]

Los mentores contemporáneos no deben minimizar jamás el poder del ejemplo al moldear a sus protegidos. Su forma de vivir la vida cristiana, de manejar las situaciones difíciles en la congregación, de mantener un matrimonio sano y el amor al cuerpo de Cristo imprimen carácter cristiano y práctica para los aprendices sin tan siquiera impartir una clase sobre ello. En este caso, el ejemplo del mentor tiene más peso que el aula.

Segundo, Jesús demostró la prioridad de las relaciones con sus aprendices. La

---

33 E. F. Harrison, *A Short Life of Christ* (Grand Rapids: Zondervan, 1968), 143.

34 Hengel, *The Charismatic Leader*, 51-52.

35 Harrison, *A Short Life of Christ*, 143.

36 Schnabel, *Early Christian Mission*, 1:278; por ejemplo, las relaciones con los samaritanos, los recaudadores de impuestos y las mujeres.

estructura del discipulado demostró esta prioridad, al tiempo que la intimidad de vivir en relación con Jesús y la pequeña comunidad de seguidores moldeaba amistades para toda la vida.[37] Krallmann clarifica de un modo conmovedor: «Jesús no se dedicó a establecer una academia, sino comunión; primero hizo hincapié en hacer amigos, y solo después en enviar apóstoles» (cp. Mr. 3:14). Además, les recuerda a quienes están involucrados en la mentoría: «Un aprendiz no es un proyecto, sino una persona. La mentoría implica más que una relación conferenciante/estudiante; se trata de amistad».[38] El vínculo de la amistad entre Jesús y los Doce sobrepasaba el respaldo natural de su familia (Lc. 22:28; Jn. 17:6).[39] Los mentores contemporáneos convertirán la amistad en el primer orden de apego con los aprendices. Estos acabarán reflejando el mismo amor y amistad hacia quienes se encuentran en su esfera del ministerio.[40]

Tercero, Jesús fue ejemplo de amor y servicio en el liderazgo. La premisa de Robert Greenleaf, respecto a que la verdadera grandeza en el liderazgo comienza con el servicio, es algo que se destaca en Jesús. Es necesario servir antes de liderar o, de otro modo, una vez que se empieza a dirigir habrá que aprender a servir.[41] Aunque Greenleaf plantea el liderazgo a partir de un modelo secular, expresa correctamente lo que vemos ejemplificado en Jesús. Cuando Él enseñó sobre la verdadera grandeza, al corregir a los hijos de Zebedeo en su competición por lograr posiciones señoriales en el reino futuro, explicó que eso ha de hallarse en el servicio: «El Hijo del Hombre no vino para ser servido, sino para servir, y para dar su vida en rescate por muchos» (Mt. 20:20-28). La vida y la enseñanza de Jesús eran ejemplos de generosidad, perdón, servicio y humildad (Lc. 16:1-31; 17:1-10; 18:9-30).[42] Su bondad y su compromiso con los niños pequeños mostraban una sensibilidad extraordinaria y un amor que necesita reflejarse en sus seguidores (Mt. 19:13-15). Sintió amor por el noble rico, a pesar de la idolatría del joven que lo apartaba de Jesús (Mr. 10:21). Los mentores deben ser conscientes de ser un ejemplo de servicio y amor entre sus aprendices, porque eso los moldea para actuar del mismo modo.[43]

Cuarto, Jesús entrenó sin perder de vista la cruz. Se dirigió hacia su encuentro

37 Wilkins, «Disciple, Discipleship», 279.
38 Krallmann, *Mentoring for Mission,* 55.
39 Harrison, *A Short Life of Christ,* 138.
40 Krallmann, *Mentoring for Mission,* 104.
41 Robert K. Greenleaf, *Servant Leadership: A Journey into the Nature of Legitimate Power and Greatness—25th Anniversary Edition,* Larry Spears, ed.; Kindle edition (Mahwah, NJ: PaulistPress/Amazon Digital Services, 2002), loc. 348.
42 Bock, *Luke 1:1–9:50,* 24.
43 Tidball, *Ministry by the Book,* 121, explica que Pablo consideraba el servicio como «el subtexto constante de su entendimiento del liderazgo cristiano». En la teología paulina, el evangelio exigía servicio.

con ella, donde aseguró la redención de su pueblo. Con regularidad apuntó a ese destino mientras entrenaba a sus discípulos (Lc. 9:22, 43-45; 18:31-34). Del mismo modo, demostró que la condición de seguirle exigía una cruz (Lc. 9:23). La forma y la dimensión de esta podrían variar para cada creyente, pero «que hay una cruz, cualquiera que sea su aspecto, para todos los verdaderos discípulos es algo implícito en las palabras» de Lucas 9:23.[44] Bock afirma la implicación: «La vida del discípulo consiste en una abnegación básica».[45] Los mentores hacen bien en mantener a sus aprendices centrados en la suficiencia de Cristo en su muerte y resurrección, a la vez que sirven de modelo de la necesidad de morir a los deseos egoístas y aceptar las adversidades, las pruebas y las dificultades como medios de ahogar la tendencia natural a la vanidad.

Debido a la intimidad entre el mentor y los aprendices pastorales, he podido hablar a la vida de algunos de nuestros jóvenes sobre su matrimonio, sus actitudes inadecuadas, de las ambiciones orgullosas, de las áreas carentes de disciplina y de las asperezas en el ministerio. La corrección amable sitúa a los aprendices en una senda mejor para la vida y el ministerio, con la cruz a la vista.

Quinto, la mentoría de Jesús incluía la corrección. Cuando Juan procuró estorbar a los que intentaban expulsar demonios en el nombre de Jesús, este lo reprendió (Lc. 9:49-50). Cuando Jacobo y Juan quisieron hacer caer fuego del cielo, porque percibieron el insulto de algunos samaritanos, Jesús les indicó: «Vosotros no sabéis de qué espíritu sois» (Lc. 9:51-56). «Él expuso, reprendió y corrigió» los pecados y las debilidades de los discípulos.[46] Los mentores deben procurar corregir las tendencias pecaminosas de sus aprendices, para desarraigar las actitudes y las conductas imprudentes que estorbarían en sus ministerios y distraerían del evangelio (Gá. 6:1-5). Solo la cercanía de la amistad y del servicio permitirá esta clase de franqueza en la corrección, sin dañar a los discípulos pastorales.

La intimidad del discipulado personal y en grupos pequeños posiciona a los mentores de la iglesia local para que tengan impacto en quienes están bajo su cargo. Su ejemplo en las relaciones, el amor, el servicio y en morir a sí mismos proporciona a los futuros obreros del evangelio una mejor imagen de cómo vivir fielmente como siervos de Cristo. Los mentores no solo dan ejemplo, sino que también se involucran en un entrenamiento específico hacia el ministerio futuro.

El impacto del entrenamiento en el ministerio

A pesar de que desconocemos si Jesús usaba un programa específico para entrenar a sus discípulos, los mentores contemporáneos harían bien en formar a sus pro-

---

44 Bruce, *The Training of the Twelve,* 183-184.
45 Bock, *Luke 1:1–9:50,* 852.
46 Harrison, *A Short Life of Christ,* 144-145.

tegidos en las grandes áreas en las que Él implementó su entrenamiento.[47] Jesús asignó varias áreas del ministerio a sus discípulos: predicar, expulsar demonios, sanar enfermedades y ministrar a los necesitados.[48] «Les enseñó a manejar el dinero, la receptividad y el rechazo».[49] La exhaustiva reunión informativa tras los ministerios de los Doce y de los Setenta indica que la reacción de Jesús fue preparar a sus discípulos para el ministerio futuro (Lc. 9:10; 10:17-24).[50] Tres ámbitos afloran como prioridad en el entrenamiento que Jesús aplicó a los Doce y a los Setenta: las relaciones, la proclamación y el enfoque.

En primer lugar, dado que el ministerio cristiano es relacional, Jesús entrenó a sus discípulos en las relaciones. Aquí, el entorno de la iglesia local demuestra ser comparable a la estrecha comunidad en la que Jesús formó a sus discípulos. La «estructura tipo familia» de sus seguidores los condujo a un contacto íntimo, regular, con personas de diversas procedencias.[51] Esta variedad íntima creció a medida que los discípulos de diferentes orígenes raciales fueron constituyendo las iglesias primitivas.[52] Estas amistades se cristalizaron cuando Jesús los envió en parejas para el ministerio. Esto no significa que no afloraran nunca las tensiones. Las relaciones ponen a los seres caídos en tan cercana proximidad que los desacuerdos pueden multiplicarse y las cuestiones de orgullo pueden irritar (Lc. 9:46; 22:24). Sin embargo, esto se convierte en una de las mejores plataformas para validar el

---

47 Robert Coleman, *The Master Plan of Evangelism,* 2ª ed. (Old Tappan, NJ: Revell, 1993), 37, observa correctamente que Jesús «era su propia escuela y programa de estudio».

48 Bock, *Luke,* 999, explica que «los actos de sanidad son señales de la irrupción del reino» (Lc. 11:14-23). De manera similar, Carson, *Matthew,* 245, afirma: «El tan esperado reino estaba ahora lo bastante "cerca"..., para ser confirmado por milagros dirigidos al demonismo y la enfermedad». Thomas Schreiner, *New Testament Theology: Magnifying God in Christ* (Grand Rapids: Baker Academic, 2008), 47-49, argumenta de forma convincente que las curaciones milagrosas y exorcizantes daban fe de la conjunción de la nueva creación y de la llegada del reino, y mostraban de un modo gráfico que el antiguo orden había quedado atrás. «Los milagros de Jesús [y también los de los Doce y los Setenta, como agentes inmediatos de la llegada del reino] son, pues, señales de las manifestaciones de la nueva creación» (p. 66). Con el advenimiento del reino, marcado por el descenso del Espíritu Santo en Pentecostés (Hch. 2:1ss), el énfasis se dirige más a la proclamación del evangelio que a lo milagroso como prioridad. Por consiguiente, la proclamación del evangelio y el hacer discípulos (incluida la plantación de iglesias) son la normativa para los plantadores contemporáneos de iglesias, en vez de enfocarse en las obras milagrosas.

49 Crow, «Multiplying Jesus Mentors», 92.

50 Ibíd., 99, Crow ofrece pruebas evidentes de la creciente eficacia de la «metodología de la mentoría personalizada por parte de un mentor» sobre las conferencias en grupo.

51 Schnabel, *Early Christian Mission,* 1:274; véase también 1:325, donde observa la importancia de la hospitalidad. Véase, asimismo, Joseph Hellerman, *When Church Was a Family: Recapturing Jesus's Vision for Authentic Christian Community* (Nashville: B&H Academic, 2009), quien trata el énfasis sobre la familia en el mundo mediterráneo del Nuevo Testamento y, a continuación, argumenta de forma persuasiva en favor de volver a pensar en la iglesia en términos de familia, en lugar de considerarla un grupo vagamente conectado entre sí.

52 Bock, *Luke 1:1–9:50,* 33-35.

poder del evangelio (véase Ef. 2–3). En el marco orientador de la iglesia local, los discípulos toman conciencia de que son colaboradores de Dios que entran en un equipo de trabajo para las actividades del ministerio del evangelio.[53]

La cercanía de las relaciones mentoras en la iglesia local también permite que los mentores observen mejor los dones y las habilidades de sus aprendices.[54] Pueden discernir los dones de predicación y enseñanza, los de evangelización y los organizativos, los del liderazgo y los de misericordia. Esto da a los mentores la oportunidad de cultivar los dones y establecer equipos sólidos para la plantación o la revitalización de iglesias. Las relaciones ofrecen una estructura natural para la rendición de cuentas en el caminar espiritual y en el ministerio del evangelio. Durante los pasados años he visto evolucionar este patrón con nuestros alumnos pastorales, conforme estos hombres jóvenes crecían juntos, puliéndose los unos a los otros. Alguien a quien se le da bien la predicación aprende de otro más fuerte en habilidades pastorales. Quien es tímido a la hora de expresarse aprende de otro que habla con entusiasmo.

En segundo lugar, dado que la misión involucra el mensaje del evangelio, Jesús entrenó a sus protegidos en la proclamación. En Lucas, esta incluía *kerigma* y *didajé*, predicación y enseñanza, sin línea de separación entre ambas.[55] Los diversos verbos usados para expresar la proclamación en Lucas se centran en la crucifixión y la resurrección «como el acto escatológico de salvación de Dios».[56] «Arrepentimiento, conversión y la fe» son, por tanto, las respuestas a la proclamación.[57] Johannes Nissen explica cómo las Escrituras y la proclamación van de la mano: «Debe señalarse que *releer las Escrituras* debía ser la fuente de la misión», tal como se ilustra en Lucas 24:13-50.[58] De manera que la proclamación tiene su base en las Escrituras, idea esta que los mentores deben reforzar con regularidad mediante la enseñanza y el ejemplo.

En la iglesia local, los mentores descubrirán que, especializarse en entrenar a los protegidos en la proclamación, producirá mucho fruto en los años sucesivos. Ya sea en la plantación de iglesias, en la realización de la obra misionera o en el pastorado, quienes preparan a otros para el ministerio deben considerarse heraldos

---

53 Stuart Murray, *Church Planting: Laying Foundations* (Scottdale, PA.: Herald Press, 2001), 41; véase también Hengel, *The Charismatic Leader*, 83, quien ofrece el ejemplo de Pablo y Apolos (1 Co. 3:9; 2 Co. 5:20) como colaboradores y embajadores de forma similar al envío de los Doce y los Setenta.

54 Ibíd., 212.

55 Joseph A. Fitzmyer, *The Gospel According to Luke I-IX: A New Translation with Introduction and Commentary*, ABC 28 (New Haven, CT: Yale University Press, 1970), 149.

56 Ibíd., 146.

57 Bock, *Luke 1:1–9:50*, 35.

58 Johannes Nissen, *New Testament and Mission: Historical and Hermeneutical Perspectives*, 3ª ed. (Frankfurt: Peter Lang, 2004), 50; las cursivas son originales.

y maestros a la vez. Como mensajeros les señalarán de continuo a sus oyentes la muerte y la resurrección de Jesús como la base de la salvación y el enfoque central de su discipulado.[59] Al margen del mensaje del evangelio no hay esperanza eterna (Ro. 10:14-17; 1 Ts. 2:13; 2 Ts. 2:13-15).

Del mismo modo, por medio de la instrucción, la enseñanza refuerza las aplicaciones básicas de las Escrituras a la totalidad de la vida. Harrison describió la enseñanza de Jesús como autoritativa, plena de una sabiduría que era distinta a la de los escribas y fariseos, lo bastante radical como para edificar la vida sobre ella, sencilla al evitar la jerga teológica técnica y densa, concreta, en lugar de especulativa y teórica, espontánea al utilizar la amplitud de la vida para enfocarse en las necesidades inmediatas, y original más que atestada de los sofismas talmúdicos.[60] Esto proporciona un reto excelente para que los aprendices lo introduzcan en sus ministerios de la enseñanza: la autoridad, la sabiduría, la disciplina radical, la simplicidad, la concreción, la espontaneidad y la originalidad.

Para esta práctica que sigue el modelo de Jesús, los maestros deben ser, ellos mismos y de forma continua, *aprendices,* porque este es el verdadero corazón de ser un discípulo de Jesús y de enseñar a discípulos.[61] Los mentores se encuentran en una posición privilegiada para medir si sus protegidos manifiestan avidez por aprender o si piensan que ya han llegado. Esto último demuestra que carecen de disposición para lanzarse al ministerio del evangelio. Así como Jesús desafió el proceso de aprendizaje de sus discípulos, los mentores actúan del mismo modo mediante preguntas, tareas, rendición de cuentas, corrección y confirmación. Los mentores pueden descubrir que la asociación con instituciones teológicas coopera en el aprendizaje y la enseñanza de los aprendices.

Con bastante frecuencia, en nuestro entrenamiento pastoral me veo retado a compaginar las tareas que yo confecciono (p. ej., leer libros, escribir reseñas, elaborar la filosofía de los ensayos ministeriales) con los trabajos académicos que nuestros alumnos llevan a cabo en el seminario. No quiero sobrecargarlos y que se desanimen. Tampoco deseo quedarme corto, ya que el ministerio cristiano nos exige constantemente el máximo esfuerzo. Mi objetivo es prepararlos para el ministerio en la vida real. Por tanto, les pregunto qué tipo de clases están recibiendo y, a continuación, en la medida de lo posible, intento asignarles tareas que complementen sus estudios teológicos o que les ofrezca algún caso práctico que les produzca satisfacción y gozo en sus exigentes agendas. Por esta razón, el

---

59 Larkin, «Mission in Luke», 168-169.

60 Harrison, *A Short Life of Christ*, 96-102.

61 Tidball, *Ministry by the Book*, 22-23; Coleman, *Master Plan*, 23-24, muestra que, a pesar de ser impulsivos y temperamentales, era posible enseñar a los discípulos. ¡Eso podría ser una lección alentadora para los mentores!

mentor debe llegar a conocer bien a sus aprendices, entender hasta dónde puede exigirles, dónde es necesario exhortarlos y cómo se les podría preparar mejor.

En tercer lugar, Jesús mantuvo a sus discípulos centrados en su misión. La distracción parece llegar fácilmente, sobre todo para quienes están en el ministerio. Múltiples demandas, además de las cuestiones personales y familiares, distraen enseguida la atención de los objetivos de proclamar a Cristo y establecer iglesias impulsadas por el evangelio. Jesús solía cuidar que su relación con sus discípulos no derivara en una «relación conferenciante–estudiante» y, así, perdieran de vista su *enfoque en el reino.*[62] Él era el modelo del enfoque externo (misional) de la misión mediante su ministerio a los recaudadores de impuestos, los gentiles y los pecadores de toda índole (Lc. 14:1-24; 15:1-32; 19:1-10). Aunque la iglesia se desarrolla internamente, algo que demuestran los numerosos pasajes neotestamentarios de «los unos a los otros», Darrell Bock nos recuerda que también es «un grupo que alcanza a otros».[63] Como lo hizo Jesús, los mentores de la iglesia local necesitarán mantener este enfoque externo en sus propias vidas, de manera que puedan ser un ejemplo para sus protegidos. La mentoría de Jesús, dirigida a la persona y no enfocada en la tarea, ofrece el modelo adecuado que los entrenadores deben adoptar al mantener el enfoque en su misión.[64]

Cualquier esfuerzo por mantenerse centrado en la misión se enfrentará inevitablemente a obstáculos. Los prejuicios raciales y sociales bloquean el enfoque de la misión. Jesús vio esto en los discípulos y actuó, tal como deben hacer los mentores contemporáneos. A medida que Lucas desarrolla el ministerio de Jesús por medio de su Evangelio, muestra cómo la obra salvífica de Dios en Cristo es racialmente inclusiva (p. ej. Lc. 7:1-10; 8:26-39).[65] Jesús no mostró vacilación alguna a la hora de cruzar las barreras raciales y sociales con el fin de comunicar el mensaje del reino de Dios. Le pidió de beber a la mujer samaritana (Jn. 4:7), y a un publicano le pidió que le diera de cenar y que lo alojara (Lc. 19:5), dos actos reprensibles para un judío que se respetara a sí mismo.[66]

Después de entrenar y ser modelo de este enfoque de la misión, Jesús dejó a sus seguidores con la certeza de que llevarían el evangelio superando cualquier barrera concebible erigida por los prejuicios de los hombres (Hch. 1:8). Irónicamente, cuando envió a los Doce les prohibió que entraran en las comunidades gentiles y samaritanas (Mt. 10:5-6), aunque más tarde les ordenó que llevaran el evangelio a Samaria y al mundo gentil (Hch. 1:8). Carson explica esto como pragmático,

62 Krallmann, *Mentoring for Mission*, 149.
63 Bock, *Luke 1:1–9:50*, 41.
64 Krallmann, *Mentoring for Mission*, 60.
65 Bock, *Luke 1:1–9:50*, 28.
66 Schnabel, *Early Christian Mission*, 1:278.

en parte, ya que los discípulos habían demostrado tener un temperamento débil cuando ministraron a los samaritanos (Lc. 9:52-56), y teológico, en parte, porque el tiempo empleado con los gentiles habría ofendido a su audiencia judía.[67] Paulatinamente, Jesús llevó a sus discípulos a romper las barreras que pudieran haber detenido con facilidad su planteamiento de la misión externa. Esperaba que sus aprendices estuvieran, ni más ni menos, que a la altura del entrenamiento recibido. Él les dio un enfoque en el reino que acabaría liberándolos de la parálisis en el ministerio.

Este tipo de enfoque no se produce durante una conferencia de una semana ni en un seminario de fin de semana. Es una relación de vida a vida, a lo largo del tiempo, que aplica la perspectiva del reino. Los mentores de la iglesia local, del mismo modo, al pasar tiempo con sus aprendices y observar sus personalidades y sus dones, descubrirán un enfoque gradual, útil para despojarlos de sus prejuicios, sus temores y sus nociones que estorbarían a su encauzamiento de la misión y el ministerio, mientras construyen en ellos la meta del reino para la gloria de Dios.

CONCLUSIÓN

Aunque los términos contemporáneos *mentor, pupilo, entrenador* y *aprendiz* no pueden hallarse en el Nuevo Testamento, su práctica impregna la relación entre Jesús y sus discípulos. Su obra más importante antes de su muerte y su resurrección, observa Harrison, «fue la selección y el entrenamiento de los hombres que lo representarían en el mundo en los días venideros».[68] Del mismo modo, los pastores y los líderes de la iglesia local deben reflejar la práctica mentora de Jesús cuando preparen a la siguiente generación para el ministerio del evangelio. Haber servido como pastor, pero haber descuidado la formación de futuros obreros del evangelio, equivale a no haber transmitido el ejemplo de Jesús en la capacitación para el ministerio.

Jesús, al preparar, instruir y enviar a los Doce y a los Setenta en misión, proporciona el paradigma para que los líderes de la iglesia local orienten a sus protegidos en la obra del evangelio. Lecciones sencillas como estos dos ejemplos de entrenamiento/envío expanden el horizonte para que los líderes contemporáneos combinen la formación académica con la dirección eficaz de la iglesia local para el ministerio. Este ejemplo de la iglesia local no sustituye el entrenamiento teológico formal, sino que se mantiene al lado como refuerzo para aplicar la teología a la totalidad de la vida y del ministerio.

Los modelos de discipulado y capacitación de la vida de Jesús no se pueden

67 Carson, *Matthew 1–12*, 244.
68 Harrison, *A Short Life of Christ*, 136.

imitar del todo. Sin embargo, los líderes contemporáneos deben estudiar a Jesús y a sus discípulos para entender mejor su forma de impactar en aquellos que les han sido confiados para ser entrenados. Los mentores deberían recordar: «Todo lo que se hace con unos pocos es para la salvación de multitudes», como escribió Coleman.[69] Debemos tener en mente que el grupo al que Jesús llamó compartía liderazgo, parentesco, amistad y comunión con Él, y con Judas Iscariote, un traidor.[70] Los líderes contemporáneos pueden esperar lo mismo, incluidos los potenciales traidores al evangelio. «El discípulo no es más que su maestro, ni el siervo más que su señor» (Mt. 10:24). Sin embargo, ni el temor a los problemas o de los posibles traidores debería disuadir a las iglesias locales de la tarea que glorifica a Dios: entrenar a una nueva generación para establecer y revitalizar a las comunidades de fe. El ejemplo de Jesús y sus discípulos en el Evangelio de Lucas ofrece el paradigma adecuado para embarcarse en esta digna meta.

69 Coleman, *Master Plan*, 35.
70 Harrison, *A Short Life of Christ*, 140-142.

CAPÍTULO 3

COMUNIDADES MENTORAS

Parecería haber un cierto prejuicio respecto al libro de Hechos. Al contener un esquema narrativo de unos cuantos acontecimientos y personajes en la vida de la iglesia primitiva, en lugar de limitarse a una enseñanza específicamente organizada, algunos lo consideran como menos que adecuado como fuente para validar doctrinas concretas. Reconozco que Hechos no trata la gama completa de la doctrina bíblica. Aunque nadie recurriría *solo* a Hechos como base doctrinal, no es una obra carente de doctrina. Me enfrenté a este prejuicio hace muchos años, cuando escribí una disertación sobre la plantación de iglesias para mi doctorado en el ministerio. El mentor teológico leyó mi extenso uso de Hechos y se echó hacia atrás, a la vez que me indicaba que no era una buena fuente para la plantación de iglesias. Yo me opuse, insistiendo en que, dado que Hechos proporciona la imagen más detallada sobre el tema considerando a toda la Biblia, debería constituir el núcleo central del establecimiento de la doctrina de la plantación de iglesias. Él aceptó mi réplica.

Esto mismo es cierto cuando se trata de Hechos y la doctrina del liderazgo espiritual. Lucas no escribió un libro sobre liderazgo. Sin embargo, demostró que la obra del evangelio y de la plantación de iglesias requiere un fiel liderazgo. Para ello, trató diversos ángulos del liderazgo mediante una amplia ilustración de lo que Timothy Laniak denomina la «pasmosa elección de Dios», al usar vasijas débiles y defectuosas para llevar a cabo su obra. Explica: «Bíblicamente, el liderazgo solo puede entenderse en términos de una visión teológica plenamente integrada de Dios y de su obra en la tierra».[1] Por consiguiente, el registro teológico-histórico

1 Timothy S. Laniak, *Shepherds after My Own Heart: Pastoral Traditions and Leadership in the Bible*, NSBT 20; D. A. Carson, ed. (Downers Grove, IL: IVP, 2006), 248-49.

de Lucas sienta las bases para entender el desarrollo del liderazgo en las generaciones futuras.

Dado que la narrativa de Hechos hace una crónica del surgimiento de nuevas iglesias y nuevos líderes que las plantaron y moldearon, el libro proporciona un perfil del liderazgo mediante la *presunción del desarrollo del liderazgo* en lugar de explicarlo. Por esta razón, aunque podríamos exponer una teología del liderazgo a partir de las Pastorales u otros libros, en los ejemplos de Hechos hallamos una explicación del liderazgo pastoral y de cómo evolucionó. Aunque no se declare en preceptos, el desarrollo del liderazgo para la iglesia local se pone de manifiesto en la práctica.

Pedro y Pablo sirvieron como principales actores de la narrativa de Lucas; sin embargo, el equilibrio de esta historia deja claro que estos dos gigantes apostólicos no plantaron ni fortalecieron iglesias ellos solos. En algunos casos, Lucas identifica a participantes adicionales en la evolución de la misión de la iglesia; en otros lugares solo menciona la obra de pasada sin mencionar a los líderes específicos responsables de establecer las nuevas comunidades cristianas (p. ej., Hch. 9:31; 15:3; 21:3-14). ¿Quiénes fueron los líderes que plantaron y revitalizaron las iglesias primitivas? ¿Quién los entrenó para dicha responsabilidad? ¿Qué los impulsó hacia la fiel misión frente a la oposición? Investigaremos las primeras señales de la formación para el liderazgo en Hechos, la función de los santos dispersados en la plantación de las iglesias y la misión de Pablo y sus colaboradores.

SEÑALES TEMPRANAS DEL DESARROLLO DEL ENTRENAMIENTO DEL LIDERAZGO

Los líderes potenciales tuvieron que aprender a seguir antes de dirigir.[2] Sin embargo, cuando estuvieron capacitados para ello, se embarcaron en la misión. «El objetivo de la misión —explica Johannes Nissen— era la formación de una nueva comunidad en Cristo».[3] En obediencia al mandamiento de Jesucristo (Mt. 28:19-20), los discípulos bautizaron e instruyeron a nuevos discípulos.[4] El ambiente para entrenar a los líderes a que se comprometieran en la misión y a fortalecer a las iglesias locales impregnó la experiencia del discipulado. El hecho de nutrirse en la fe *en el seno de la comunión de la iglesia* generó un corazón misionero en la iglesia primitiva.

2 Laniak, *Shepherds*, 22.

3 Johannes Nissen, *New Testament and Mission: Historical and Hermeneutical Perspectives*, 3ª ed. (Frankfurt am Main: Peter Lang, 2004), 111.

4 Véanse D. A. Carson, *Matthew 13–28*, EBC, 2 vols.; Frank E. Gaebelein, ed. (Grand Rapids: Zondervan, 1995), 597, quien escribe: «El NT apenas puede concebir un discípulo que no esté bautizado ni instruido». Véase Craig Ott y Gene Wilson, *Global Church Planting: Biblical Practices and Best Practices for Multiplication* (Grand Rapids: Baker Academic, 2011), 48, quien añade: «La incorporación de los creyentes es una parte integral del discipulado».

La iglesia de Jerusalén

La atmósfera que rodea a la iglesia de Jerusalén respira la expansión del evangelio. La regularidad de la nueva comunidad cristiana en la enseñanza de la doctrina apostólica, la comunión, el partimiento del pan y la oración (Hch. 2:42) prepara el escenario no solo para vivir el evangelio en sus ciudades, sino también para difundirlo. La relevante obra de Floyd Filson sobre las casas-iglesia primitivas como unidad básica para la comunidad cristiana indica que el enraizamiento del movimiento cristiano en esta estructura proporcionó a los misioneros posteriores, como Pablo, una visión más clara de cómo plantar iglesias fuera de Jerusalén.[5] Postula que, probablemente, al entrar en una ciudad, el objetivo de Pablo era ganar una casa para Cristo, de manera que «pudiera servir como núcleo y centro de su obra posterior».[6] Como el evangelio era fundamental para la instrucción de estas comunidades cristianas primitivas, el deseo natural sería verlo difundirse.[7] La plantación de iglesias en las comunidades que Lucas menciona de pasada, por ejemplo Lida y Jope, sugiere firmemente que quienes plantaban las iglesias estaban alimentados en el liderazgo pastoral dentro de la estructura de la iglesia de Jerusalén.[8]

La llegada de Bernabé

Mientras Lucas explica de pasada la generosidad de la iglesia de Jerusalén, presenta a Bernabé y prepara el escenario para el desarrollo ulterior de este significativo personaje misionero.[9] Su credibilidad en la iglesia de Jerusalén era obvia (Hch. 4:36-37).[10] Cuando presentó a Saulo, el antiguo perseguidor, como hermano

5 Floyd V. Filson, «The Significance of the Early House Churches», *JBL* (junio de 1939): LVIII.2:109-111.

6 Ibíd., 111.

7 John Stott, *The Spirit, the Church, and the World: The Message of Acts* (Downers Grove, IL: InterVarsity, 1990), 86, escribió de forma lúcida: «Los primeros cristianos de Jerusalén no estaban tan preocupados de aprender, compartir y adorar como para olvidarse de dar testimonio. Porque el Espíritu Santo es el Espíritu misionero que creó la iglesia misionera».

8 Hechos 9:32: «Los santos que vivían en Lida» y «los discípulos» en Hechos 9:38, indican sinónimos lucanos para las iglesias locales. ¿Quién plantó estas congregaciones? Lucas no lo señala, pero todo indica que su proximidad, justo al oeste de Jerusalén, sugiere que los discípulos alimentados en la iglesia de Jerusalén expandieron el evangelio en dichas comunidades.

9 Everett F. Harrison, *Interpreting Acts: The Expanding Church* (Grand Rapids: Academie Books, 1986), 99, explica que Lucas establece el trasfondo para Bernabé como discípulo judío helenista, que lideró los esfuerzos misioneros más allá de Palestina. Martin Hengel, *Acts and the Earliest Christianity*, John Bowen, trad. (Filadelfia: Fortress Press, 1979), 101, sugiere que Bernabé «parece haber pertenecido desde el principio a la comunidad más temprana de Jerusalén». Martin Hengel y Anna Maria Schwemer, *Paul between Damascus and Antioch: The Unknown Years*, John Bowden, trad. (Louisville: Westminster John Knox, 1997), 205, consideraban a Bernabé parte de los Setenta (Lc. 10:1).

10 C. K. Barrett, *Acts*, ICC, 2 vols. (Edimburgo: T & T Clark, 1994), 1:258.

genuino en Cristo, fue la preparación para la más amplia expansión del evangelio en el mundo romano, aunque en esa época poco se podía imaginar el impacto de largo alcance que su ministerio tendría en la iglesia primitiva.[11]

Aunque Bernabé no inició la obra del evangelio en Antioquía, su credibilidad en la obra pastoral lo convirtió en la elección apostólica para verificar esta expansión del evangelio y para establecer la comunidad cristiana entre muchos gentiles, en aquella relevante ciudad romana (Hch. 11:19ss.).[12] Eckhard Schnabel explica que Bernabé no fue enviado sencillamente a inspeccionar la obra, sino que más bien «lo mandaron allí como coordinador, líder misionero y maestro teológico. La joven iglesia siguió creciendo como resultado de la obra de Bernabé» (Hch. 11:22-25).[13] Claramente, el entrenamiento pastoral de Bernabé *en la comunidad cristiana de Jerusalén,* y posiblemente antes como parte de los Setenta, preparó el escenario para la expansión de la iglesia mediante la plantación de nuevas congregaciones en el mundo gentil.[14] La comunidad lo entrenó para el ministerio.

Si bien titubeó temporalmente cuando el primer viaje misionero se puso en marcha, Juan Marcos comprendió atinadamente la naturaleza de la obra cristiana por la influencia de las iglesias de Jerusalén y Antioquía, y sus líderes.[15] El historiador antiguo Eusebio afirmó que Juan Marcos «estableció primero iglesias en la ciudad de Alejandría».[16] Si esto es exacto, que Bernabé, Pablo y Pedro orientaran a Juan Marcos *en la estructura de las iglesias en Jerusalén y Antioquía* produjo mucho fruto en los primeros siglos de la Iglesia, a través de sus esfuerzos de plantación de iglesias (Hch. 12:25; 13:5; 15:37-39; 1 P. 5:13).

Los siete y sus contactos

Conforme los apóstoles compaginaban la enseñanza, la administración y el ministerio de misericordia en la iglesia de Jerusalén, empezaron a tomar conciencia de sus limitaciones por las exigencias de pastoreo de la creciente iglesia (Hch. 6:1-7). La congregación presentó a siete hombres cualificados que manejaran los ministerios de misericordia, en particular hacia las viudas cristianas judías

---

11 Eckhard J. Schnabel, *Acts*, ZECNT, vol. 5; Clinton E. Arnold, ed. gen. (Grand Rapids: Zondervan, 2012), 456-457.

12 Harrison, *Acts*, 192, denomina Antioquía como «la tercera ciudad más importante del Imperio» con una atmósfera cosmopolita de unos 25.000 ciudadanos, aproximadamente.

13 Eckhard J. Schnabel, *Early Christian Mission*, 2 vols. (Downers Grove, IL: IVP, 2004), 787.

14 Harrison, *Acts*, 193, observa: «Por primera vez, la fe cristiana se había establecido en uno de los centros importantes del Imperio romano».

15 Harrison, *Acts*, 203-204: «Este joven tenía muchas ventajas, lo que en última instancia se demostró en su carácter y utilidad» (Col. 4:10-11; 2 Ti. 4:11). Barrett, *Acts*, 1:627, sugiere diversas razones para la repentina partida de Juan Marcos.

16 Eusebio, *Ecclesiastical History*, popular ed.; Christian F. Cruse, trad. (Grand Rapids: Baker, 1955), 65 (2.16).

helenistas, de manera que los apóstoles pudieran concentrarse en la oración y en el ministerio de la Palabra. Los siete tenían nombres griegos, lo que indica que fueron escogidos para servir a las viudas helenistas porque ellos también lo eran.[17] Cuando estalló la persecución, estos creyentes helenistas se dispersaron desde Jerusalén y predicaron el evangelio, lo que acabó conduciendo al establecimiento de nuevas congregaciones (IIch. 8:4-8).

La identificación que Lucas hace de «Nicolás prosélito de Antioquía» (Hch. 6:5) ofrece el primer vistazo de lo que más tarde ocurriría en dicha región por medio de la proclamación helenista del evangelio allí (Hch. 11:19-20).[18] Que Nicolás participara en dicha obra, Lucas no lo señala. Sin embargo, establece una relación directa con la iglesia plantada en Antioquía y la persecución que se levantó contra los creyentes helenistas en conexión con Esteban (Hch. 11:19). Nicolás podría haberse encontrado entre ellos.

Una importante pregunta surge respecto a los evangelistas dispersados y las nuevas iglesias. ¿Quién los entrenó para predicar y establecer iglesias? No se nos habla de estructura programática alguna para desarrollar predicadores o plantadores de iglesias. Lucas se limita a narrar que estos creyentes dispersados predicaron y plantaron. Su participación en la iglesia de Jerusalén con su constante enseñanza doctrinal (Hch. 2:42) y su involucramiento con los líderes de la iglesia —los Doce y los Setenta— los prepararon para la oportunidad impuesta de predicación y plantación de iglesias. *Fueron entrenados en comunidad.*

Los helenistas asociados con Esteban y Felipe habrían aprendido de sus ministerios del evangelio. Esteban ofreció una *apología* claramente articulada de la fe antes de su martirio (Hch. 7). Felipe predicó el evangelio en Samaria y estableció una nueva congregación con asombroso éxito (Hch. 8:5-24). Sus ministerios de proclamación, junto con el de los creyentes helenistas anónimos que predicaron a Cristo mientras huían de la persecución, son la prueba de que *el ministerio regular de la iglesia de Jerusalén los preparó para más de lo que podemos imaginar.*

¿Fue intencional esta preparación para la evangelización y la plantación de iglesias? Como mínimo, la iglesia de Jerusalén procuró entrenar a la congregación para llevar adelante la Gran Comisión (Hch. 28:18-20; Hch. 1:8).[19] Aunque en Jerusalén esto podría haber sido simplemente añadido a la creciente iglesia, una vez que el evangelio arraigó fuera de Jerusalén, las iglesias *tuvieron que plantarse*

17 Jaroslav Pelikan, *Acts*, Brazos Theological Commentary on the Bible; eds. R. R. Reno, R. W. Jenson, R. L. Wilken, E. Radner, M. Root, G. Sumner (Grand Rapids: Brazos, 2005), 93.

18 Harrison, *Acts*, 115, añade: «También puede ser una pista de que Lucas mismo fuera de Antioquía».

19 Ed Stetzer, *Planting Missional Churches: Planting a Church That's Biblically Sound and Reaching People in Culture* (Nashville: B & H Academic, 2006), 38-43.

con el fin de cumplir el mandamiento de seguir enseñando a los discípulos. Como ya se ha observado, «el objetivo de la misión era la formación de una nueva comunidad en Cristo». Como «cabeza de playa de la nueva creación» las iglesias surgieron inevitablemente por la obediencia a la Comisión de Cristo.[20] En el núcleo central se encontraba la iglesia de Jerusalén, que formaba a los líderes pastorales que acabarían siendo enviados más allá de dicha ciudad, a un mundo más amplio, para proclamar a Cristo y establecer nuevas comunidades de discípulos, que a su vez repetían el mismo proceso.

LA DISPERSIÓN DE LOS SANTOS: LA IGLESIA SE EXTIENDE

Como es lógico, cuando comenzó la persecución relacionada con la muerte de Esteban (Hch. 7:60–8:4), los santos dispersados habrían viajado a localidades donde tuvieran algunos contactos. Rodney Stark explica que la dispersión primitiva del cristianismo siguió la línea de las redes sociales, de manera que los discípulos se pusieron en contacto con parientes o amigos de amigos, y utilizaron estas relaciones para la expansión del evangelio.[21] Si Stark está en lo cierto, los santos helenistas dispersados de Jerusalén por la persecución se dirigieron a las comunidades helenistas como Antioquía, donde conectaron por el bien del evangelio y establecieron nuevas iglesias. Lucas narra este movimiento del evangelio en Hechos 8–12.[22]

La importancia de Felipe

A diferencia de algunos de los discípulos de trasfondo judío en Jerusalén, la cristología de Felipe le proporcionó la actitud adecuada al llevar el evangelio a los samaritanos, porque reconoció la actitud de Jesús, quien se preocupó de ellos (Lc. 9:52-56; 10:30-37; 17:11-19; Jn. 4).[23] Aunque Lucas no detalla la extensión del servicio de Felipe a las viudas helenistas y a la congregación más amplia de Jerusalén, muestra los firmes dones de evangelización que poseía. ¿Cómo se desarrollaron esos talentos en el seno de la congregación de Jerusalén? Lucas no nos ofrece ninguna otra pista además de que formaba parte del grupo de dispersados que «iban por todas partes anunciando el evangelio» (Hch. 8:4); así, como observa Schnabel, «había presenciado, contemplado y aprendido en Jerusalén lo

20 Nissen, *New Testament and Mission*, 111.

21 Rodney Stark, *The Triumph of Christianity: How the Jesus Movement Became the World's Largest Religion* (Nueva York: HarperOne, 2011), 76.

22 Hengel, *Acts*, 74-75.

23 Ibíd., 78. Cuando los apóstoles se enteraron del despertar en Samaria, enviaron a Pedro y a Juan para tener una opinión de primera mano que confirmara su autenticidad (Hch. 8:14-15). Con anterioridad, ¡Juan le había pedido permiso al Señor para ordenar que descendiera fuego del cielo y consumiera a los recalcitrantes samaritanos (Lc. 9:54)!

que significaba el dinámico alcance evangelizador».[24] Habiendo sido alimentado de la sana doctrina y de la predicación ejemplar de los apóstoles en Jerusalén, y habiéndole confiado la iglesia responsabilidades de servicio bajo la mirada de los apóstoles, él estaba preparado para predicar a Cristo y plantar iglesias más allá de Jerusalén.[25]

La forma en que Felipe entendía la eclesiología se entrecruzaba con su proclamación del evangelio. Él predicaba y el Espíritu obraba, y surgió una nueva congregación (Hch. 8:5-24).[26] Ir a una zona donde no había comunidades cristianas establecidas *exigía* que el objetivo de la predicación no se limitara a buscar nuevos discípulos, sino también a formar congregaciones que bautizaran, enseñaran y nutrieran a estos nuevos seguidores.[27]

Tras abandonar Samaria, y después al eunuco etíope, Lucas comenta: «Felipe se encontró en Azoto; y pasando, anunciaba el evangelio en todas las ciudades, hasta que llegó a Cesarea» (Hch. 8:40). Esta observación da por sentado que predicó en Azoto y, a continuación, en las ciudades a lo largo de la ruta costera norteña hasta llegar a Cesarea, incluidos probablemente Jamnia, Lida, Jope y Antípatris.[28] Su método no habría consistido simplemente en predicar y seguir adelante sin respetar el mandamiento de Cristo (Mt. 28:19-20), sino más bien en proclamar el evangelio, hacer discípulos y plantar iglesias. Ya había demostrado este modelo en Samaria. Aunque Pedro fue más tarde a Lida y Jope, donde se encontró con los discípulos —el sinónimo de Lucas para iglesias (Hch. 9:32-43)—,[29] parece verosímil que Felipe plantara las congregaciones en esas comunidades o que reforzara adicionalmente a las iglesias que habían sido plantadas previamente por miembros de la iglesia de Jerusalén.[30] Felipe permaneció en Cesarea donde podría haberse convertido en «un líder de la iglesia local, responsable de la proclamación del evangelio» (Hch. 21:8).[31] La iglesia en Cesarea podría haberse iniciado bajo su

24 Schnabel, *Early Christian Mission*, 673.

25 Harrison, *Acts*, 116, explica que la imposición de manos apostólica sobre los siete indicaba que los hombres recién escogidos servían bajo la autoridad de los apóstoles. Escribe: «También está implícita la promesa de los apóstoles de respaldar a los elegidos y apoyarlos en todo lo posible» (cp. 13:3).

26 Dennis Johnson, *The Message of Acts in the History of Redemption* (Phillipsburg, NJ: P&R, 1997), 141.

27 Roland Allen, *Missionary Methods: St. Paul's or Ours?* (Grand Rapids: Eerdmans, 1962, 2002 reed.), 81-84.

28 Yohanan Aharoni y Michael Avi-Yonah, *The MacMillan Bible Atlas* (Nueva York: MacMillan, 1968), 152. Véase también Barrett, *Acts*, 1:435.

29 De veinticinco usos del término «discípulos» en Hechos, veintiuno implican a un cuerpo reunido de seguidores de Cristo e identificados conjuntamente, por ejemplo, Hch. 6:1-2; 9:19; 11:26; 14:21-22; 18:27; 21:16.

30 Harrison, *Acts*, 153, piensa que es probable «que Felipe estableciera el fundamento para el ministerio de Pedro en estos lugares». Véase también Schnabel, *Early Christian Mission*, 691.

31 Schnabel, *Early Christian Mission*, 692.

liderazgo y haber extendido la obra misionera en dicha región costera (Hch. 8:40; 21:8).[32] *Su preparación comenzó con fidelidad en la vida y la alimentación de la iglesia de Jerusalén.*

La última mención a Felipe se encuentra en Hechos 21:8-14, donde se le llama «Felipe el evangelista». No cabe pensar que «el evangelista» se retirara a Cesarea para dejar que otros prosiguieran la obra sin él. Esta localidad se convirtió en su base de operaciones para avanzar el evangelio. Que los «discípulos de Cesarea» viajaran con Pablo y su equipo misionero a Jerusalén (Hch. 21:16) indica la presencia de quienes allí se preocupaban con intensidad por el progreso del evangelio a otras regiones. Felipe habría sido el líder pastoral adecuado *para su entrenamiento y desarrollo con vistas al ministerio futuro, mientras desempeñaban el ministerio de nutrir a la comunidad de la iglesia en Cesarea.* Felipe dirigía una iglesia mentora.

Pruebas de las iglesias establecidas

Pedro y Juan aprendieron sobre el ministerio del Señor Jesús, quien siempre estaba rodeado de personas para poder entrenarlas en la vida del reino y en el ministerio. Parece verosímil que Lucas mencione a Pedro y a Juan sin especificar a otros que viajaran con ellos, ya que su práctica habitual parecía centrarse en los personajes claves, por ejemplo, Pedro, Bernabé y Pablo. ¿Cabe la posibilidad de que un equipo viajara con Pedro y Juan a las aldeas samaritanas (Hch. 8:25), hombres entrenados por ellos para la obra pastoral en Jerusalén y a los que habrían dejado confiadamente en las nuevas congregaciones para que siguieran nutriéndolas en la fe?[33] Al seguir el modelo que Jesús había utilizado de forma sistemática para entrenar a otros, parece lógico que Pedro y Juan hubieran actuado igual.[34] Los potenciales ministros del evangelio formados en la iglesia de Jerusalén bajo su tutelaje podrían haberse convertido en pastores fundadores de las nuevas congregaciones durante este tiempo de ministerio.

La narrativa de Hechos 9, que recoge la conversión de Saulo de Tarso y su entrenamiento inicial en Damasco, es una firme prueba de que en esa ciudad se plantó una iglesia con anterioridad, y esto se indica en particular por «los

32 Ibíd., 1266.

33 Rudolph Pesch, *Die Apostelgeschichte (Apg 1–12)*, EKK, 2 vols.; Josef Blank, Rudolf Schnackenburg, Eduard Schweizery, Ulrich Wilckens, eds. (Zürich: Benziger Verlag, 1986), 1:318, piensa que Pedro viajó más adelante a *todas las ciudades* de Judea, Galilea y Samaria, donde existían comunidades cristianas, y cita «por toda» (*dia panton*) como su razón para esta postura (Hch. 9:31-32).

34 Schnabel, *Early Christian Mission*, 513, «Los misioneros cristianos primitivos no viajaban solos, sino que iban al menos en parejas. Es posible que, en ocasiones, lo hicieran en grandes equipos», según el ejemplo que Jesús les dejó. Véase también Otty Wilson, *Global Church Planting*, 48-49, quien observa: «El uso de equipos es un patrón claro en Hechos. Resulta raro, en efecto, encontrar a los primeros apóstoles embarcados a solas en el ministerio».

discípulos que estaban en Damasco» (Hch. 9:19). Saulo estaba «con» ellos, de modo que se congregaría en esa iglesia a la que primero pretendió perseguir. Barrett declara que esta situación de los cristianos en Damasco —con una iglesia plantada— ofrece un valioso recordatorio de que Hechos no proporciona un registro completo de los tempranos años de la expansión de la iglesia, sino tan solo de unos acontecimientos cuidadosamente elegidos.[35] *La silenciosa expansión de nuevas iglesias en la iglesia primitiva comenzó, aunque sin fanfarria, por medio de los discípulos entrenados, orientados y concentrados en la obra del evangelio a través del ministerio de las iglesias existentes, en Jerusalén o en Galilea.*[36] Ninguna otra explicación de sus comienzos parece plausible.

Pedro viajó para ministrar el evangelio a los gentiles de Cesarea, en casa de Cornelio (Hch. 10:1-48). Hans Conzelmann explica que la presencia de los discípulos acompañantes de Jope convirtió su presencia en «una acción eclesiástica».[37] El testimonio y el acuerdo con la obra del Espíritu, por medio de la predicación del evangelio en Cesarea, no recaía solamente sobre Pedro, sino en el involucramiento de la iglesia en Jope.

Tras el don del Espíritu y de fe de los nuevos creyentes gentiles, Pedro «mandó bautizarles en el nombre del Señor Jesús. Entonces le rogaron que se quedase por algunos días» (Hch. 10:48). Esta declaración sugiere al menos dos consideraciones importantes: (1) Los nuevos creyentes gentiles se identificaron con la iglesia de Jope a través de sus representantes, de ahí que parezca haberse establecido una especie de relación madre-hija. (2) Por consiguiente, los representantes de Jope tenían una cierta función de liderazgo en la fundación de esta nueva iglesia. Que Pedro permaneciera unos cuantos días más también implicaría que los líderes de la iglesia de Jope hicieron lo mismo, ya que continuaron discipulando a los nuevos seguidores de Cristo y reforzaron la iglesia recién establecida.[38] ¿Qué preparación tenían estos hombres para dicho menester? La congregación de Jope y su liderazgo los había nutrido hasta el punto de que la iglesia los envió confiadamente con Pedro, y este, asimismo, los llevó confiadamente consigo.

Plantación de la iglesia de Antioquía

De diez a doce años después de que Saulo instigara la persecución de los cristianos judíos helenistas en Jerusalén, él mismo era un líder cristiano de la comunidad

35 Barrett, *Acts*, 1:447.

36 F. F. Bruce, *The Book of Acts*, NICNT; Ned Stonehouse, ed. gen. (Grand Rapids: Eerdmans, 1954), 199.

37 Hans Conzelmann, *Die Apostelgeschichte*, HNT 7 (Tubingen: J. C. B. Mohr [Paul Siebeck], 1963), 63, mi traducción de «einekirchliche Aktion».

38 Stott, *The Spirit*, 192, asevera: «El don del Espíritu era insuficiente; también necesitaban maestros humanos».

helenista de Antioquía, donde fue enviado por la iglesia junto a Bernabé para difundir el evangelio (Hch. 13:1-4).[39] El tiempo entre su conversión y su liderazgo en la iglesia, que transcurrió en Siria y Cilicia (Gá. 1:21; 2:1), ayudó a moldearlo para la obra misionera en la que se embarcaría con el mismo fervor con el que antes había perseguido a la iglesia.[40] Pablo trabajaría desde Antioquía como congregación enviadora, para plantar el evangelio y las comunidades cristianas en las regiones predominantemente gentiles.

Cuando la iglesia de Antioquía apartó a Bernabé y a Saulo, llamados por el Espíritu, la imposición de manos identificó a esta congregación con los dos misioneros, y esto significaba, como observa Harrison, «que todo el grupo iba con ellos en espíritu, y se comprometía a orar por ellos».[41] Ninguno de los hombres vio conflicto alguno entre el llamado del Espíritu y la iglesia que los apartó; ambos trabajaban de común acuerdo para proporcionarles aliento interno y externo en su misión.[42]

David Peterson observa que toda la iglesia se involucró en comisionarlos como misioneros.[43] ¿Qué parte desempeñó, pues, la comunidad cristiana de Antioquía en el entrenamiento de Bernabé y Pablo para su obra misionera? Aunque ambos hombres eran líderes de la iglesia, comprometidos en la enseñanza durante todo un año, este tipo de relaciones de discipulado tan estrechas nunca son unidireccionales. Implicar a otros por medio del adoctrinamiento y la interacción siempre agudiza la propia enseñanza. Es posible que *la involucración en la congregación*, con todas las idiosincrasias típicas, los problemas, las cuestiones del pecado, las luchas con la seguridad, el bagaje cultural y muchas cosas más, *ayudara a preparar mejor a los dos misioneros para aquello a lo que se enfrentarían en la plantación de iglesias en la región gálata.* Durante el tiempo que pasaron en la comunión cristiana cosmopolita de Antioquía, ellos aprendieron más sobre servir a Cristo y construir relaciones entre los gentiles. Asimismo, el intenso involucramiento congregacional que ellos experimentaron sigue produciendo fruto en los futuros plantadores de iglesias, misioneros y pastores.

La vida congregacional cambia la visión del ministerio como un trabajo y pasa a ser un involucramiento apasionado con la iglesia. Un hombre, miembro de otra iglesia de nuestra comunidad, preguntó si yo querría ser su mentor. Yo me negué y le señalé que el involucramiento en nuestra comunidad iba de la mano

39 Schnabel, *Early Christian Mission*, 1306.
40 Hengel, *Acts*, 103.
41 Harrison, *Acts*, 216.
42 Ibíd., 217.
43 David G. Peterson, *The Acts of the Apostles*, PNTC; D. A. Carson, ed. (Grand Rapids: Eerdmans, 2009), 375.

con cualquier orientación que yo pudiera proporcionar. En realidad, la mentoría no consiste tanto en aprender unas pocas lecciones como en experimentar las profundidades de la vida en comunidad.

Tras plantar iglesias en Listra, Iconio y Antioquía de Pisidia, el equipo misionero regresó y «constituyeron ancianos en cada iglesia» (Hch. 14:23), antes de volver a su iglesia enviadora (Hch. 14:26-28). Siguieron el mismo patrón evidente de la iglesia de Jerusalén.[44] Schnabel hace notar que el nombramiento de ancianos no tiene nada que ver con mantener un férreo control sobre las jóvenes congregaciones, sino más bien con dirigir la tarea de alimentar y pastorear a los discípulos que, sin duda, encontrarían dificultades.[45] Si Derek Tidball evalúa correctamente el modelo de liderazgo de Hechos, parece probable que Pablo y Bernabé orientaran a los nuevos ancianos en la dirección de enseñar la verdad, formar nuevas comunidades de discípulos, resolver cualquier conflicto inevitable y proteger la integridad del evangelio y de la iglesia.[46] Su enseñanza doctrinal tenía aplicación en la misión, las relaciones y la integridad. Es evidente que el tiempo de entrenamiento de los líderes para tal precisión habría sido breve, pero se habría «captado» mucho del cuidadoso ejemplo de los misioneros en la vida cristiana y el ministerio.[47] El pequeño principio desde la iglesia de Antioquía condujo al alcance del evangelio por todo el Imperio romano a través de Pablo y otros obreros cristianos.

LA MISIÓN DE PABLO Y SUS COLABORADORES EN EL MINISTERIO

Johannes Nissen identifica tres categorías de colaboradores de Pablo: (1) el círculo más íntimo incluía a Bernabé, Silas y Timoteo; (2) Aquila, Priscila y Tito representaban a los «colaboradores independientes»; (3) el último grupo, los representantes de la iglesia local, puso obreros a disposición de Pablo, de manera que *las iglesias participaban con él en el ministerio de plantación de iglesias.*[48] Aunque

---

44 Peterson, *Acts*, 415; véanse Hechos 11:30; 15:2, 4, 6, 22, 23; 16:4; 21:18. El uso de «anciano» es equivalente a «obispo» en Hechos 20:28; Fil. 1:1; 1 Ti. 3:2; Tit. 1:7. Véase Benjamin L. Merkle, *The Elder and Overseer: One Office in the Early Church*, SBL 57; Hemchand Gossai, ed. gen. (Nueva York: Peter Lang, 2003) para una explicación convincente de ambos términos en referencia al mismo cargo.

45 Schnabel, *Acts*, 614.

46 Derek Tidball, *Ministry by the Book: New Testament Patterns for Pastoral Leadership* (Downers Grove, IL: IVP Academic, 2008), 99-103.

47 David Sills, *Reaching and Teaching: A Call to Great Commission Obedience* (Chicago: Moody, 2010), 49-50, recomienda el acercamiento MAWL a la formación, algo probablemente similar a lo que realizaron Pablo y Bernabé: dar ejemplo, atender, observar y marcharse. Véase también Daniel Sinclair, *A Vision of the Possible: Pioneer Church Planting in Teams* (Colorado Springs: Authentic, 2005), 233-237.

48 Nissen, *New Testament and Mission,* 110.

las dos primeras categorías destacaron más en el Nuevo Testamento, la última involucró a un número de obreros considerable y nos ayuda a ver que las iglesias locales invirtieron en su orientación.

De manera significativa, y como explica Nissen, el ministerio de Pablo no fue una apresurada proclamación a las naciones: «Su ministerio también tuvo un aspecto más pastoral», manifestado en sus cartas. No se limitó a plantar una iglesia y a pasar a otra; procuraba pastorear a los nuevos discípulos en la fe.[49] A diferencia de los filósofos de su época, que intentaban cambiar a los individuos, Pablo se empeñó en formar comunidades de discípulos que siguieran en la fe, y esto solo podía suceder con el liderazgo suficiente.[50] Priorizó el asegurarse de que los líderes-pastores siguieran enseñando, dirigiendo y entrenando a las iglesias en la fe (p. ej., Hch. 17:14-15; 18:24-28; 2 Ti. 4:10-12; Tit. 3:12-14).

El círculo íntimo

Ya hemos dedicado una atención suficiente a la relación entre Pablo y Bernabé. Además, Silas y Timoteo mantuvieron una armonía inusualmente cercana con el apóstol a lo largo de la mayoría de su carrera misionera.

La iglesia de Jerusalén había encomendado a ***Silas*** para llevar el mensaje del Concilio de Jerusalén a las iglesias de Siria y Cilicia (Hch. 15:22-33). Lucas lo identificó como a uno de los «varones principales entre los hermanos» en Jerusalén (Hch. 15:22). Como ciudadano romano (Hch. 16:37), poseía la capacidad política de moverse libremente por el Imperio. Como creyente judío estaba muy versado en las Escrituras y demostraba esta realidad a través de su don de profeta (Hch. 15:32). Su fluidez en griego también se destaca al servir como amanuense de Pedro en su primera epístola (1 P. 5:12).[51]

Que la iglesia de Jerusalén reconociera su talento como buen representante de la fe indica que Silas pasó un tiempo considerable *involucrado en la congregación de Jerusalén*. «Toda la iglesia», junto con los apóstoles y los ancianos, lo eligieron como representante para los creyentes gentiles (Hch. 15:22). La iglesia tuvo la amplia oportunidad de dar testimonio de su carácter, su liderazgo de siervo, su conocimiento de las Escrituras y su capacidad para la predicación. ¡No era esta

49 Ibíd.

50 Abraham J. Malherbe, *Paul and the Popular Philosophers* (Minneapolis: Fortress, 1989), 70. Véase también Steve Walton, *Leadership and Lifestyle: The Portrait of Paul in the Miletus Speech and 1 Thessalonians,* Society for New Testament Studies Monograph Series; Richard Bauckham, ed. gen. (Cambridge: Cambridge University Press, 2000), 134-135, quien explica que Lucas presenta a Pablo, como a Jesús, como alguien que entrena a otros en el modelo del siervo-líder.

51 Harrison, *Acts,* 260. Harrison, 252, también cree que Silas podría haber sido un judío helenista, mientras que Judas era hebreo (Hch. 15:22-32).

una tarea menor! *La involucración de Silas en la iglesia de Jerusalén lo moldeó y lo preparó para el ministerio futuro, hasta el punto de que su congregación le encomendó con gusto este ministerio trascendental a la iglesia gentil.*

Silas demostró ser un competente predicador transcultural (Hch. 15:32). Las oportunidades que la iglesia de Jerusalén le había dado a Silas con anterioridad fomentaban la confianza de enviarlo a esta misión vital y delicada de la iglesia primitiva. Los líderes de dicha iglesia y su congregación dejaron su marca en el ministerio de Silas cuando se unió al equipo misionero de Pablo (Hch. 15:36-41).

Timoteo ocupó de forma notable el lugar del colaborador más íntimo del apóstol.[52] Pablo lo llamaba «mi hijo amado y fiel en el Señor» (1 Co. 4:17), «verdadero hijo en la fe» (1 Ti. 1:2) y «amado hijo» (2 Ti. 1:2). Lucas lo denominó «discípulo» del que «daban buen testimonio... los hermanos que estaban en Listra y en Iconio» (Hch. 16:1-2). Curtis Vaughan comenta que Timoteo se convirtió en el primer viaje misionero, algo que se detecta de un modo particular en el entrañable lenguaje paternofilial que Pablo usó después en las epístolas.[53] Aunque todavía era joven, entre dieciocho y veinte años según diversos cálculos,[54] la prueba de su llamamiento al ministerio y sus dones para servir impulsaron a los ancianos de Listra e Iconio a apartarlo para la predicación y la enseñanza del evangelio (1 Ti. 1:18; 4:14; 2 Ti. 1:6-7).[55] Su reputación trascendió de forma significativa desde su iglesia local en Listra hasta la de Iconio.[56] Es posible que Timoteo se comprometiera con la iglesia de Iconio en algunos actos del ministerio, de forma que, cuando lo enviaron, pudieron confirmar de buena gana sus dones para el ministerio.

Además, Timoteo no solo recibió enseñanza bíblica de su madre y de su abuela, sino *también el entrenamiento adecuado en el seno de la congregación de Listra*, que demostró su preparación para la instrucción y el servicio con Pablo y Silas (Hch. 16:1; 2 Ti. 1:5). De otro modo, ¿cómo habrían podido ejercer las iglesias de Listra e Iconio la imposición de manos sobre él antes de enviarle? (1 Ti. 4:14; 2 Ti. 1:6-7). Sin duda, estando presente Pablo, quien más tarde advirtió a Timoteo respecto a imponer manos con ligereza sobre otros para el ministerio (1 Ti. 5:22), este acto eclesiástico se habría realizado con gran formalidad antes de la partida de Timoteo.

---

52 Nissen, *New Testament Mission*, 110.

53 Curtis Vaughan, *Acts*, Founders Study Guide Commentary (Cape Coral, FL.: Founders Press, 2009), 111.

54 Vaughan cita a A. T. Robertson, *The Acts of the Apostles*, vol. III en «Word Pictures of the New Testament» (Nueva York: Richard R. Smith, Inc., 1930), 243, y le atribuye a Timoteo dieciocho años, mientras que Simon Kistemaker, *Acts*, NTC (Grand Rapids: Baker, 1990), 578, habla de veinte años.

55 Kistermaker, *Acts*, 579.

56 Harrison, *Acts*, 261.

¿Qué había aprendido Timoteo antes de unirse a Pablo y Silas para recibir lecciones más intensas en la misión y el ministerio? Es obvio que, mientras aprendía las Escrituras (2 Ti. 3:14-17), también había sido instruido en cierto modo por el ministerio de los ancianos, al observar a quienes Pablo y Bernabé habían nombrado en su iglesia, y recibir de ellos (Hch. 14:23). Había asimilado lo que significaba ser ejemplo de fe cristiana mientras contemplaba, y tal vez servía, a las órdenes de los ancianos de Listra e Iconio. Escuchando cómo ministraban Pablo y otros en Listra, aprendió sobre las conversaciones y la proclamación del evangelio. *Su congregación local y sus líderes lo preparaban para el ministerio.*

Timoteo también había sido testigo del coraje en el ministerio, sobre todo después de conocer personalmente la situación de Pablo, apedreado en su propia ciudad de origen, y de ver cómo los ancianos seguían en esa comunidad sentando ejemplo de la fidelidad a Cristo a pesar de los problemas de la oposición (Hch. 14:19-23). Sabía de primera mano que quienes siguieran a Cristo sufrirían persecución, tal como Pablo le recordó mucho después (2 Ti. 3:12). Necesitaría esta lección cuando la primera aventura de Pablo y Silas en Europa los llevó a ser encarcelados en Filipos, y Timoteo quedó a la espera de su liberación (Hch. 16:23-40). ¿Permaneció en la iglesia en casa de Lidia,[57] en Filipos, mientras sus mentores estaban en prisión? De ser así, junto con Lucas se enfrentaría al desafío de alentar a los nuevos seguidores de Cristo en aquella localidad para seguir en la fe, a pesar de la oposición. El coraje que aprendió en el entorno congregacional de Listra produciría ahora fruto, ya que parece ser que asumió una función de liderazgo, aunque solo durante un breve período.[58] Necesitaría coraje adicional cuando el equipo de misión entrara en Tesalónica, con algunos nuevos creyentes y líderes de la iglesia en las casas, arrastrados ante las autoridades locales por alterar el mundo (Hch. 17:1-9).[59]

Pablo dejó que Silas y Timoteo prosiguieran con la obra del evangelio en la nueva iglesia de Berea, mientras él iba a Atenas (Hch. 17:10-15).[60] Timoteo

---

57 Peterson, *Acts,* 471; Schnabel, *Early Christian Mission,* 1154.

58 Schnabel, *Acts,* 695, señala que el uso del «pasaje en primera persona del plural», cuando parten Pablo y Silas de Filipos, no lo retoma hasta ocho años después, cuando Pablo viaja desde Filipos de regreso a Jerusalén, y esto sugiere que Pablo dejó a Lucas en Filipos (en Hch. 20:6, los «pasajes en primera persona del plural» vuelven a empezar).

59 Ibíd., 707-709, Schnabel declara que la acusación ante los politarcas o los principales magistrados era mucho más grave de lo que se percibe en las traducciones al español. Los oponentes los catalogaban de criminales, y usaban «el arsenal tradicional de la polémica, la calumnia y la difamación, aunque hasta cierto punto estaban arraigados en la realidad de los efectos del ministerio misionero de Pablo».

60 Peterson, *Acts,* 485, observa que, aunque no se ha mencionado a Timoteo desde que se unió al equipo misionero en Listra hasta quedarse en Berea, Lucas suele centrarse en los personajes principales y no en los secundarios. Es presumible que Timoteo permaneciera con Pablo todo el tiempo.

estaba dando un buen uso al entrenamiento y a las oportunidades de enseñar y discipular que había recibido de los ancianos y de la congregación de Listra, en esta nueva iglesia de Berea. Lo que había incorporado sobre la vida en la iglesia se trasmitiría ahora a esta nueva comunidad de seguidores de Cristo. Ni Silas ni Timoteo podrían haberle explicado a esta iglesia bereana, de forma adecuada, lo que era la comunidad cristiana, de no haber aprendido algo al respecto durante el tiempo pasado en Jerusalén y Listra respectivamente. Semejante influencia normal en la comunidad cristiana puede no reconocerse hasta que llegue el momento de ayudar a moldearla en un nuevo círculo de creyentes.

Para muchos jóvenes pastores y plantadores de iglesia se presenta un gran reto cuando intentan que una iglesia sea saludable, porque ellos no la han experimentado nunca de primera mano. Ningún entrenamiento académico puede sustituir la experiencia personal de una congregación sana para quienes lideran a las iglesias hacia la salud. Timoteo conocía esa experiencia.

Pablo envió a Timoteo a Tesalónica (1 Ts. 3:2) y Silas tal vez fuera a Filipos, como representantes suyos antes de que se reunieran con él en Corinto (Hch. 18:5).[61] En el tercer viaje misionero (Hch. 18:23ss.), Pablo se estableció en un eficaz ministerio en Éfeso, y pasó dos años «discutiendo cada día en la escuela de uno llamado Tiranno» (Hch. 19:8-10). La congregación efesia se desarrolló y, en su seno, Timoteo no solo contribuyó según Pablo lo dirigió, sino que también recibió mucho de esta nueva comunión de discípulos.

El círculo íntimo de Bernabé, Silas y Timoteo demuestra una fuerte influencia temprana de sus congregaciones enviadoras. Desde luego, Pablo tuvo un importante impacto sobre cada uno de estos colaboradores, los orientó en el estudio, en la predicación, en la enseñanza, en la disciplina, en el manejo de las dificultades, en el sufrimiento y en las relaciones dentro de la iglesia. Sin embargo, no eran unos principiantes en la iglesia antes de ingresar en el ministerio con Pablo. Cada uno de ellos había sido claramente preparado para los retos de llevar el evangelio a otros grupos de personas por medio del ambiente saturado de evangelio de sus casas-iglesia. El esfuerzo de Pablo entre ellos complementó su temprana preparación mediante una mentoría continuada en el ministerio.

Colaboradores independientes

El colaborador independiente no solía acompañar a Pablo en sus viajes misioneros. Aquila y Priscila sirvieron con él en la fabricación de tiendas y en el ministerio, de forma más notable en Corinto y Éfeso. Tito, a quien no se menciona por su

61 Harrison, *Acts*, 281; Barrett, *Acts*, 2:827, cree que Timoteo había sido enviado de regreso a Tesalónica a encontrarse con Silas, a quien Pablo había dejado allí, antes de que ambos se unieran a Pablo en Corinto.

nombre en Hechos, asumió encargos de Pablo en Corinto, Jerusalén, Dalmacia y Creta. ¿De qué forma fueron preparados para el ministerio?

Aquila y Priscila[62] tenían un relevante ministerio en Éfeso, donde Pablo dejó a la pareja tras su tiempo de servicio en Corinto (Hch. 18:18-19). El apóstol desempeñó un breve ministerio en Éfeso justo antes de regresar en su tercer viaje misionero, pero Aquila y Priscila no permitieron lagunas en la obra iniciada, sobre todo mediante sus esfuerzos en la orientación de Apolos, el elocuente creyente alejandrino (Hch. 18:24-28). Como habían hecho en Corinto, la pareja abrió su hogar para albergar a una nueva iglesia en Éfeso,[63] y entrenar a los discípulos en el contexto de esa comunidad —como a Apolos— para unos ministerios más completos del evangelio. Peterson comenta sobre este liderazgo en la preparación de Apolo «para un ministerio enérgico y eficaz en Corinto», siendo esta la manifestación de la «interrelación y la interdependencia de las iglesias en el período apostólico».[64] Que lo tomaran «aparte» con sensibilidad para «ex[ponerle] más exactamente el camino de Dios», es un ejemplo de su sabiduría como mentores de alguien que tendría un fuerte impacto en la iglesia primitiva a favor del evangelio.[65]

La narrativa de Lucas durante la tarea misionera de Pablo solo ofrece un pequeño vistazo de las personalidades involucradas en la plantación de iglesias, así como de quienes los entrenaron. No resulta difícil pensar que Aquila y Priscila multiplicaron sus esfuerzos de discipulado y mentoría más allá de Apolo, mientras servían en Corinto y Éfeso (Hch. 18), más adelante en Roma (Ro. 16:3) y de nuevo en Éfeso (2 Ti. 4:19). Pablo sabía que eran fiables, teológicamente astutos y encantadores en las relaciones, justo el equilibrio adecuado necesario para entrenar a otros en la predicación de Cristo, plantar iglesias y edificar a creyentes.[66]

Aunque Lucas no hace alusión a ***Tito***, este último estaba involucrado en el ministerio paulino registrado en Hechos. Pablo lo identifica como un griego (Gá. 2:3) que acompañó al apóstol y a Bernabé en un viaje especial a Jerusalén (Gá. 2:1-10). Suponiendo que Tito se uniera a Pablo y a Bernabé en el periplo para aliviar la hambruna, su relación con Pablo como representante competente

---

62 B. R. y P. C. Patten, «Prisca… Priscilla», en *ISBE*, 4 vols. Geoffrey Bromiley, ed. gen. (Grand Rapids: Eerdmans, 1986), 3:973. Obsérvese Hechos 18:18, 26; Romanos 16:3; 2 Timoteo 4:19 en referencia a Prisca o la forma diminutiva de Priscila, antes de mencionar a Aquila.

63 Schnabel, *Early Christian Mission*, 1228.

64 Peterson, *Acts*, 512, n. 26, 5213. Es probable que, cuando Apolos quiso ir a Corinto para proclamar a Cristo, Aquila y Priscila se sirvieran de algunos de sus contactos, de los cuales habrían discipulado a unos cuantos, para que tuviera entrada en la comunión de la iglesia; véase Harrison, *Acts*, 304.

65 Ibíd., 526.

66 Ott y Wilson, *Global Church Planting*, 10, explican correctamente que la plantación de iglesias no solo requiere habilidades espirituales, sino también personales ya que «también es una compleja empresa humana». Aquila y Priscila parecían gestionar bien estas tensiones.

precede al primer viaje misionero, y lo señaló como parte temprana de la iglesia de Antioquía.[67]

La comprensión que Tito tenía del evangelio se habría *perfeccionado tanto en su congregación gentil de Antioquía como en su experiencia con el liderazgo de la iglesia de Jerusalén.* Es claro que Pablo y Bernabé, así como otros líderes de la iglesia antioqueña, orientaron y entrenaron a Tito para su futuro ministerio.

Por ser digno de confianza en todo, Tito también recibió la colecta de la iglesia corintia para la iglesia de Jerusalén (2 Co. 8:6-24), acompañó a Pablo en la obra de plantación de iglesias en la isla de Creta, sirvió como emisario apostólico para proporcionar liderazgo y organizar el sistema de gobierno de dichas congregaciones (Tit. 1:4-5)[68] y se comprometió con la misión en Dalmacia, a lo largo de la costa balcánica occidental (2 Ti. 4:10). En la cronología de Tito sigue habiendo lagunas que sugieren que podría haberse encargado de otra obra de plantación o revitalización de iglesias sin la encomienda particular de Pablo. Que el apóstol lo enviara a Corinto y Creta, regiones donde estaban ubicadas dos de las iglesias más complicadas registradas en el Nuevo Testamento, muestra la fidelidad doctrinal y las aptitudes pastorales practicadas por Tito a lo largo de su ministerio. Todo indica que *la temprana formación de Tito en la iglesia de Antioquía, bajo la supervisión de Pablo y Bernabé, lo preparó para servir a la iglesia de Cristo durante muchas décadas.*

Pablo catalogó a Aquila, Priscila y Tito como sus «colaboradores» (Ro. 16:3; 2 Co. 8:23), y a este último también como «compañero» en la iglesia corintia. Quienes los orientaban en el ministerio establecieron las bases para el fuerte impacto en la iglesia primitiva, por medio de estos colaboradores paulinos.

Representantes de la iglesia local

Pablo nombra a más de cuarenta personas involucradas en el patrocinado de sus actividades misioneras.[69] Muchos más —judíos, gentiles, mujeres y esclavos— lo

---

67 Véanse Ronald Y. K. Fung, *The Epistle to the Galatians*, NICNT (Grand Rapids: Eerdmans, 1988), 85-86 y Timothy George, *Galatians*, NAC 30 (Nashville: Broadman, 1994), 135-151, sobre Gálatas 2:1-10, referencia que se corresponde con Hechos 11:27-30, y no con Hechos 15.

68 G. F. Hawthorne, «Titus», *ISBE*, 864-865. Hawthorne sugiere la posibilidad de dos encarcelamientos romanos de Pablo, con Tito como compañero en la plantación de iglesias en Creta, durante la ventana de libertad. Sin embargo, advierte en contra del dogmatismo sobre la teoría de los dos encarcelamientos.

69 Robert J. Banks, *Paul's Idea of Community. The Early House Churches in Their Cultural Setting*, ed. rev. (Grand Rapids: Baker, 1994), 192. Schnabel, *Early Christian Mission*, 1426–1427, enumera a treinta y ocho colaboradores: Bernabé, Timoteo, Lucas, Aquila, Priscila, Silas/Silvano, Tito, Tíquico, Acaico, Andrónico, Apia, Apolos, Arquipo, Aristarco, Clemente, Crescente, Demas, Epafras, Epafrodito, Erasto, Evodia, Fortunato, Junias, Jesús Justo, Juan Marcos, María, Onésimo, Cuarto, Pérsida, Filemón, Febe, Sóstenes, Estéfanas, Síntique, Trófimo, Trifena, Trifosa y Urbano.

acompañaron de manera temporal o permanente en sus viajes, y participaron en diversos niveles en la obra misionera.[70] Su práctica de involucrar a los representantes de las iglesias locales insinúa una observación eclesiológica importante: la obra misionera *es* labor de equipo.[71] Cada discípulo involucrado en la proclamación de Cristo, en la plantación de iglesias y en la instrucción de las congregaciones usaba «sus dones para enriquecer la iglesia en otros lugares».[72] Aunque con frecuencia son anónimas, las congregaciones del siglo I enviaban a sus mejores miembros a realizar la obra del reino fuera de sus propias comunidades, estableciendo así el ejemplo para futuras generaciones.

Aunque en la narrativa de Lucas no se proporciona el nombre de numerosos representantes de la iglesia, Hechos 19 y 20 identifican a varios de ellos, y muestran así que las iglesias locales entrenaban y enviaban a obreros para que acompañaran a Pablo.[73]

Los representantes de Hechos 19: En Hechos 19:22, se identifican a Erasto y a Timoteo como quienes ministraron a Pablo durante el período que pasó en Éfeso. Pablo los envió a ambos a Macedonia antes de su visita. Lo más probable es que el trayecto fuera el mismo del segundo periplo hasta Macedonia, y que apoyaran las áreas débiles de las iglesias antes de la llegada del apóstol. Enseñarían, corregirían los asuntos del gobierno de las iglesias macedonias y las pastorearían. Hacia el final de su vida, Pablo le indicó a Timoteo que, antes de su encarcelamiento romano, había dejado a Erasto en Corinto, y esto sugiere que esta habría sido su iglesia local y la que lo envió (2 Ti. 4:20).

En Hechos 19:29, Lucas alude a Gayo y a Aristarco como compañeros de viaje de Pablo desde Macedonia. Aunque más adelante localiza la casa de Aristarco en Tesalónica (Hch. 20:4), en este mismo versículo menciona a Gayo *de Derbe,* ciudad en la región de Galacia que, al parecer, es un Gayo distinto al de Macedonia.[74] El término *sunekdemoi,* usado en Hechos 19:29 respecto a Gayo y Aristarco, y en 2 Corintios 8:19 sobre un colega anónimo que viajó con Pablo, indica «ayudantes fiables y autorizados de Pablo», según Barrett.[75] *La autorización venía a través de las iglesias que los equipaban y los enviaban.*

Los representantes de Hechos 20: Después de abandonar Éfeso, Pablo viajó a

70 Ibíd., 192. Véase también Schnabel, *Early Christian Mission*, 1425ss, para la identidad de estos colaboradores, junto con las designaciones de Pablo para ellos.

71 Ott y Wilson, *Global Church Planting*, 48-49.

72 Peterson, *Acts,* 544.

73 Dado que la práctica de Jesús era viajar con varias personas, no es de sorprender que Pablo hiciera lo mismo. Tampoco sería de extrañar que no fuera la práctica común en la mayoría de la obra misionera de la iglesia primitiva, a excepción del viaje de Felipe en Hechos 8.

74 Peterson, *Acts,* 547.

75 Barrett, *Acts,* 2:929.

Macedonia, y pasó tres meses en Grecia (Hch. 20:1-3); después partió para Siria. Sópater de Berea, Aristarco y Segundo de Tesalónica, Gayo de Derbe, Timoteo, y Tíquico y Trófimo de Asia (o Éfeso) lo acompañaron (Hch. 20:4-5). ¿Quiénes eran estos colegas de Pablo en el ministerio?

Después de que Pablo dejara Berea de manera apresurada, Silas y Timoteo se quedaron allí para seguir ministrando a la iglesia recién plantada. Sópater formaba parte de esta congregación, lo que indica posiblemente que había sido entrenado en el ministerio de Silas y Timoteo en la iglesia.

Aristarco ya había ganado cierta reputación por su coraje como ministro del evangelio (Hch. 19:29). Segundo, de la misma congregación tesalonicense, se unió al grupo. Gayo procedía de la iglesia que Pablo había plantado con Bernabé en Derbe (Hch. 14:6, 20; 16:1).[76] Por tanto, habría tenido una larga relación con Pablo, y esto señala al apóstol como su modelo de ministerio en la iglesia.

Tras mencionar de nuevo a Timoteo, Tíquico y Trófimo de Asia completan la lista de los compañeros de viajes paulinos. El amplio uso de «Asia» apunta probablemente a Éfeso como su hogar.[77] Pablo envió a Tíquico a Éfeso y Colosa para que entregara en persona un informe de su parte (Ef. 6:21-22; Col. 4:7). Pablo lo denomina «hermano amado y fiel ministro y consiervo en el Señor», quien tenía la misión de dar a conocer todos los detalles del encarcelamiento del apóstol. También ofrecería aliento y consuelo a los efesios que podrían sentirse abatidos por la estancia de Pablo en la prisión de Roma (Ef. 6:21-22). Para los colosenses, Pablo lo llamó «amado hermano y fiel ministro y consiervo en el Señor», quien les llevó información sobre el estado de Pablo y los alentó (Col. 4:7-8). Tíquico sustituyó a Timoteo en Éfeso durante el segundo encarcelamiento romano del apóstol (2 Ti. 4:12). Tíquico o Artemas fueron enviados a Creta en lugar de Tito, para que este pudiera visitar Nicópolis con Pablo (Tit. 3:12). En estas dos regiones, Tíquico habría estado involucrado en revitalizar las congregaciones previamente establecidas y es posible que también prosiguiera con los esfuerzos de plantar iglesias. *Los dos años y medio que pasó en Éfeso, bajo el ministerio de Pablo y Silas, lo moldearon para su servicio estratégico.* Su presencia con el apóstol en el periplo a Jerusalén, su ministerio a Pablo en ambos encarcelamientos romanos y su disposición a acudir a lugares difíciles para avanzar la obra del evangelio son pruebas de un hombre bien entrenado y preparado para servir a la iglesia de Cristo. Si Efesios fue una carta encíclica, Tíquico habría pasado tiempo con otras congregaciones de Asia Menor, en representación del apóstol.[78] Que Pablo lo llamara «consiervo

76 «Gaius», *ISBE,* 2:377.
77 Schnabel, *Early Christian Mission,* 1228.
78 C. M. Robeck, Jr., «Tychicus», *ISBE,* 4:930.

en el Señor» (Col. 4:7) muestra el respeto que sentía por los dones de Tíquico en el ministerio y por su constancia en cada tarea que se le encomendaba.[79]

Pablo dejó a Trófimo enfermo en Mileto antes de su segundo encarcelamiento romano (2 Ti. 4:20), lo que indica que viajó y sirvió con el apóstol durante el breve intervalo entre ambos períodos en prisión. Durante ese tiempo, Pablo se había comprometido en la obra de plantación de iglesias con Tito, en la isla de Creta. Es probable que Trófimo lo acompañara en este empeño y que aprendiera de Pablo, de primera mano, respecto a la plantación de iglesias. Después, al viajar a Mileto, cayó enfermo y sin duda tuvo que quedarse con los cristianos en la comunidad mientras Pablo seguía adelante. Junto con los demás mencionados en Hechos 20:4, Trófimo formó equipo para entregar los donativos de las iglesias gentiles de Macedonia, Acaya y Asia a la congregación de Jerusalén; esto nos ofrece una prueba manifiesta de la afinidad y la unidad de los creyentes gentiles y judíos como «la iglesia única, santa, católica y apostólica».[80]

La inversión de Pablo en la vida de estos siervos enviados por diversas iglesias incrementó su preparación mediante su visita a los ancianos efesios de Mileto (Hch. 20:13ss.). El séquito pasó tiempo adicional con Felipe el evangelista en Cesarea, oyendo probablemente historias de este enérgico plantador de iglesias que los instó a esforzarse en sembrar el evangelio en otras comunidades (Hch. 21:7-16). Algunos miembros de la iglesia de Cesarea («discípulos» de Cesarea, Hch. 21:16) viajaron con Pablo y su equipo a Jerusalén. Sin perder el más mínimo tiempo, parece evidente que el apóstol habría usado el período de viaje para seguir entrenando a esta segunda generación de cristianos en los detalles del ministerio cristiano. Cada uno era enviado por su congregación respectiva, lo que indica el nivel de apoyo y la misión constante de Pablo.

CÓMO APLICAR LAS COMUNIDADES MENTORAS A SU IGLESIA

Si se intenta ubicar un manual en el libro de Hechos sobre el desarrollo del liderazgo en la plantación y la revitalización de iglesias, así como en las misiones, se podría experimentar cierto grado de frustración. En su narrativa, Lucas se centra en detalles geográficos y personales particulares, al parecer sin pensamiento alguno, para rellenar las lagunas sobre el desarrollo del liderazgo.[81] ¿Quién plantó

79 Eduard Lohse, *Colossians and Philemon*, Hermeneia; Wm. R. Poehlmann y Robert J. Karris, trad.; Helmut Koester, ed. (Filadelfia: Fortress, 1971), 170-172.

80 Schnabel, *Early Christian Mission*, 1229. Véanse Pesch, *Apg*, 2:184-187; Pesch, 187 n. 13, quien escribió sobre la subrayada manifestación de la unidad entre las iglesias judías y gentiles a través de los doce que viajaron con Pablo para llevar la colecta a Jerusalén.

81 Peterson, *Acts*, 26.

las iglesias de Lida y Jope? No nos lo indica, de modo que solo podemos hacer conjeturas sobre la identidad de sus plantadores. ¿Quién orientó a Felipe para que se convirtiera en un eficiente plantador de iglesias? ¿Qué tipo de régimen de entrenamiento siguió su mentor con el fin de prepararlo para la plantación intercultural de iglesias? ¿Durante cuánto tiempo viajó Tito con Pablo? ¿Qué le enseñó el apóstol? De nuevo, Lucas no se molesta en incluir estos asuntos, ya que su principal preocupación se centraba en los detalles selectivos para demostrar el testimonio apostólico por todo el Imperio romano.[82]

A pesar de la falta de detalles sobre el desarrollo del liderazgo en Hechos, concluimos que, en la narrativa de Lucas, dondequiera que las personas respondían al evangelio se iniciaban iglesias: testigos del evangelio, aparte de las importantes personalidades de Hechos, también se involucraban en la plantación de iglesias; y, aunque el evangelista no menciona programa de entrenamiento alguno, parece obvio que los *plantadores de la iglesia primitiva aprendieron* la doctrina apostólica, los elementos básicos de la eclesiología, el desarrollo de las relaciones y el mantenimiento de la integridad del evangelio y de la iglesia de *mentores cristianos.*[83] Estos mismos fundamentos siguen siendo necesarios para quienes se preparan para el ministerio del evangelio.

Como en el caso de Jesús, *los primeros líderes de la iglesia trabajaron en equipos* para hacer avanzar el evangelio por todo el Imperio.[84] Los obreros más jóvenes y menos experimentados, como Timoteo y Tito, disfrutaron de una «formación en el lugar de trabajo» bajo el tutelaje de líderes cristianos más veteranos. Cabe repetir este modelo en nuestros ministerios. Como vemos en Felipe, Bernabé y Silas, gran parte de su entrenamiento tuvo lugar en el seno de la comunión de la iglesia local, de manera *que la iglesia forjó su comprensión del evangelio y la aplicación eclesiástica.*[85] Las iglesias plantadas por Pablo, Bernabé y Silas *desarrollaron y enviaron obreros* para que acompañaran a Pablo en sus esfuerzos misioneros. *Permanecía una relación inequívoca con la iglesia local que formaba y enviaba obreros a la cosecha.* Cuando nuestras congregaciones preparan y envían obreros cristianos, seguimos el ejemplo de la iglesia del siglo I.

Mentores como Pablo y Silas son ejemplos del sufrimiento por causa del

---

82 Ibíd., 27.

83 Véase Tidball, *Ministry by the Book*, 99-103.

84 Véase Ott y Wilson, *Global Church Planting*, 48-49.

85 James G. Samra, *Being Conformed to Christ in Community: A Study of Maturity, Maturation and the Local Church in the Undisputed Pauline Epistles*, LNTS, 320; Mark Goodacre, ed. (Londres: T & T Clark, 2006), 135, explica que Pablo consideraba que la iglesia local era fundamental para la madurez de los creyentes. La iglesia facilita este proceso de madurez y transformación por medio de un proceso de cinco componentes: (1) identificarse con Cristo; (2) soportar el sufrimiento; (3) experimentar la presencia de Dios; (4) recibir y vivir la sabiduría de Dios; y (5) imitar un ejemplo piadoso (véanse 112-132; 152-166; 168-169).

evangelio como parte normal de la expansión del reino de Cristo. *Las iglesias que establecían relaciones y enviaban líderes con Pablo para el ministerio estratégico, proporcionaron un modelo para la misión de la iglesia unificada en los días posapostólicos.* Este mismo modelo puede observarse en las epístolas de Ignacio, aproximadamente una generación después.[86] También es un buen plan para nuestra época. Tanto Pedro como Pablo fueron ejemplos de la obra transcultural para los que estuvieron bajo su tutelaje, una lección fundamental para sus protegidos que prosiguieron con la expansión del evangelio en el mundo gentil.

Los detalles del libro de Hechos de Lucas, a menudo mencionados brevemente, les recuerdan a las iglesias del siglo XXI que la iglesia local sigue teniendo la responsabilidad de formar y enviar obreros a la cosecha del evangelio. La plantación y revitalización de iglesias y las misiones requieren un liderazgo perfeccionado y moldeado en la iglesia local por medio de fieles mentores.

86 Véase Ignatius, *Pol. 7; Smyr.* 11-12 (*ANF* 1).

CAPÍTULO 4

PABLO COMO MENTOR

Un estudiante de primer año de seminario podría suspirar: «¡Si tuviera la suerte de que Pablo fuera mi mentor!». Aunque esto no puede suceder, la mejor práctica alternativa sería aprender del enfoque orientador del apóstol. Por ello, acudimos a las Epístolas Pastorales para considerar su mentoría.

Las cartas de Pablo a Timoteo y Tito, a las que se suele aludir desde el siglo XVIII como las Epístolas Pastorales, proporcionan el marco para entender algunos de los detalles de cómo orientó el apóstol a sus colaboradores más jóvenes. A lo largo de sus tareas misioneras, trabajó con regularidad con ayudantes que compartieron el ministerio en distintos niveles.[1] Lucas define a Pablo y Bernabé como «apóstoles» (Hch. 14:4, 14), una posición obviamente más elevada, aunque Pablo alude a Timoteo como «mi colaborador» (Ro. 16:21) y a Tito como «compañero y colaborador» (2 Co. 8:23). Pablo los entrenó en relación con la comunidad reunida de seguidores de Cristo, más que de forma aislada.[2] Sus ministerios no se desempeñarían en la clausura de monasterios, sino de manera activa en las congregaciones locales. Pablo los orientó con la iglesia en mente.

Las Pastorales instan a sus receptores a un modo de vida basado en la revelación de Jesucristo.[3] Pablo enseñó y fue modelo de la multiplicación de líderes cristianos ya que no solo animó a Timoteo y Tito a seguir su ejemplo, sino también a ser ejemplos para quienes vinieran después (2 Ti. 1:3-4, 8-14; 2:14-26; 3:10-17; 4:6-8; Tit. 3:1-8). Algunos opinan que su fe es un tema personal; tanto

1 Robert J. Banks, *Paul's Idea of Community: The Early House Churches in Their Cultural Setting*, ed. rev. (Grand Rapids: Baker, 1994), 149-151.

2 Ibíd., 26.

3 Frances Young, *The Theology of the Pastoral Letters*, New Testament Theology; James D. G. Dunn, ed. gen. (Cambridge: Cambridge University Press, 1994), 74.

es así que ni se atreven a entreabrir la puerta para permitir que alguien eche un vistazo más de cerca. Sin embargo, como expresa Robert Banks: «El evangelio no es una cuestión puramente personal. Tiene una dimensión social. Es un asunto comunitario».[4] Aun cuando las relaciones pusieron una y otra vez a prueba la fe de Pablo, él mantuvo la dimensión social, sabiendo que sus aprendices debían afrontar el mismo reto en su tarea futura.[5]

Tal vez, mientras entrenaba a Timoteo y Tito, no dejaba de pensar en los muchos falsos maestros que procuraban desviar a las nuevas comunidades de discípulos. Por tanto, mientras impartía su instrucción a estos aprendices respecto a sus tareas pastorales, también insistía en su conducta ejemplar (1 Ti. 4:12; Tit. 2:7). Les enseñó mucho más que doctrina; fue ejemplo del estilo de vida en Cristo (1 Ti. 4:16).[6]

Este capítulo sobre la mentoría y el entrenamiento en las Epístolas Pastorales analizará a los aprendices de las Pastorales, las áreas particulares de la instrucción del ministerio de Pablo y el enfoque del apóstol cuando entrenó a Timoteo y Tito. Aunque las Pastorales no pueden proporcionar una imagen completa de la dirección de Pablo, sí proporcionan ideas transferibles útiles para los mentores y los aprendices contemporáneos involucrados en el ministerio.[7]

LOS APRENDICES DE LAS PASTORALES

La larga relación de Pablo con Timoteo comenzó en Listra, durante el segundo viaje misionero. Su trato con Tito empezó con anterioridad, probablemente durante su ministerio en Antioquía. Como parte de iglesias sólidas, ambos jóvenes aprendieron a caminar con Cristo y servir a la iglesia mediante una fiel enseñanza y el ejemplo de los miembros de la congregación. *Pablo amplió esta mentoría congregacional al llevarse a estos hombres a los que tutelaba y prepararlos para el ministerio del evangelio.* Las Epístolas Pastorales (EP) arrojaron luz sobre la clase de relación que se desarrolló a lo largo del entrenamiento de Pablo a Timoteo y Tito. Las categorías de su comunicación proveen el modelo para los mentores pastorales de cada generación.

Timoteo sirvió bajo el liderazgo de Pablo durante gran parte de la vida de este,

4 Banks, *Paul's Idea of Community*, 26.

5 Véanse 1 Timoteo 1:18-20; 6:20-21; 2 Timoteo 1:15-18; 3:10-12; 4:10, 14-18.

6 Young, *Theology of the Pastoral Letters*, 89.

7 Los lectores observarán, en las Epístolas Pastorales, cierta continuidad en los elementos del desarrollo del liderazgo ejemplificados por Jesús y en los Hechos; por ejemplo, el enfoque en el mensaje del reino (Lc. 10:9; Hch. 8:4-8; 13:5, 16-41; 2 Ti. 4:1-2; Tit. 2:11-14) y la importancia de nutrir las relaciones en la comunidad (Lc. 9:3-5; 10:4-8; Hch. 11:19-26; 1 Ti. 5:1-16; Tit. 2:2-10). La repetición de estos elementos le proporciona a la iglesia contemporánea una visión más clara de los componentes prescriptivos en la formación del liderazgo.

unas veces acompañándolo y otras, llevando a cabo las tareas que Pablo le encomendaba hacer en diversas congregaciones como representante suyo.[8] Parte del proceso de formación para su futuro ministerio involucraba tareas encomendadas por Pablo: una «formación en el lugar de trabajo». La confianza demostrada por el apóstol ayudó sin duda a Timoteo en los entornos más difíciles. Es evidente que las conversaciones informativas que mantenían le resultaron instructivas.

Timoteo demostró un entendimiento completo del ministerio pastoral. Los registros de su obra en Tesalónica, Corinto y Éfeso parecen concentrarse más en fortalecer a las iglesias existentes que en la plantación de iglesias (aunque tuvo experiencia en este campo en Europa, con Pablo). En dichas ciudades, Timoteo se ocupó de cuestiones de fidelidad doctrinal, de genuinidad en la fe, de la autoridad apostólica, de problemas morales y espirituales, de tensiones en las relaciones, de la reordenación del liderazgo de los ancianos y diáconos, de la estructuración de una respuesta adecuada de la iglesia a las viudas, de la exposición de la falsa enseñanza, y equilibró cuidadosamente las relaciones entre los hombres y las mujeres mayores con los más jóvenes; instruyó a los esclavos cristianos sobre cómo comportarse con amos creyentes y volvió a centrar la adoración y el sistema de gobierno de la iglesia. Había aprendido a tratar con estos asuntos pastorales mediante la atenta observación y la práctica en su iglesia local, y participando después en los diversos entornos de la obra misionera bajo la tutela de Pablo y Silas (y quizá Lucas). Los ancianos anónimos que servían como presbíteros, y que lo apartaron para el ministerio, tuvieron probablemente una participación sustancial en su formación antes de que se uniera al equipo misionero paulino (1 Ti. 4:14).

Tito pudo haberse adelantado al primer viaje misionero al viajar con Pablo y Bernabé a Jerusalén, para aliviar la hambruna como representante de la iglesia antioqueña (Hch. 11:27-30; Gá. 2:1-10).[9] Parece probable que Pablo llevara a Tito a la fe en Cristo, algo que se indica por la afectuosa expresión «verdadero hijo en la común fe» (Tit. 1:4). Este periplo a Jerusalén sugiere que Tito fue uno de los primeros miembros de la iglesia antioqueña y que aprovechó el ambiente saturado de evangelio de dicha congregación enviadora de misioneros. La enseñanza

8 Philip H. Towner, *The Letters to Timothy and Titus*, NICNT; Ned B. Stonehouse, F. F. Bruce, y Gordon D. Fee, eds. gen. (Grand Rapids: Eerdmans, 2006), 316, usa el término «delegado apostólico» para describir la función de Timoteo. Esto implicaba la representación completa de lo que el apóstol diría y haría si estuviera presente. Véase también David C. Verner, *The Household of God: The Social World of the Pastoral Epistles*, SBLDS, 71; William Baird, ed. (Chico, CA: Scholars Press, 1983), 157-158, donde se destaca el papel de Timoteo y Tito como ayudantes especiales de Pablo «en lugar de prototipos del obispo monárquico».

9 Timothy George, *Galatians*, NAC 30; E. Ray Clendenen, ed. gen. (Nashville: B&H, 1994), 134-145, al comentar sobre Gálatas 2:1-3, proporciona un argumento convincente para aceptar el viaje a Jerusalén de Hechos 11:27-30 como la fecha más temprana de la relación de Pablo con Tito, en lugar de la opinión mayoritaria de la visita al Concilio de Jerusalén de Hechos 15.

diligente y sistemática de Bernabé y Pablo durante todo un año en Antioquía moldeó su teología (Hch. 11:26).

Cuando se considera la influencia y la formación en Antioquía, la visita de los primeros líderes de la iglesia de Jerusalén y los contactos con Pablo —y sus encargos—, Tito tuvo el mejor entrenamiento de todos los colaboradores paulinos. Suponiendo que se convirtiera en Antioquía bajo el liderazgo del apóstol, habría experimentado los altibajos de la plantación de iglesias donde no se había conocido aún el evangelio. Habría aprendido una eclesiología sana a través de las conversaciones y la observación, y habría comprendido los asuntos fundamentales del sistema de gobierno de la iglesia. Al visitar Jerusalén se habría involucrado en debates teológicos de peso que aclararían el evangelio y sus implicaciones, algo que vemos en los comentarios de Pablo en Gálatas 2:1-10. De regreso a Antioquía se habría aferrado a la gracia de Dios en la justificación por medio de Cristo solamente, cuando Pablo se opuso a Pedro por su transigencia con los judaizantes (Gá. 2:11-21), a la vez que fue testigo del enfoque cristiano para corregir las cuestiones que confunden el evangelio.[10] Los antecedentes y la relación de Tito con Pablo lo formaron claramente para pastorear, plantar y revitalizar iglesias con eficiencia.[11] Presenta, asimismo, una buena imagen de los diversos matices en la mentoría.

EL RÉGIMEN DE ENTRENAMIENTO DE PABLO

La riqueza de las Pastorales para entender la relación formador/estudiante no puede sobrestimarse. Aunque ya había entrenado y discipulado a conciencia a Timoteo y Tito en la obra pastoral, el sabio mentor sigue trayendo a la memoria las lecciones aprendidas mientras se ocupaba de las cuestiones específicas pertinentes a sus ministerios. Con el fin de ayudar a que los mentores tengan una mejor imagen del abanico de áreas a tratar en la orientación, consideraremos los detalles del régimen de entrenamiento de Pablo en cinco categorías: declaraciones doctrinales/confesionales, sistema de gobierno, liderazgo, relaciones y la instrucción pastoral general. Estos mismos campos de formación ofrecen a los mentores contemporáneos el programa de estudio adecuado para sus aprendices.

10 George, *Galatians*, 169, sitúa este conflicto entre Pedro y Pablo al final del primer viaje misionero, antes del Concilio de Jerusalén (Hch. 14:26-28; Gá. 2:11-14).

11 Véase R. Bruce Carlton, «Multiplying Leaders on Mission with God», en *Discovering the Mission of God: Best Missional Practices for the 21st Century*, Mike Barnett, ed. (Downers Grove, IL: IVP Academic, 2012): 498-516, que proporciona ejemplos actuales de líderes de formación en un proceso que denomina «cadena de favores». Explica que «multiplicar líderes involucra la propia vida en la de otros, y requiere el deseo apasionado de ayudar a que se conviertan en líderes y entrenadores eficientes de otros» (508). Observamos claramente este ejemplo en Pablo con Timoteo y Tito.

Declaraciones doctrinales/confesionales

Pablo explica el uso correcto de la ley en el evangelio y contrasta su mal uso por parte de los falsos maestros (1 Ti. 1:8-11). Su elevada cristología conduce a la doxología, cuando ofrece el testimonio de la gracia de Dios en su vida como forma de estimular a Timoteo (1 Ti. 1:12-17). Al ordenar la adoración en la iglesia, Pablo establece su fundamento en la disposición de Dios a salvar, en Jesús como Mediador encarnado y en la obra sustitutiva de Cristo (1 Ti. 2:1-7). Relaciona la enseñanza sobre las mujeres en la iglesia con la caída en Génesis 3 (1 Ti. 2:9-15). William Mounce denomina 1 Timoteo 3:14-16 «el corazón del corpus de las Pastorales... que coloca las instrucciones del corpus en la perspectiva apropiada».[12] Pablo une la conducta de la iglesia al «contenido de la teología cristiana» resumida como «el misterio de la piedad».[13] Une sólidamente la conducta de la iglesia a su misión y a esta con su teología.[14]

Pablo corrige la falsa enseñanza y la práctica del ascetismo con la doctrina de la creación (1 Ti. 4:1-5). El apóstol vincula la disciplina con la soteriología (1 Ti. 4:6-10). Exhorta a Timoteo a «que guard[e] el mandamiento sin mácula ni reprensión» a la luz de una escatología aleccionadora y de la doctrina de Dios (1 Ti. 6:11-16). Incluso la instrucción a los ricos está formulada en la relación de la doctrina de las últimas cosas (1 Ti. 6:17-19).

Segunda de Timoteo no es menos rica que la primera carta en cuanto a teología. El llamamiento a no avergonzarse del evangelio está impregnado de la pasión del apóstol por la cristología y la soteriología (2 Ti. 1:8-14). Respecto a la súplica de Pablo, «acuérdate de Jesucristo», John Stott comenta sobre 2 Timoteo 2:8-13: «Aun así, la iglesia se ha olvidado a menudo de Jesucristo y, en su lugar, se ha dejado absorber unas veces por debates teológicos estériles, otras por actividades puramente humanitarias, o por sus propios asuntos parroquiales triviales».[15] De modo que el apóstol ancla su llamado a la resistencia y a sufrir dificultades en la doctrina de Cristo. La doctrina de la preservación de los santos lleva el peso de la advertencia paulina a evitar contender sobre palabras y las charlas mundanas (2 Ti. 2:14-19). Explica la perseverancia de los creyentes basada en la doctrina de las

---

12 William D. Mounce, *Pastorals Epistles*, WBC, 46; Bruce Metzger, ed. (Nashville: Thomas Nelson, 2000), 214. Ceslas. Spicq, *Saint Paul: Les Épîtres Pastorales*, EBib, 2 vols. (París: J. Gabalda, 1969), 1:464, observa: «Este es el punto de la culminación doctrinal de la Epístola y la misma clave de las Pastorales» (la traducción es mía).

13 Mounce, *Pastorals*, 215. Esta declaración teológica clave también se considera como fragmento de un himno por su estructura y su ritmo. Mounce, 216, divide al himno de 1 Timoteo 3:16 en dos estrofas: «La primera referida a la vida de Cristo y la segunda, a la forma en que el mundo lo recibió».

14 Ibíd., 218.

15 John R. W. Stott, *The Message of 2 Timothy: Guard the Gospel*, BST; John Stott, NT ed. (Downers Grove, IL: IVP, 1973), 61.

Sagradas Escrituras (2 Ti. 3:10-17). El encargo de predicar la palabra se introduce mediante la solemne realidad de las doctrinas de la inmanencia de Dios, el juicio, el regreso de Cristo y el reino (2 Ti. 4:1-5). La doctrina de las últimas cosas sirve de telón de fondo para el testimonio paulino respecto a pelear la buena batalla de la fe (2 Ti. 4:6-8). A causa de la oposición a su teología de la seguridad de los creyentes, Pablo testificó de la fuerza del Señor para la resistencia en la proclamación del evangelio frente a una gran oposición (2 Ti. 4:16-18).

La introducción de Pablo a Tito se asienta en la doctrina de la salvación (Tit. 1:1-4). Cuando instruye sobre la conducta de hombres y mujeres mayores y jóvenes, así como de los esclavos, basa todo el fundamento en embellecer «la doctrina de Dios nuestro Salvador» (Tit. 2:1-10). Pablo continúa mostrando el cimiento teológico para la práctica correcta asentada sobre los efectos de la muerte sustitutiva de Jesús: redimir y purificar a un pueblo para sí mismo, que sea celoso de buenas obras, el tema mismo de la exhortación (Tit. 2:11-15).[16] Por tanto, el comportamiento apropiado no puede eliminarse del fundamento de las doctrinas de la persona y la obra de Cristo. Hasta el recordatorio de estar sujeto a las autoridades ordenadas por Dios muestra el camino mediante la contemplación de temas de antropología, hamartiología, cristología y soteriología (Tit. 3:1-11).

Pablo enseñó y reforzó en sus estudiantes la necesidad de una base teológica sana para toda conducta en la iglesia. Las Epístolas Pastorales lo subrayan al unir la instrucción y la exhortación a la lógica doctrinal.

Los mentores contemporáneos no deberían ser menos. Aunque la cultura haya cambiado en los últimos dos mil años, la naturaleza de Dios, el evangelio, la iglesia y su misión no ha mutado. La tendencia occidental hacia la metodología pragmática en busca de resultados rápidos carece de las amarras que sostienen a los líderes cristianos y a sus congregaciones en la turbulencia de la vida en un mundo caído. El estándar de las declaraciones confesionales como fundamento de la vida y el ministerio protege al líder y a su rebaño e impide que caiga en las desviaciones doctrinales, y basa su misión en el mundo para afirmarse sobre las verdades de las Escrituras.[17] Los mentores deben priorizar los respaldos teológicos de nuestra fe y cómo funciona esta teología en las múltiples dimensiones de la vida y el ministerio de los aprendices.

Una de las formas en que la iglesia refuerza la teología para la congregación es

---

16 Mounce, *Pastorals*, 420-434.

17 Véase David Wells, *No Place for Truth; Or Whatever Happened to Evangelical Theology* (Grand Rapids: Eerdmans, 1993), 95-136. Véase también John Armstrong, ed., *Reforming Pastoral Ministry: Challenges for Ministry in Postmodern Times* (Wheaton, IL: Crossway, 2001), para una serie de ensayos de pastores convencidos de un cristianismo fuertemente confesional como fundamento para la obra pastoral.

mediante una visión de conjunto de nuestra declaración doctrinal, el *Resumen de Principios* de 1858, durante el proceso de membresía. Con frecuencia aludimos y citamos el *Resumen* como recordatorio de que creemos en los asuntos de la teología. Nuestros aprendices lo observan. Dado que muchos han salido de nuestra iglesia para servir en otros entornos, refuerzan las declaraciones confesionales de la iglesia o introducen una, si no han tenido ninguna antes.

Sistema de gobierno

El sistema de gobierno de la iglesia afecta su salud. Por esta razón, Pablo trata los cargos y las estructuras de gobierno para la iglesia local en las Epístolas Pastorales (1 Ti. 3:1-13; 5:17-22; Tit. 1:5-9). David Verner identifica la amplia gama de autoridad encomendada a los oficiales de la iglesia en las Epístolas Pastorales: responsabilidad pastoral para la membresía (1 Ti. 5:1-2), autoridad disciplinaria en la comunidad (1 Ti. 5:19-20), representación ante el mundo exterior (1 Ti. 3:7), «preservación, transmisión y defensa de la enseñanza», ordenar la vida social de la iglesia y servir «como la primera línea de defensa contra la oposición a la enseñanza» a la que se enfrenta la iglesia.[18] Además, se apartaba a los ancianos mediante la imposición de manos, un nombramiento ritual común en la iglesia primitiva que demuestra la continuidad de la enseñanza apostólica y la autoridad delegada de la iglesia local.[19] Pablo le aconsejó a Timoteo que no tratara este ritual a la ligera ya que indica participación con quienes son apartados (1 Ti. 5:22). Las iglesias de las Epístolas Pastorales no siempre tendrían apóstoles o delegados apostólicos presentes que las dirigieran. La atención que Timoteo y Tito prestaron a establecer a los ancianos sería el fundamento del futuro de las iglesias.[20]

La práctica transmitida por Pablo, e implementada por Timoteo y Tito, para instalar ancianos como líderes pastorales en la iglesia local establece el marco a seguir por las generaciones siguientes. Entrenar a hombres fieles capaces de enseñar y entrenar a otros se asegura de que la fe apostólica prosiga, de que los líderes en desarrollo aprendan a aplicar el evangelio a todos los ámbitos de la vida y a que la misión de la iglesia se expanda. A este respecto, los pastores deben ser intencionales con un proceso que encaje en su contexto para producir y reconocer

---

18 Verner, *Household of God*, 160.

19 Ray Van Neste, *Cohesion and Structure in the Pastoral Epistles*, JSNTSup 280; Mark Goodacre, ed. (Londres: T & T Clark International, 2004), 61. Véase Steve Walton, *Leadership and Lifestyle: The Portrait of Paul in the Miletus Speech and 1 Thessalonians*, SNTSMS; Richard Bauckham, ed. gen. (Cambridge: Cambridge University Press, 2000), 196-197, que refuta a los que intentan establecer un modelo *frühkatholisch* [«católico temprano»] de transmitir el oficio apostólico a los subordinados, «más bien, lo que tiene que transmitir a esas "fieles personas" es la enseñanza apostólica».

20 Aldred A. Genade, *Persuading the Cretans: A Text-Generated Persuasion Analysis of the Letter to Titus* (Eugene, OR: Wipf & Stock, 2011), 23.

a nuevos líderes. Esto incluye orientar a líderes potenciales en las doctrinas de la fe y pedirles cuentas del desarrollo del carácter cristiano y confiarles las responsabilidades del ministerio, dirigiéndolos durante todo el proceso.

Liderazgo

La exhortación de Pablo a «encarga[r] a hombres fieles que sean idóneos para enseñar también a otros» abre el corazón del liderazgo bíblico (2 Ti. 2:2). Steve Walton denomina el criterio paulino respecto al liderazgo como «un liderazgo nutritivo que "supervisa" y "pastorea", no un liderazgo dominante».[21] En otras palabras, el liderazgo se centraba primero en servir al rebaño mediante la enseñanza de la Palabra de Dios (Hch. 20:28).[22] Pablo usó *didaskalia* (enseñar) quince veces en las Epístolas Pastorales, mientras que en el resto del Nuevo Testamento solo se emplea seis. En dos ocasiones, Pablo también se autodescribió no solo como apóstol sino como maestro, reforzando más aún la combinación de la enseñanza con su entendimiento del liderazgo de la iglesia (1 Ti. 2:7; 2 Ti. 1:11).[23]

Los líderes no solo enseñan, sino que establecen un ejemplo de cómo funciona la doctrina en la conducta práctica. Indica a Timoteo y Tito que sean ejemplos de los que creen (1 Ti. 4:12; Tit. 2:7).[24] Pablo ya había dejado el modelo de mentor para sus estudiantes, mediante una enseñanza sólida, conforme los dirigía, a la vez que estableció un ejemplo a seguir (2 Ti. 3:10-17). Por consiguiente, como líderes tenían que «ocupa[rse] en la lectura, la exhortación y la enseñanza», a la vez que «[tuvieran] cuidado de *[sí] mismo[s]* y de la doctrina», perseverando en estas cosas para asegurar su salvación y la de *sus* oyentes (1 Ti. 4:13, 16). Como líder cristiano, Tito debe asociar la pureza con la doctrina con un ejemplo de buenas obras (Tit. 2:7).

Los líderes contemporáneos que buscan orientar a la siguiente generación de líderes pastorales enseñarán, como Pablo exhortó a Timoteo, fielmente la Palabra y pondrán la verdad en práctica de forma sistemática. Esta actitud significa que los mentores insistirán en las relaciones de sus estudiantes como vehículos de enseñanza y ejemplo de la verdad cristiana. En otras palabras, cualquiera que tenga dones para enseñar puede subirse a un estrado y pronunciar conferencias sobre las doctrinas bíblicas, pero solo quienes comprometan a sus estudiantes en *relaciones intencionales* serán ejemplos de doctrina y vida, a la vez que formarán en consecuencia a sus protegidos para el ministerio futuro. Los mentores pastorales pueden hacer esto en pequeños grupos o en entornos privados. Esta práctica

---

21 Walton, *Leadership and Lifestyle*, 114-115.
22 Ibíd., 134-136.
23 Young, *Theology of the Pastoral Letters*, 75.
24 Ibíd., 76.

proporciona a los aprendices la oportunidad de observar, formular preguntas y entrar en la esfera del entendimiento práctico del mentor y la aplicación del evangelio a los detalles del matrimonio, la familia, la comunidad, el ministerio y la misión.

He intentado desarrollar una atmósfera en la que nuestros alumnos pastorales puedan preguntar cualquier cosa que tengan en la mente. Podría tener que ver con la obra pastoral, tal vez se trate de cómo fortalecer el matrimonio, o cómo sortear una situación difícil en el trabajo, o podría ser la consideración de un cargo pastoral o misionero. Si es un asunto privado, mantengo una confidencialidad estricta con ellos. Al construir relaciones y ser accesible a los estudiantes, doy pie a un enfoque más intencional sobre el entrenamiento que no se circunscribe tan solo a su ministerio: el entrenamiento transforma sus vidas.

Relaciones

Pablo sitúa la doctrina a modo de sujetalibros para las instrucciones sobre las relaciones sociales en la iglesia, mediante el llamado a hablarle a la comunidad de lo que está de acuerdo con la sana doctrina, y así proporciona «la base teológica para las instrucciones» (Tit. 2:1, 15).[25] Las relaciones no se construían sobre una mera dinámica social, sino sobre el resultado del evangelio en sus vidas: como punto de partida, «la conducta correcta (vv. 2-9) se basa en la teología correcta (v. 1)».[26] De manera que el comportamiento de los hombres y las mujeres mayores y los jóvenes, y los esclavos, no debe deshonrar la Palabra de Dios, sino embellecer el evangelio (vv. 2-10). Con este marco doctrinal para las relaciones, Pablo evita las zanjas del legalismo y del ascetismo, tan comunes en el judaísmo y en las religiones de misterio. El evangelio resplandece entre los estamentos de la vida real. De otro modo, la conducta del creyente podría confundir el mensaje del evangelio. «Debido a que los paganos no pueden ver nuestra fe —escribió Martín Lutero—, deberían contemplar nuestras obras, escuchar nuestra doctrina y después convertirse».[27] Lo que era bueno para la congregación lo era también para quien la dirigía, por lo que Pablo inserta una exhortación personal a Tito en medio de sus instrucciones sobre las relaciones sociales, demostrando que el ministro del evangelio debe «present[arse]... en todo como ejemplo de buenas obras» (vv. 7-8).[28]

Ante el dilema de cómo poder corregir a los miembros de la iglesia en Éfeso, siendo un joven ministro del evangelio y, sobre todo, como alguien transitoriamente

25 Mounce, *Pastorals*, 406.
26 Ibíd., 408.
27 Ibíd., 413, citando a *Luther's Works*, J. Pelikan, ed. (St. Louis: Concordia, 1966), 29:57.
28 Ibíd. Mounce señala que Pablo integra comentarios personales en sus discusiones.

en medio de ellos, Pablo da instrucciones a Timoteo: «No reprendas al anciano, sino exhórtale como a padre; a los más jóvenes, como a hermanos; a las ancianas, como a madres; a las jovencitas, como a hermanas, con toda pureza» (1 Ti. 5:1-2). La dureza no debe acompañar jamás a la autoridad de la iglesia. En su lugar, debe tratar a los hermanos como a miembros de su familia de la edad correspondiente.[29] A este respecto, los mentores pastorales deben ser un ejemplo en el ejercicio de la sabiduría y la gracia en todas las relaciones. Cualquier severidad por su parte en las relaciones de la comunidad confundirá a los estudiantes sobre la aplicación del evangelio genuino.

En ocasiones surgen relaciones difíciles. En algunos casos, Pablo advierte a sus aprendices sobre algunas en particular: cuidarse de Alejandro el calderero (2 Ti. 4:14-15), silenciar a los que trastornan a familias enteras con su charla vacía y sus engaños (Tit. 1:10-11) y rechazar a quien cause divisiones (Tit 3:10-11). En otros lugares previene respecto a caer presa de las vanas palabrerías de quienes entablan conversaciones mundanas y vacías (2 Ti. 2:14-19) y con quienes prefieren escoger las peleas verbales en lugar de hablar la verdad (2 Ti. 2:23). En su lugar, «el siervo del Señor no debe ser contencioso, sino amable para con todos, apto para enseñar, sufrido; que con mansedumbre corrija a los que se oponen, por si quizá Dios les conceda que se arrepientan para conocer la verdad» (2 Ti. 2:24-25). Un consejo tan práctico para quienes se involucran en la obra del evangelio abarca generaciones. Los mentores deben detectar las tendencias de sus estudiantes que dañan sus relaciones y la obra pastoral mediante el uso de palabras impacientes y poco amables que abusan de la autoridad de la iglesia; deben instruirlos como esclavos de Cristo, en las actitudes y las acciones adecuadas hacia quienes parecen ser miembros incorregibles.

Una de las relaciones más esenciales para los que están en el ministerio se halla dentro del círculo de ancianos. Por su fidelidad en gobernar, predicar y enseñar, algunos son estimados dignos de la remuneración apropiada (1 Ti. 5:17-18). Otros, que se salen del límite de la conducta adecuada para su cargo y se niegan a arrepentirse, deben enfrentarse a la reprensión en la asamblea de la congregación (1 Ti. 5:19-21). Pero Pablo insiste en un equilibrio justo a este respecto. El anciano no debe darse a frívolos ataques contra un colega. Solo acepta acusaciones justificadas contra él acogiéndose a la práctica del Antiguo Testamento (Dt. 17:6). Sin embargo, cuando las pruebas condenen a un anciano, independientemente de lo estrecha que sea la relación con él, debe ser reprendido con imparcialidad como advertencia al cuerpo de Cristo.[30]

---

29 Marshall, *Pastoral Epistles*, 572.

30 Thomas D. Lea y Hayne P. Griffin, *1, 2 Timothy, Titus*, NAC, 34; David Dockery, ed. (Nashville: Broadman Press, 1992), 154-157.

Para los mentores pastorales, incluir a sus estudiantes en las reuniones de ancianos es una práctica sabia, a excepción de las ocasiones que exijan una sesión ejecutiva. Esto les proporciona una imagen más clara del perfeccionamiento en el liderazgo ministerial y enseña a los futuros ministros el valor de la pluralidad y la igualdad entre los líderes, conforme son testigos de cómo caminan en humildad y defensa los unos de los otros. También provee un marco eficaz a los mentores con el fin de desarrollar a futuros ancianos para la iglesia que puedan ser enviados a pastorear o servir como misioneros, o que puedan incluso permanecer como líderes de su congregación.

Instrucciones pastorales generales

Las Pastorales contienen alrededor de setenta imperativos y veinticinco expresiones indirectas que representan mandamientos o expectativas, y enfatizan el tono didáctico de las cartas.[31] Pablo usa en siete ocasiones el verbo *manthano*, traducido «aprender» (1 Ti. 2:11; 5:4, 13; 2 Ti. 3:7, 14 [2x]; Tit. 3:14).[32] Gran parte de estas cartas se centran en dar instrucciones particulares a la luz de los problemas de Éfeso y Creta en aquel momento, o en recordarles a los ministros más jóvenes las verdades que necesitaban mantener en la primera línea de sus tareas. Las instrucciones pastorales generales consideran la enseñanza y el entrenamiento, la adoración, la conducta corporativa y las viudas. Los mentores contemporáneos podrían alterar esta lista hasta cierto punto, pero sirve de enumeración sustancial de los problemas críticos a los que se enfrentan las congregaciones nuevas y las ya existentes. El debate entre entrenadores y entrenados, centrado en las implicaciones doctrinales y prácticas de estas cuestiones en la vida de la iglesia, servirá a los futuros ministros y a las congregaciones que pastorearán.

Enseñanza y entrenamiento

El modelo recurrente de formación se halla directamente en la definición de las Escrituras como útiles «para instruir en justicia» (2 Ti. 3:16) y, metafóricamente, mediante la ilustración atlética para el entrenamiento en la piedad (1 Ti. 4:7-8; 2 Ti. 2:5).[33] Como Pablo entrenó a sus estudiantes, así debían ellos entrenar a otros.

Timoteo debía permanecer en Éfeso para poder involucrarse en la instrucción (1 Ti. 1:3-4). Su enseñanza, como la de Pablo, tendría por objeto el amor puro (1 Ti. 1:5). Encomendaría a hombres educables las cosas que él había aprendido de Pablo, para que ellos pudieran reproducir esa enseñanza en otros (2 Ti. 2:2).

---

31 Young, *Theology of the Pastoral Letters*, 78.

32 Louw-Nida, 27.12, traduce *manthano*, «adquirir información como resultado de la instrucción». Véase también Young, *Theology of the Pastoral Letters*, 78.

33 Young, *Theology of the Pastoral Letters*, 78-79.

Pablo lo exhorta a ser un estudiante diligente de las Escrituras, a prestar atención a la hermenéutica sana (2 Ti. 2:15). Esta disciplina establecería el fundamento para predicar la Palabra, con diversidad de aplicaciones, que «redarguye, reprende, exhorta con toda paciencia y doctrina» (2 Ti. 4:2).[34]

Del mismo modo, Tito tenía que «habla[r] lo que está de acuerdo con la sana doctrina» (Tit. 2.1), aludiendo en ambos casos a «un cuerpo identificable de enseñanza» y «deberes éticos que la sana doctrina requiere», como observa John Stott.[35] La enseñanza haría más que aumentar la cantidad de conocimiento; también efectuaría aplicaciones éticas específicas a la vida cotidiana, a las relaciones, a los deberes y al servicio. Tras identificar con énfasis los deberes éticos particulares y su fundamento en el evangelio, y preparar instrucciones doctrinales y éticas adicionales, Pablo reitera: «Esto habla, y exhorta y reprende con toda autoridad. Nadie te menosprecie» (Tit. 2:15).[36] Si la enseñanza solo acrecentaba el conocimiento, podría no despertar interés. Sin embargo, si exige una respuesta ética a la doctrina —algo evidente en la instrucción de Pablo a Tito—, habría grandes posibilidades de *menospreciar* al mensajero para evitar que se proclamara el mensaje.[37]

Adoración

La instrucción pastoral para la adoración corporativa trataba diversas facetas de la oración (1 Ti. 2:1-2), la universalidad del evangelio (1 Ti. 2:3-4), el ´único medio de salvación a través del rescate pagado por el Mediador (1 Ti. 2:5-6) y detalles que afectaban a hombres y mujeres en la adoración corporativa, de modo que su conducta no interrumpiera la adoración (1 Ti. 2:8-12).[38] Aunque Pablo no

---

34 Los mentores descubrirán que leer y debatir con sus estudiantes sobre los libros siguientes —que tratan sobre la predicación— aclarará muchas cuestiones fundamentales para la enseñanza pastoral de un líder y el ministerio de la predicación: D. Martyn Lloyd-Jones, *Preaching and Preachers*, ed. 40° aniversario; colaboradores Bryan Chapell, Mark Dever, Kevin DeYoung, Ligon Duncan, Tim Keller y John Piper (Grand Rapids: Zondervan, 2012); J. W. Alexander, *Thoughts on Preaching: Being Contributions to Homiletics* (Edimburgo: Banner of Truth, 1988 a partir de la ed. de 1864); John Stott, *Biblical Preaching Today* (Grand Rapids: Eerdmans, 1961, 1982); John Piper, *La supremacía de Dios en la predicación* (Graham, NC: Publicaciones Faro de Gracia, 2010).

35 John R. W. Stott, *Guard the Truth: The Message of 1 Timothy & Titus* (Downers Grove, IL: IVP, 1996), 185. Añadió: «Porque existe una relación indisoluble entre la doctrina y el deber cristianos, entre la teología y la ética», lecciones que los mentores contemporáneos deben inculcar en sus pupilos (186).

36 Mounce, *Pastorals*, 432, explica que el mandamiento resumen de Pablo mira hacia adelante y hacia atrás.

37 Ibíd., 433. John Piper, *Lo que Jesús exige del mundo* (Grand Rapids, MI: Portavoz, 2007), proporciona muchos ejemplos de aplicación de la verdad a través de esta digresión sobre las enseñanzas de Jesucristo.

38 Ibíd., 75-77, 104; Mounce señala que el argumento de Pablo contrarresta probablemente a los falsos maestros que propugnan «un evangelio exclusivo que solo ofrece salvación a unos pocos escogidos, y este exclusivismo se hace evidente en su práctica de orar por ciertas personas únicamente» (76). Mounce define 1 Timoteo 2:8-15 como «el pasaje más debatido

estableció una liturgia formal para la adoración corporativa, sí excluyó cuestiones que distraían y alteraban la reunión del cuerpo para adorar.

La iglesia no puede descuidar su conducta pública ya que es «la casa de Dios, que es la iglesia del Dios viviente, columna y baluarte de la verdad» (1 Ti. 3:14-15).[39] El uso que Pablo hace de *dei*, «algo que debería hacerse como resultado de la compulsión»,[40] indica la seriedad con la que ofreció sus instrucciones a Timoteo y a la iglesia. El testimonio de la iglesia corporativa sería primordial como «columna y baluarte de la verdad», identificado por la declaración confesional de 1 Timoteo 3:16. Como observa Mounce, con acierto, «No es la iglesia la que está siendo protegida, sino que ella protege el evangelio».[41] La imagen muestra que la iglesia se involucró en «la defensa y confirmación del evangelio» (Fil. 1:7), mientras mantiene en alto la verdad, de manera que su mensaje del evangelio pudiera proclamarse de forma corporativa al mundo.[42]

Las reuniones corporativas deberían ser ocasiones para la adoración *y* la instrucción. Timoteo necesitaba encargarles formalmente a los efesios *enopoion tou theou* («delante del Señor [Dios]»), como si su asamblea tuviera lugar en el «contexto de una corte celestial (2 Ti. 2:14)».[43] Unos ojos invisibles miraban fijamente a la iglesia reunida en adoración, de modo que debían prestar atención al mensaje señalado, que iba dirigido a su carácter y su práctica.[44] La iglesia reunida debía «ocupa[rse] en la lectura, la exhortación y la enseñanza» (1 Ti. 4:13). Justino Mártir (114–165 d.C.) aceptó esta instrucción cuando habló de la adoración semanal de la iglesia primitiva: «Y, el día llamado domingo, todos los que viven en las ciudades o en el campo se congregan en un mismo lugar, y se leen las memorias de los apóstoles o los escritos de los profetas, mientras el tiempo lo permita; a continuación, cuando el lector ha acabado, el presidente da instrucciones verbales

---

hoy de las Epístolas Pastorales» (103). Es claro que los hombres airados y las mujeres indecorosas perturbaban el ambiente del cuerpo reunido para adorar, de ahí las advertencias de Pablo (véase 105-117).

39 El uso *anarthrous* —sin artículo— de *oikou theou* («familia de Dios») señala a congregaciones locales y no a la iglesia universal como sujeto, Mounce, *Pastorals*, 220-221.

40 Louw-Nida, 71.21.

41 Mounce, *Pastorals*, 222. Véase David F. Wells, *The Courage to Be Protestant: Truth-lovers, Marketers, and Emergents in the Postmodern World* (Grand Rapids: Eerdmans, 2008), que deja claro lo que está en juego por la forma en que la iglesia protege o no protege el evangelio en su generación.

42 Stott, *Guard the Truth*, 105.

43 Marshall, *Pastoral Epistles*, 619.

44 Luke Timothy Johnson, *The First and Second Letters to Timothy: A New Translation with Introduction and Commentary*, ABC 35A; W. F. Albright y David N. Freeman, ed. gen. (New Haven, CT: Yale University Press, 2001), 389.

y exhorta a la imitación de estas buenas cosas».[45] La iglesia primitiva reconocía la exposición de las Sagradas Escrituras como algo fundamental para adorar.

Los conflictos en la adoración congregacional siguen afectando a la unidad y la misión de la iglesia. El sabio mentor entrenará con diligencia a sus estudiantes, tanto en la enseñanza bíblica sobre la adoración como en la forma de pastorear con sabiduría a una congregación para que guíe este aspecto sumamente serio de la vida corporativa y llegue a los cambios adecuados.[46]

Conducta corporativa

Como ya se ha observado, las Pastorales tratan múltiples cuestiones de conducta en las congregaciones de Éfeso y Creta. Las mujeres debían recibir instrucción en silencio, con una actitud sumisa (1 Ti. 2:11). Ancianos, diáconos y diaconisas (o las esposas de diáconos) debían estar por encima de todo reproche y ser personas dignas (1 Ti. 3:1-13; Tit. 1:6-9). Tanto los ancianos como los diáconos debían gobernar bien su casa (1 Ti. 3:4-5, 12). Pablo instó a los esclavos a relacionarse con sus amos de tal forma que honraran a Dios y al evangelio (1 Ti. 6:1-2; Tit. 2:9-10). Los ricos debían aprender a contentarse y a evitar la trampa de la riqueza, y todos debían reconocer que el amor al dinero es la raíz de todos los males (1 Ti. 6:7-10, 17-19).

Las exhortaciones en Tito 2:2-10 demuestran el experto análisis que Pablo hace de los problemas adecuados a la edad y el género de las personas, con llamadas apropiadas a la acción. Como Stott comentó, los hombres mayores debían «manifestar una cierta *seriedad,* que se correspondiera con su veteranía y que expresara su autocontrol interno».[47] A la vez que evitaran los peligros del cotilleo malicioso y la adicción al vino, las mujeres de más edad debían aceptar el ministerio de entrenar a las más jóvenes respecto a los deberes familiares.[48] Los jóvenes tenían que ser sensatos.

La sujeción de la comunidad cristiana a las autoridades gobernantes y la disposición a toda buena obra confundirían a quienes consideraban problemática a la nueva religión (Tit. 3:1-2). Con el desenfreno de los falsos maestros, la iglesia no debía subirse al carro de las necias controversias, las genealogías ficticias y las disputas por la ley (Tit. 3:9). En su lugar, tenían que «procur[ar] ocuparse

45 Justino Mártir, «The First Apology of Justin», en *ANF*, 1.67 (186). Véase también Stott, *Guard the Truth*, 121-122, que insiste: «Desde el principio se dio por sentado que la predicación cristiana sería expositiva, es decir, que se extraería del pasaje leído toda la instrucción y la exhortación cristianas».

46 Véase Bob Kauflin, *Worship Matters: Leading Others to Encounter the Greatness of God* (Wheaton, IL: Crossway, 2008).

47 Stott, *Guard the Truth*, 187.

48 Ibíd., 188.

en buenas obras» (Tit. 3:8). La congregación local debe involucrarse en la obra misionera fuera de su comunidad, mientras «aprende a ocuparse en buenas obras para suplir las necesidades apremiantes», una forma paulina de alentar el apoyo sustancial a quienes sirven en la obra misionera (Tit. 3:13-14).[49]

Los peligros del legalismo, que surgen de una aplicación errónea de la ley y la gracia, por una parte, y la falta de rigor moral fomentada por la cultura, por la otra, confrontan a los líderes pastorales de cada generación. Los mentores no deben dejar estos asuntos al azar, en manos de quienes se preparan para el ministerio. La explicación bíblica sobre la conducta cristiana entrenará mejor a los futuros ministros para el día en que dirijan a congregaciones en los retos del comportamiento cristiano adecuado. Incluir a los estudiantes en las reuniones de ancianos, cuando los debates sobre cuestiones de conducta estén en el orden del día, los ayudará a entender cómo manejar estos asuntos que pueden empañar el testimonio de una congregación en la comunidad o dividir a la iglesia por falta de una acción decisiva.[50]

Las viudas

Pablo dedicó una atención considerable a las viudas, e indicó que la iglesia efesia tenía a muchas de ellas entre sus miembros (1 Ti. 5:3-16). Aunque sus instrucciones específicas eran nuevas, cuidar de las viudas no lo era. El Pentateuco exhortaba a ocuparse de las viudas y recordaba los sufrimientos de Israel en Egipto y la consiguiente liberación del Señor como motivación para extender el mismo trato (Éx. 22:22; Dt. 24:17-18). Parte de la defensa de Job respecto a su conducta hacía esta alusión: «Y al corazón de la viuda yo daba alegría» (Job 29:13).[51]

Pablo mostró preocupación en que los hijos adultos cuidaran de sus madres viudas, de manera que la iglesia pudiera centrarse en las que tuvieran necesidades genuinas, a quienes definió como las «que en verdad lo son» (1 Ti. 5:3). Aclaró, además, que el apoyo para las viudas sería para aquellas que ejercieran regularmente particulares disciplinas espirituales (1 Ti. 5:5, 9-10).[52] Las viudas más jóvenes debían ser alentadas a volverse a casar y a «[criar] hijos, gob[ernar]

49 Pablo instó de forma específica a las congregaciones cretenses a ayudar a Zenas y Apolos, los emisarios que entregaron la epístola a Tito, «de modo que nada les falte», una clara indicación del apoyo específico a la misión (Tit. 3:13). Mounce, *Pastorals*, 458, explica que *propempein*, «ayudar con diligencia» implica «ayudar en un viaje proveyendo alimento, ropa, etc., y describe la hospitalidad que se exige a todos los cristianos… siempre en referencia al ministerio cristiano». Y añade que, por la relación de Apolos con Alejandría, Egipto, la obra allí podría haber sido el objetivo de su misión.

50 Véase John Murray, *Principles of Conduct: Aspects of Biblical Ethics* (Grand Rapids: Eerdmans, 1957), sobre aplicar la ley y el evangelio en el entorno congregacional.

51 Lea y Griffin, *1, 2 Timothy, Titus*, 146.

52 Ibíd.

su casa; [y] que no den al adversario ninguna ocasión de maledicencia» (1 Ti. 5:13-14). Quienes pudieran mantener a las viudas debían hacerlo, para que la iglesia pudiera centrarse en las «que en verdad son viudas» (1 Ti. 5:16).[53]

Para los que sirven en los oficios pastorales en la iglesia local, ministrar al rebaño prevalecía en el entendimiento de Pablo respecto a la obra pastoral y no meramente a tener títulos.[54] A pesar de la distancia y de sus difíciles circunstancias, su preocupación por los detalles de la doctrina, del gobierno, del liderazgo, de las relaciones y de los diversos deberes pastorales de la iglesia reflejan el núcleo central de lo que comunicaba a sus aprendices. El ministerio debe tocar la totalidad de la vida, de otro modo resultará deficiente en el oficio pastoral.

PUESTA EN PRÁCTICA DEL MODELO DE MENTORÍA DE PABLO

Habiendo considerado las inclinaciones de Timoteo y Tito respecto al ministerio, y las áreas particulares del ministerio de instrucción paulino en las Pastorales, concluiremos considerando el polifacético enfoque de Pablo al orientar a Timoteo y Tito. Los mentores contemporáneos descubrirán que cada planteamiento del apóstol es fácilmente transferible a su propia práctica.

(1) *Las relaciones paternofiliales.* La ternura del lenguaje paternal que Pablo solía usar con Timoteo y Tito es una prueba evidente de que su relación iba más allá del entorno conferenciante-estudiante (1 Ti. 1:2, 18; 2 Ti. 1:2; Tit. 1:4). Vivían la vida juntos. Se amaban. Sufrían y servían juntos. Pablo hallaba una satisfacción intensa en la cercanía de su relación con ellos.[55] Dietrich Bonhoeffer expresó lo que debería ser obvio, salvo para el apresurado ritmo del mundo occidental: «El cristiano no puede dar sencillamente por sentado el privilegio de vivir entre otros cristianos».[56]

---

53 Un entorno pastoral contemporáneo podría tener otras necesidades congregacionales fundamentales para la salud de la iglesia, es decir, cuestiones con los solteros, los divorciados, la adopción y el envejecimiento. Será necesario que los mentores tengan en cuenta las necesidades actuales de la congregación en sus constantes explicaciones y en la formación en el trabajo con los aprendices. Véase Glenn Smith, «Models for Raising Up Church Planters: How Churches Become More Effective through Intentional Leadership Development», *Leadership Network*, 2007; 5-10.

54 Stephen G. Wilson, *Luke and the Pastoral Epistles* (Londres: SPCK, 1979), 61-63.

55 Mounce, *Pastorals*, 8, observa que el uso que Pablo hace de *gnesios*, «"verdadero" transmite intimidad y autoridad», en referencia a 1 Timoteo 1:2 y Tito 1:4. Véase Stott, *2 Timothy*, 28-29, que ofrece una nota estimulante sobre la amistad espiritual.

56 Dietrich Bonhoeffer, *Life Together* y *Prayer Book of the Bible*, DBW, vol. 5; Gerhard Ludwig Müller, Albrecht Schönherr, Geffrey B. Kelly, eds.; Daniel W. Bloesch y James Burtness, trad. (Minneapolis: Fortress, 2005), 27. Josh Hunt, «Finding Church Planters: Discovering and Discerning Those God Has Called to Start the Next Generation of Churches», *Leadership Network*: 1-17, citado el 11 de enero de 2013, leadnet.org//docs/CP-2007-JUN-Finding_Church_Planters-Hunt.pdf, explica un importante factor relacional en conexión con la obra de plantar iglesias. «Cuanto más tiempo inviertes con un futuro plantador de iglesias, más minimizas la oportunidad de sorpresas» (p. 2).

(2) *Afirmación, aliento y recordatorios.* La intimidad de una relación parecida a la de un padre con sus hijos pone a Pablo en la postura de afirmar a sus aprendices.[57] «Si esto enseñas a los hermanos, serás buen ministro de Jesucristo» (1 Ti. 4:6); «trayendo a la memoria la fe no fingida que hay en ti» (2 Ti. 1:5). «Pero tú has seguido mi doctrina, conducta, propósito, fe, longanimidad, amor...» (2 Ti. 3:10-17). «Si solo pudieras hacer una cosa como mentor, afirma a tus protegidos», aseveran Brad Johnson y Charles Ridley.[58] Ser afirmado por alguien que camina fielmente con Cristo fomenta la confianza en los aprendices que se dirigen al frente de la obra del evangelio.

Pablo había recibido el estímulo de Bernabé (Hch. 9:26-30), de modo que entendía que esta entrega necesaria de uno mismo en palabras, presencia y hechos eleva el ánimo de los demás para que perseveren en las dificultades.[59] Cuando Bernabé buscó a Pablo para unirse a él en el ministerio de la enseñanza, en Antioquía, el veterano creyente alentó a Pablo en su obra de vida (Hch. 11:25-26).[60] Del mismo modo, el apóstol animó a sus protegidos encomendándoles tareas difíciles y confió en que realizarían la obra con fidelidad. El tono de su carta tiene un matiz de estímulo para impulsar a Timoteo y a Tito a avanzar.[61]

En lugar de desvalorizarlos por lo que no sabían o por lo que no estaban haciendo, Pablo, sencillamente y a menudo, les recordaba a sus aprendices las cosas que ya habían conseguido. El uso de *anamimnesko* en 2 Timoteo 1:6 expresa la idea de hacer que alguien recuerde y vuelva a pensar en algo ya considerado.[62] Por su experiencia, los mentores poseen la capacidad de desempolvar los recuerdos para llevar a un primer plano las cuestiones que los aprendices podrían haber pasado por alto u olvidado. El uso paulino frecuente de «palabra fiel» indica un «dicho» citado, según George Knight,[63] que sirve de recordatorio de las verdades

---

57 Para una excelente obra sobre el poder y la práctica de la confirmación, véase Sam Crabtree, *Practicing Affirmation: God-centered Praise of Those Who Are Not God* (Wheaton, IL: Crossway, 2011).

58 W. Brad Johnson y Charles R. Ridley, *The Elements of Mentoring* (Nueva York: Palgrave MacMillan, 2004), 10.

59 Michael Pocock, «The Role of Encouragement in Leadership», en *Integrity of Heart, Skillfulness of Hands: Biblical and Leadership Studies in Honor of Donald K. Campbell*, Charles H. Dyer y Roy B. Zuck, eds. (Grand Rapids: Baker, 1994), 301-307.

60 Ibíd., 305.

61 Pueden hallarse buenos ejemplos de mentores que confirman y alientan a sus protegidos en varias colecciones de correspondencia, por ejemplo, Iain Murray, ed., *D. Martyn Lloyd-Jones: Letters 1919-1981* (Edimburgo: Banner of Truth, 1994); Jules Bonnet, trad. y ed., *Letters of John Calvin: Compiled from the Original Manuscripts and Edited with Historical Notes*, vol. 2 (Filadelfia: Presbyterian Board of Publication, 1858; sin ciudad: Repressed Publishing LLC, 2012 reedición).

62 Louw-Nida, 29.10.

63 George W. Knight III, *Pastoral Epistles*, NIGTC; I. Howard Marshall y W. Ward Gasque, eds. (Grand Rapids: Eerdmans, 1992), 99; véanse 1 Timoteo 1:15; 3:1; 4:9; Tito 3:8; 2 Timoteo 2:11.

de fácil acceso para los aprendices pastorales. Los mentores les recordarán con sabiduría y delicadeza las cuestiones importantes de las doctrinas, las relaciones, las disciplinas espirituales, el servicio, la humildad y la misión, a menudo introducidas en la conversación normal.

(3) *Establecer un ejemplo a seguir.* Muchas lecciones en el ministerio se entienden mejor de lo que se enseñan. «Las personas observan a los líderes y aprenden», escribe Walter Wright.[64] Con frecuencia, los ejemplos que se graban en la mente de los aprendices permanecen frescos incluso cuando el mentor ya no está cerca.[65] Pablo oró constantemente por sus aprendices, ejemplo este que probablemente tuvo una profunda influencia sobre ellos (2 Ti. 1:3). El apóstol fue ejemplo del sufrimiento por el evangelio sin vergüenza ni pesar (1 Ti. 1:12-14; 2 Ti. 1:8, 15-18; 2:8-10; 3:10-17;[66] 4:6-8). Asimismo, demostró cómo afrontar la decepción (2 Ti. 4:16-18) y cómo seguir constante al timón del ministerio del evangelio (Tit. 1:1-4). Pasar tiempo con los aprendices es fundamental para tener una influencia genuina en sus vidas y sus ministerios. Un pastor indicó que él ejercía el discipulado sencillamente «saliendo» con sus aprendices.[67] ¡Desde luego, Pablo exhibió esta práctica con los suyos!

(4) *Oración y visitas.* La regularidad en la oración que Pablo mostró por sus amados aprendices nos deja anonadados. «Sin cesar me acuerdo de ti en mis oraciones noche y día; deseando verte, al acordarme de tus lágrimas, para llenarme de gozo» (2 Ti. 1:3-4). Libre o encarcelado, el apóstol solicitaba sus visitas (Tit. 3:12; 2 Ti. 4:9, 11). Las incesantes conversaciones fortalecían a los protegidos por la continua intensidad en la obra pastoral, y también fortalecían a Pablo. Su anhelo por la comunión con sus hermanos en Cristo más jóvenes les enseñó a no perder nunca la necesidad de comunión.[68]

(5) *Cargos pastorales/ministeriales.* Por la intimidad de la relación formador/aprendiz, Pablo podía «encargarles» a sus aprendices ciertas responsabilidades fundamentales que debían ejercerse en sus ministerios.[69] Le encomienda a Timo-

---

64 Walter C. Wright, *Relational Leadership: A Biblical Model for Leadership Service* (Carlisle, Cumbria, UK: Paternoster Press, 2000), 34.

65 Ibíd.

66 El uso que Pablo hace de «has seguido», *parakoloutheo*, implica conformar la vida y «la conducta de uno a un sistema particular de instrucción o enseñanza». En este caso, Timoteo también siguió el ejemplo de Pablo; Louw-Nida, 36.32.

67 Véase Smith, «Models for Raising Up Church Planters», 9, en alusión al pastor Hal Haller, Church of the Highlands, Lakeland, FL.

68 John S. Hammett, correspondencia personal, 11 de enero de 2013.

69 Pablo usó *diamarturomai enopion* (1 Ti. 5:21; 2 Ti. 4:1) en dos de sus encargos, transmitiendo así una declaración formal basada en un presunto conocimiento personal, y eso, delante —*enopion*— del rostro del Señor, Louw-Nida 33.223. La utilización de *paraggello enopion*, en 1 Timoteo 6:13, conlleva la idea de anunciar lo que se debe hacer, Louw-Nida 33.327. La preposición intensifica ambos encargos.

teo que mantenga con parcialidad los principios que él había establecido (1 Ti. 5:21), que guardara el mandamiento sin mancha ni reproche (1 Ti. 6:14) y predicara la palabra de Dios (2 Ti. 4:1-2). Pablo puede decirles a sus protegidos que «guard[en] el buen depósito por el Espíritu Santo» (2 Ti. 1:14), que «[se] esfuer[cen] en la gracia que es en Cristo Jesús» (2 Ti. 2:1), que «sufr[an] penalidades» (2 Ti. 2:3) y que «consider[en] lo que di[cc]» (2 Ti. 2:7). Puede indicarles que «huy[an] también de las pasiones juveniles, y [que] sig[an] la justicia... Pero [que] desech[en] las cuestiones necias e insensatas, sabiendo que engendran contiendas» (2 Ti. 2:22-23). Puede exhortarlos a «persist[ir] en lo que ha[n] aprendido y [se] persuadi[eron], sabiendo de quién ha[n] aprendido» (2 Ti. 3:14). A pesar de estar en una situación complicada, habla a la vida de sus aprendices para que entiendan sus responsabilidades y sientan la urgencia de seguir en ella, por ejemplo, «que te quedases en Éfeso... para que mandases a algunos que no enseñen diferente doctrina» (1 Ti. 1:3);[70] y «Por esta causa te dejé en Creta, para que corrigieses lo deficiente, y establecieses ancianos en cada ciudad, así como yo te mandé» (Tit. 1:5). Aunque habla con autoridad, lo hace sin dureza, como un padre con sus hijos.[71] La realidad de la amistad no necesita socavar la autoridad del mentor en aquellos a los que entrena con respecto a la corrección. El orientador tiene esta responsabilidad como pastor de su rebaño, incluidos los aprendices (Hch. 20:28).

(6) *Advertencias.* En virtud de la experiencia vida/ministerio, los mentores reconocen las piedras de tropiezo y los peligros de los que sus jóvenes aprendices pueden ser inconscientes. Por tanto, las advertencias son adecuadas, como demostró Pablo. Advirtió sobre dos hombres de Éfeso que habían naufragado en su fe (1 Ti. 1:18-20). Apercibió sobre los que se apartan de la fe y lo demuestran prestando atención a «doctrinas de demonios» (1 Ti. 4:1-5). Avisó del peligro de caer presa de los sustitutos de la verdadera piedad (1 Ti. 4:6-10; 6:3-10). Advirtió contra embarcarse en «profanas y vanas palabrerías» y en necias controversias, como ya habían hecho algunos para su propia perdición (2 Ti. 2:16-18; Tit. 3:9). El ministerio no sería fácil, de modo que previene sobre los tiempos complicados que les aguardan (2 Ti. 3:1-9). Pablo ofreció una advertencia personal respecto a los individuos que procurarían dañar a sus aprendices (2 Ti. 4:14-15). Los mentores contemporáneos, curtidos por diversas experiencias en la vida y en el ministerio, descubrirán que la mayoría de los aprendices ansían aprender de reflexiones transparentes.

Me he percatado de que los debates más profundos en los que me he involucrado con nuestros internos pastorales han producido gran efecto en su comprensión

---

70 Towner, *Letters to Timothy and Titus*, 106, denomina esto como un rasgo de «mandato» en la carta.

71 Ibíd.

de los peligros en el ministerio. Con frecuencia saco a relucir algún error que he cometido o mi malinterpretación de una conversación, o de una herejía que pretendía infiltrarse, y a las que me enfrenté en mis años en el ministerio, con el fin de ayudarles a sentir la intensidad de los peligros que lo acechan. El ministerio pastoral no es para los timoratos, de manera que tales avisos ayudan a los hombres más jóvenes a evaluar mejor su propensión al ministerio.

(7) *Enfoque centrado en el evangelio.* Si los aprendices tuvieran que sufrir, sería por el evangelio (2 Ti. 1:8). Si fuera preciso vencer la dificultad de la timidez en la fe, deben recordar el propósito y los efectos del evangelio (2 Ti. 1:7-10). Con toda claridad, Pablo le indicó a Timoteo: «Acuérdate de Jesucristo, del linaje de David, resucitado de los muertos conforme a mi evangelio» (2 Ti. 2:8). Aquí, el evangelio lleva a los aprendices que luchan por abrirse camino sobre las alas del consuelo y del aliento.[72] La «esperanza de vida eterna» anclaba la proclamación de Pablo y centra su mensaje a Tito (Tit. 1:1-4). Los ímpetus para exhortar a los hombres y mujeres mayores, a los jóvenes y a los esclavos se hallan a lo largo del *y* para el evangelio, así como también la lógica de negar la impiedad y vivir «en este siglo sobria, justa y piadosamente» se encuentra en el evangelio (Tit. 2:1-15). El libro de Andreas Köstenberger *Excellence: The Character of God and the Pursuit of Scholarly Virtues,* aunque escrito a la comunidad erudita, también se aplica a quienes están involucrados en el ministerio. Su premisa —la integridad como discípulo de Jesucristo debe ser evidente en cada aspecto de la vida académica— habla de igual manera a los mentores y a los aprendices.[73] El éxito en el ministerio futuro no puede sustituir jamás a la fidelidad de vivir el evangelio en toda la gama de la vida y el ministerio.[74]

(8) *Peticiones y consejos personales.* La intimidad de la relación mentor/aprendiz era tal entre Pablo y Timoteo que podía aconsejarle sobre el delicado asunto de las convicciones personales y una recurrente dolencia estomacal (1 Ti. 5:23).[75] El final de 2 Timoteo contiene varias peticiones personales: llevar a Marcos cuando Timoteo visitara a Pablo; llevar el capote que el apóstol se había dejado en Troas, junto con los libros y pergaminos; saludar a varios amigos; «procura venir antes del invierno» (2 Ti. 4.9-21). De una manera más abreviada, Pablo hizo lo mismo con Tito, pidiéndole que hiciera todo el esfuerzo para visitarlo en Nicópolis presumiblemente antes del duro invierno que se aproximaba (Tit. 3:12).[76] Tito también

---

72 Mounce, *Pastorals*, 511.

73 Andreas Köstenberger, *Excellence: The Character of God and the Pursuit of Scholarly Virtues* (Wheaton, IL: Crossway, 2011), 17-29.

74 Estoy usando «éxito» de forma común, no como si fuera opuesto a la fidelidad.

75 Knight, *Pastoral Epistles*, 240.

76 Towner, *Letters to Timothy and Titus*, 800-801.

debía ayudar con diligencia a Apolos y Zenas cuando pasaran por Creta (3:13). Los mentores se involucrarán en los problemas de la vida de sus aprendices. De otro modo, existiría una brecha en el alcance total de la mentoría en la tradición paulina.

Aunque el estudio en Hechos demuestra que Pablo orientó a varios ministros jóvenes en la obra del evangelio, las Pastorales proporcionan percepciones más detalladas sobre su relación con Tito y Timoteo, así como algunos de los puntos focales de su mentoría. Pablo procuró fortalecer sus amarres doctrinales, pero también los insta a la aplicación práctica de la doctrina en las relaciones cotidianas. La obra pastoral —ya sea para plantar, revitalizar o mantener a una congregación local— se centra en la vida y la doctrina. Tampoco se puede descuidar si se quiere que el ministerio sea eficaz. La mentoría de Pablo demuestra esta realidad.

En nuestro recorrido de las Epístolas Pastorales hemos visto cómo proporcionan categorías para la orientación a los mentores contemporáneos, junto con las ideas doctrinales y éticas para enfatizar con los aprendices. Aunque vivamos en épocas diferentes con culturas distintas, la relación padre-hijo entre Pablo, Timoteo y Tito provee un modelo para quienes están comprometidos en la orientación de la siguiente generación para el ministerio. El énfasis en las relaciones centradas en el evangelio ofrece un patrón contemporáneo mentor/aprendiz para emular. Los mentores pastorales hallarán abundante dirección en el entrenamiento de los jóvenes ministros conforme estudien y apliquen el modelo de orientación paulino en las Epístolas Pastorales.

CAPÍTULO 5

LA MENTORÍA MAGISTERIAL: SIGLO XVI

Cuando pensamos en los reformadores magisteriales podríamos tender a considerar grandes mentes teológicas inclinadas a masivas correcciones doctrinales, que libran una batalla escrita con la Iglesia Católica Romana, y que afectan a todo el arco religioso, político y social de Europa. Y fue exactamente lo que hicieron hombres como Martín Lutero, Ulrico Zuinglio y Juan Calvino, pero había muchos más. Ante todo, eran pastores de congregaciones locales que procuraban pastorear el rebaño, entrenar líderes pastorales y expandir el evangelio de Cristo fuera de sus comunidades. Por su forma de desempeñar sus responsabilidades pastorales, estos reformadores fueron modelos de lo que deberían hacer hoy los pastores de las iglesias.

Una breve mirada a dos de los grandes reformadores, Zuinglio y Calvino, podría ayudarnos a entender mejor cómo orientaron a pastores, misioneros y líderes espirituales dentro del marco de una vida congregacional sana.

Ulrico Zuinglio (1484-1531)

«No me has ofrecido solo libros —le escribió un exaprendiz a Zuinglio—, sino también a ti mismo».[1] Otro aprendiz lo definió como «un dios educativo para nosotros», por su consideración en la enseñanza y en la formación de hombres

1 Jean Henri Merle d'Aubigné, *For God and His People: Ulrich Zwingli and the Swiss Reformation*, Mark Sidwell, ed.: Henry White, trad. (Greenville, SC: BJU Press, 2000), 14.

más jóvenes.[2] La eficacia en las relaciones orientadoras ejemplifica la mentoría pastoral en la comunidad.

Ulrico Zuinglio ocupó su lugar como uno de los reformadores protestantes magisteriales durante la Reforma del siglo XVI.[3] Durante los primeros doce años de ministerio, sirvió como párroco en Glarus y Einsiedeln, Suiza (1506–1518).[4] Sin embargo, los años 1515–1516 marcaron un cambio de este pensamiento bajo la dirección de Erasmo de Róterdam (1466–1536). Por medio del Nuevo Testamento griego del erudito humanista y sus visitas a Basilea, Zuinglio cambió radicalmente. Sin embargo, el cambio lo acercó a ámbitos de la reforma bíblica, algo no previsto en las directrices de Erasmo.[5]

La forma en que Zuinglio desarrolló el modelo teológico sacudió sus opiniones erasmianas, poco después de trasladarse para convertirse en el *párroco de la gente* en Grossmünster, Zurich (1518). Los historiadores proponen diversas opiniones respecto a la transformación teológica de Zuinglio, pero, como observa uno de sus biógrafos: «El hecho banal de que la nueva percepción de Zuinglio surgiera de su animada relación con su congregación y su comunidad suele pasarse por alto».[6] Su estudio, enseñanza y formación *operaban dentro de la órbita de la congregación*. Hacia 1522, Zuinglio había rechazado a las autoridades católicas tradicionales a favor de la *sola scriptura* como única base para la enseñanza y la vida, tema principal que inculcaría a aquellos a los que orientó.[7]

Una vez que Zuinglio y sus colegas convencieron a los líderes de la ciudad de Zurich para que rechazaran la misa y siguieran las directrices de la Reforma, el ayuntamiento accedió a crear una escuela teológica de la que Zuinglio sería el

2 J. J. Hottinger, *The Life and Times of Ulric Zwingli*, T. C. Porter, trad. (Harrisburg, PA: Theo. F. Scheffer, 1856), 17.

3 Véase Timothy George, *Theology of the Reformers* (Nashville: Broadman, 1988), 108-162, para un bosquejo del trasfondo y la evaluación teológica de Zuinglio.

4 Denis R. Janz, ed., *A Reformation Reader: Primary Texts with Introductions* (Minneapolis: Fortress Press, 1999), 151.

5 Gottfried W. Locher, *Zwingli's Thought: New Perspectives*, Studies in the History of Christian Thought, 25; Heiko A. Oberman, ed. (Leiden: E. J. Brill, 1981), 239. A petición de Erasmo, Zuinglio memorizó las Epístolas paulinas en griego (239).

6 Ulrich Gäbler, *Huldrych Zwingli: His Life and Work*, Ruth C. L. Gritsch, trad. (Filadelfia: Fortress Press, 1986; de *Huldrych Zwingli: Leben und Werk*; Munich: C. H. Beck, 1983), 45-48. Véase la página 48 para más razones para este cambio.

7 Ibíd., 49. Zuinglio escribió: «Estoy convencido de que debemos tener la Palabra de Dios en la más alta estima (la Palabra de Dios es tan solo la que llega por el Espíritu de Dios), y no se le debe dar crédito a ninguna otra. Ella es cierta y no puede fallarnos; es clara y no nos deja deambular en la oscuridad. Se enseña y explica a sí misma, y trae la luz de la salvación plena y de la gracia al alma humana», en Zwingli, «Of the Clarity and Certainty of the Word of God (6 de septiembre de 1522)», Janz, *A Reformation Reader*, 155.

director.[8] Esta decisión estableció el fundamento para su enfoque de orientar y formar ministros que sirvieran por toda Europa.[9] La escuela, cuyo nombre fue *Prophezei* o Profecía, acogió tanto a clérigos como a laicos que asistían sin costo alguno. En vez de simples conferencias, Zuinglio y sus colegas eruditos utilizaron la discusión y el debate para instruir a sus estudiantes.[10] Valoraban la atmósfera colegial para formar a los jóvenes ministros. Aunque prestaban atención al lenguaje esperado y a los estudios teológicos, al final, el objetivo de *Prophezei* consistía en hacer buenos cristianos.[11]

El modelo para el estudio en dicha escuela incluía la exégesis bíblica diaria, empezaba con un análisis de un texto del Antiguo Testamento hebreo, seguido de la interpretación y la explicación de Zuinglio en latín. Un sermón sobre el texto en alemán demostraba ser beneficioso para quienes no tenían formación en hebreo y latín. Por lo general, Zuinglio o un colega escogía un texto paralelo en el Nuevo Testamento griego para una consideración más detenida.[12] Los estudiantes también participaban leyendo en público el texto en latín que se estaba analizando, y así aprendían a leer las Escrituras, como es debido, a la congregación.[13] Todo este entrenamiento se producía en un ambiente de comunidad cristiana.

Al margen de *Prophezei,* Zuinglio recibía invitados en su casa. Pastores, canónigos, catedráticos, estudiantes y eruditos se reunían como amigos para debatir las cuestiones del evangelio. La transparencia de Zuinglio resaltaba en esas ocasiones, cuando aceptaba de buen grado las correcciones a la luz de las Escrituras.[14] Algunos buscaban la reforma personal a través de la aplicación que Zuinglio hacía de las Escrituras; otros procuraban consejo sobre cómo podría triunfar la

---

8 Karin Maag, *Seminary or University? The Genevan Academy and Reformed Higher Education, 1560–1620*, St. Andrews Studies in Reformation History; Andrew Pettegree, Bruce Gordon y John Guy, eds. (Aldershot, Hants, UK: Scolar Press, 1995), 129-130.

9 G. W. Bromiley, ed., *Zwingli and Bullinger*, LCC, Icthus ed. (Filadelfia: Westminster Press, 1953), 97. Bromiley también señala que asistía el clero de la ciudad (28). Comenzó en 1525.

10 Maag, *Seminary or University*, 131. Locher, *Zwingli's Thought*, 254, destaca que *Prophezei* se convirtió en «el germen de la Universidad de Zurich actual».

11 Bromiley, *Zwingli*, 97-98. Locher, *Zwingli's Thought*, resume tres ideas que recorren todos los mensajes de Zuinglio, incluida la enseñanza en *Prophezei:* (1) la reconciliación; (2) la reconciliación que ha sido lograda; (3) por tanto, Cristo es Señor sobre todas las áreas de la vida (p. 37).

12 Gäbler, *Huldrych Zwingli*, 100-101. Véase Timothy George, *Reading Scriptures with the Reformers* (Downers Grove, IL: IVP Academic, 2011), 238, quien escribe: «La mayor contribución de los reformadores de Zurich a la tradición de la predicación fue la institución de la "Profecía"». Prosigue mediante una descripción detallada de lo que sucedió en la Profecía (238-240).

13 H. Bullinger, «Prophezei», in *Huldrych Zwingli: Documents of Modern History*, G. R. Potter, ed. (Londres: Edward Arnold, 1978), 64.

14 R. Christoffel, *Zwingli: or The Rise of the Reformation—A Life of the Reformer, with Some Notices of His Time and Contemporaries*, John Cochran, trad. (Edimburgo: T & T Clark, 1858), 379-381.

proclamación del evangelio en su región.[15] El pastor de Zurich recibía con paciencia a estos invitados y trataba de orientarlos en la obra del evangelio.

La correspondencia de Zuinglio revela su corazón pastoral en la formación y la orientación de otros en el ministerio. Urbanus Rhegius de Augsburgo leyó la carta de Zuinglio a John Frosch, de la misma ciudad, y comentó: «He leído la carta de Zuinglio, y la he releído, porque siento que mi alma se inspira con ella, y se enciende la admiración. Porque las palabras de este hombre de Dios son fuego en sí mismas, y prenden fuego en uno».[16] Siguió describiendo cómo la pasión de Zuinglio por la defensa del evangelio hizo que él se percatara de lo pequeño que era su propio celo por las buenas nuevas. Su determinación se renovó en la fidelidad a Cristo por medio del ejemplo de Zuinglio.[17] Según R. Christoffel, las cartas de Zuinglio y las advertencias tuvieron una fuerte influencia en la mayoría de los predicadores del sur de Alemania, de manera que *su vida parecía evidente en las de ellos, y el modelo de iglesia en Zurich se reflejaba en sus ministerios.*[18] El ADN del pastor de Zurich y de la congregación aparecía en los aprendices y en los influenciados por ellos.

¿Cómo orientó y entrenó Zuinglio a los jóvenes para el ministerio? Sacamos una clara idea sobre esto de una carta que le escribió Valentine Tschudi, quien explicaba con gratitud cómo el reformador lo hacía objeto de su bondad, le brindaba sus libros, lo alentaba y le ofrecía su ayuda y su influencia en cualquier cosa que el joven pudiera necesitar. Indicaba, además, que Zuinglio hizo esto con todos sus estudiantes, que serían aquellos a los que orientó en su obra pastoral.[19] En su enfoque, la atención personal prestada a sus aprendices era irremplazable. Además, a través de *Prophezei,* intentó reclutar «un ministerio evangélico» que se comprometería continuamente en la expansión del evangelio.[20] Su formación arraigada en la iglesia aparece con regularidad, como asevera Gottfried Locher, de manera que Zuinglio no intentó destacarse ni llamar la atención sobre sí mismo, sino, más bien, «aparecer siempre *en comunidad* con sus colaboradores».[21] En

---

15 Ibíd., 381-383.

16 Ibíd., 193-194.

17 Ibíd.

18 Ibíd., 194. Christoffel observa que los hermanos cristianos de Alemania, que huían de la persecución, hallaron refugio en casa de Zuinglio, en Zurich, quien los alimentó y los cuidó (202-203). Christoffel también menciona el compromiso de Zuinglio en la correspondencia con quienes buscaban proclamar el evangelio en Francia e Italia, con el fin de alentarlos frente al sufrimiento y tranquilizarlos respecto al poder del evangelio y su productividad prometida (pp. 203-208).

19 Hottinger, *Life and Times of Zwingli*, 17. Bromiley, *Zwingli*, 16, observa que el reformador había conseguido una biblioteca considerable, probablemente a través de su pensión papal.

20 Bromiley, *Zwingli*, 28.

21 Gottfried Locher, «The Message and Impact of Huldrych Zwingli: The Significance for His Time», en *Prophet, Pastor, Protestant: The Work of Huldrych Zwingli after Five Hundred Years*, E. J. Furcha y H. Wayne Pipkin, eds. (Eugene, OR: Pickwick Publications, 1984), 110, cursivas añadidas.

otras palabras, no impartió una formación en el ministerio basada en sí mismo, sino en la influencia de toda la comunidad.

A través de la escuela teológica, Zuinglio tuvo un contacto continuo con los que se preparaban para el ministerio y algunos ya involucrados en la obra pastoral en la región de Zurich. Dialogaba con ellos y fue modelo de exégesis bíblica y homilética a través de la obra regular de *Prophezei*. Hasta su sucesor más importante, Heinrich Bullinger, tras regresar de sus estudios en Alemania, buscó a Zuinglio en Zurich y decidió seguir el ejemplo del reformador. Él lo recibió y siguió manteniendo su relación de influencia con Bullinger.[22]

Berthold Haller (1492–1536), varios años más joven que Zuinglio, había asumido responsabilidades en Berna a la edad de veintiún años. Había sido nombrado canónigo por sus dones y, más tarde, predicador de la catedral de Berna. Sin embargo, siguió sin entender el evangelio hasta ponerse bajo la ampliadora influencia de Zuinglio y aquellos a los que el Reformador había enseñado. A través de este influjo, Haller vino a la fe en Cristo y consideró a Zuinglio como su padre en la fe. Cuando las pruebas y la oposición fueron sumamente fuertes contra él, Haller decidió dimitir de su cargo y regresar a su casa en Basilea para asumir la vida de un erudito. Zuinglio lo exhortó a tener coraje y a representar a Cristo con valentía en Berna.[23] «Mi alma ha despertado de su sopor —le respondió a Zuinglio—. Debo predicar el evangelio, y Jesucristo debe ser restaurado a esta ciudad de donde ha sido exiliado durante tanto tiempo».[24] Hasta su muerte en 1531, en la segunda batalla de Kappeln, Zuinglio siguió invirtiendo su tiempo y sus energías en ser ejemplo a la nueva generación para que perseverara en la obra de la reforma en Suiza y en las naciones circundantes.

JUAN CALVINO (1509-1564)

Tras evaluar los efectos de la *schola publica* de la Academia de Ginebra, que comenzó en 1559, Karin Maag comentó que, en los años que condujeron a la muerte de Juan Calvino «la principal exportación de Ginebra eran ministros que, en su mayoría, se dirigían a Francia».[25] Este *producto* inusual exportado a

---

22 J. H. M. D'Aubigné, *For God and His People: Ulrich Zwingli and the Swiss Reformation*, Mark Sidwell, ed.; Henry White, trad. (Greenville, SC: BJU Press, 2000), 68.

23 G. R. Potter, ed., *Huldrych Zwingli: Documents of Modern History* (Londres: Edward Arnold, 1978), 77, observa que, en una carta a Haller el 29 de diciembre de 1521, Zuinglio le aconsejó: «Esas bestias salvajes necesitan ser suavemente golpeadas y sus gruñidos tolerados durante un tiempo, convencidos por la constancia y la profundidad de nuestra perseverancia de que son domadas por la paciencia».

24 Ibíd., 65-66.

25 Maag, *Seminary or University*, 23. La academia ginebrina tenía dos escuelas. La primera, la *schola privata*, tenía siete clases o niveles que empezaban con los fundamentos de las lenguas latina y francesa, dirigidas hacia el estudio de los autores latinos y griegos. Al acabar

las regiones de alrededor salió de una carga que Calvino sintió cuando reconoció la escasez de pastores entrenados para servir en las congregaciones evangélicas, e iniciar otras nuevas en Suiza y fuera de allí.[26] Conforme consideraba su propia formación y evaluaba la necesidad de un entendimiento congregacional, así como la aplicación de las Escrituras, decidió formar pastores que, a su vez, enseñaran la Palabra de Dios a sus congregaciones. Con su fuerte visión de la iglesia local,[27] él creía que cada miembro debería desarrollar las habilidades para poder leer, interpretar y aplicar las Escrituras a la vida diaria.[28] Calvino creía que la revitalización de la iglesia tenía lugar cuando las congregaciones escuchaban con regularidad la exposición de la Palabra y su aplicación pastoral a las polifacéticas necesidades de la vida, de manera que aprendían a beneficiarse mediante la lectura y la aplicación personal de la Palabra.[29] Sin embargo, esto tenía que empezar por un liderazgo pastoral bien entrenado en las congregaciones locales.

Calvino tenía la ventaja de haber recibido la mentoría de Martín Bucero (1491–1551) de Estrasburgo, tras su exilio de Ginebra. Bucero llegó a las convicciones de la Reforma tras oír predicar a Martín Lutero, en 1518. Por consiguiente, condujo a su ciudad a la aceptación de la fe protestante.[30]

Bucero reconoció los dones de Calvino y los cultivó pidiéndole que pastoreara una congregación de habla francesa en Estrasburgo. Calvino encontró que el sistema de gobierno de Bucero respecto a los cargos de la iglesia y la práctica en la adoración eran modelos a seguir que más tarde incorporó en la iglesia de Ginebra. Bucero también influyó en la vida de Calvino, corrigiendo la conducta y las actitudes impropias de los ministros de Cristo.[31] Ese modelo produjo fruto en el ministerio posterior de Calvino en aquellos que entrenó para el ministerio.

La persecución de los protestantes en Francia, a petición del rey Francisco I

---

el programa de estudio de la *schola privata*, los estudiantes podían ingresar en la *schola publica*, un curso avanzado de veintisiete lecciones con un plan de estudios que se enfocaba en el hebreo, el griego, los estudios exegéticos y el arte. Véase Wulfert de Greef, *The Writings of John Calvin: An Introductory Guide*, Lyle D. Bierma, trad. (Grand Rapids: Baker, 1993), 53-54, para una visión detallada de la estructura de la academia.

26 Randall C. Zachman, *John Calvin as Teacher, Pastor, and Theologian: The Shape of His Writings and Thought* (Grand Rapids: Baker Academic, 2006), 58.

27 La mayor parte del Libro IV de Juan Calvino, *Institutes of the Christian Religion*, LCC 20–21; John T. McNeill, ed.; Ford Lewis Battles, trad. (Filadelfia: Westminster Press, 1960), trata la eclesiología. El enfoque de Calvino sobre la iglesia local es inequívoco: «Aquel que deserte voluntariamente de la comunión saliente de la iglesia (donde se predica la Palabra de Dios y se administran los sacramentos) no tiene excusa», 21:1033 (4.1.19).

28 Zachman, *Calvin*, 148.

29 Ibíd.

30 W. Robert Godfrey, *John Calvin: Pilgrim and Pastor* (Wheaton, IL: Crossway, 2009), 43.

31 Ibíd., 43-45. Calvino buscó también el consejo de Jean Sturm, rector de la Academia de Estrasburgo, y perfeccionó sus planes para la Academia de Ginebra basada en el modelo de Sturm. Véase Greef, *Writings*, 36-38.

(1494–1547), obstaculizó el crecimiento de la iglesia. Calvino entendió esto de primera mano, ya que escapó de la persecución en 1534 y vivió en Basilea bajo un nombre falso.[32] Al tiempo que Calvino regresó a Ginebra en 1541, tras un exilio de tres años en Estrasburgo, Ginebra empezó a volverse lentamente hacia la obra misionera intencional en Francia. Hacia 1555, proporcionó un flujo regular de pastores y publicaciones para contrarrestar la persecución y restaurar la estabilidad a las iglesias protestantes francesas.[33]Dado que el modelo de estado luterano para establecer el protestantismo no funcionaría en Francia, el patrón desarrollado por Calvino en Ginebra, aprendido de su mentor Bucero, se adaptó bien a las circunstancias francesas.[34] Convencido de su modelo eclesiológico, Calvino desalentó la formación de iglesias, según Williston Walker, «hasta conseguir la estrecha unidad de la congregación con el modelo ginebrino».[35] En otras palabras, la orientación abarcaba la influencia de la congregación que vendría después en las iglesias recién formadas. Un gran número de iglesias con pastores, ancianos y diáconos comenzaban cada año en Francia, con el envío de ciento veinte pastores por parte de la Compañía de Pastores en Ginebra a las iglesias francesas entre 1555 y 1566 con este propósito.[36]

Calvino consideraba la obra del ministerio «como el tendón principal mediante el cual los creyentes se mantenían juntos en un cuerpo».[37] Por consiguiente, el bienestar espiritual de la iglesia dependía de la fiel enseñanza y de la aplicación de las Escrituras, tanto en las reuniones como en los encuentros públicos de los individuos en la iglesia.[38] A la luz de esta necesidad, en 1541, Calvino presentó en *Ordenanzas eclesiásticas* una propuesta para desarrollar una universidad basada en la iglesia con el fin de instruir a los jóvenes para el ministerio y el servicio cívico, «de manera que la Iglesia no quede desierta para nuestros hijos».[39] Por culpa de la

32 Robert L. Reymond, *John Calvin: His Life & Influence* (Fearn, Ross-shire, UK: Christian Focus, 2004), 44-46. Esta intensa persecución llevó a Calvino a publicar prematuramente la primera edición de su *Institución de la religión cristiana,* en 1536 (p. 46).

33 C. Scott Dixon, *Protestants: A History from Wittenberg to Pennsylvania 1517–1740* (West Sussex, UK: Wiley-Blackwell, 2010), 56-57.

34 Ibíd., 57. Esto requería una eclesiología independiente del gobierno. El «sistema presbiteriano sinodal» de Calvino, como lo denomina Dixon, proveyó supervisión a las congregaciones francesas que serían dirigidas por pastores y ancianos. Esta estructura se destacó en las congregaciones reformadas de «las provincias de Dauphiné, Languedoc, Gasconia y Poitou».

35 Williston Walker, *John Calvin: Revolutionary, Theologian, Pastor* (Fern, Tain, Ross-shire, UK: Christian Focus, 2005; de la ed. de 1906), 297.

36 Ibíd.

37 Calvin, *Institutes*, 21:1055 (4.3.2).

38 Scott M. Manetsch, *Calvin's Company of Pastors: Pastoral Care and the Emerging Reformed Church, 1536–1609*, Oxford Studies in Historical Theology; David C. Steinmetz, ed. (Nueva York: Oxford University Press, 2013), 71.

39 Philip E. Hughes, ed. y trad., *The Register of the Company of Pastors of Geneva in the Time of Calvin* (Grand Rapids: Eerdmans, 1966), 41.

naturaleza de los políticos ginebrinos fueron necesarios otros dieciocho años para que la universidad abriera sus puertas.[40] En los años que siguieron a su propuesta, los expertos maestros de latín y griego enseñaron a los estudiantes de Ginebra. Calvino trabajó en la predicación, la enseñanza, las conferencias y la redacción de comentarios, mientras dirigía a la congregación en un estudio de las Escrituras, versículo por versículo. Sin embargo, se dio cuenta de que, para cambiar los valores de la ciudad, era necesario emparejar el establecimiento de la Academia de formación con la obra de los ministros y magistrados.[41]

La Academia de Ginebra matriculó estudiantes en 1559, con el mayor porcentaje procedentes de Francia en sus cinco primeros años.[42] Calvino reclutó hombres jóvenes para la Academia, con el fin de poder entrenarlos, enviarlos a plantar nuevas iglesias en Francia, o a servir en congregaciones establecidas en Ginebra, en la campiña suiza de alrededor y en Francia. Mientras Calvino procuraba desarrollar un profesorado cualificado para enseñar hebreo, griego, hermenéutica y otros temas, siguió encontrando obstáculos. Entonces, de manera providencial, el conflicto entre una academia similar de Lausana, bajo la dirección de un viejo amigo de Calvino, Pierre Viret, y el gobierno de Berna, condujo al despido de la totalidad del profesorado, abriendo así la posibilidad de elegir a otros profesores.[43] El catedrático de Griego de Lausana, Teodoro de Beza, a quien Calvino había recomendado para el puesto, se percató del problema que acabó estallando en 1558, de manera que se mudó a Ginebra para apartarse del conflicto y empezó como primer rector de la Academia.[44]

El entrenamiento de los pastores ocuparía gran parte de la atención de Calvino y de la Compañía de Pastores por las incesantes solicitudes de envío de pastores desde la iglesia de Ginebra. Calvino organizó la Compañía de Pastores, la *Vénérable Compagnie*, formada por «entre ocho y diez ministros de las iglesias de la ciudad, cuatro catedráticos de la Academia de Ginebra y otros diez u once pastores que servían en las pequeñas iglesias parroquiales de los pueblos de alrededor,

40 Gillian Lewis, «The Geneva Academy», en *Calvinism in Europe 1540–1620*, Andrew Pettegree, Alastair Duke, y Gillian Lewis, eds. (Cambridge: Cambridge University Press, 1994), 36.

41 Ibíd., 37. Lewis explica que un cambio en el equilibrio de poder en la política ginebrina y un nuevo estatus abrieron las puertas para que los refugiados religiosos de habla francesa iniciaran la Academia. Véase Maag, *Seminary or University*, 11, para la fascinante explicación de la providencial provisión de fondos para comenzar la Academia.

42 Maag, *Seminary or University*, 29, declaraba que el porcentaje inferior de estudiantes franceses en ese período se dio en 1564, con un 61,4%, y el más alto en 1562, de 86,3%.

43 Véase Jean-Marc Berthoud, «La Formation des Pasteurs et la Prédication de Calvin», *La Revue Réformée*, 201 (nov. 1998): s.l. [citado el 17 de enero de 2013], http://larevuereformee.net/articlerr/n201/la-formation-des-pasteurs-et-la-predication-de-calvin, que escribe: «Casi todos sus estudiantes [es decir, de la Academia de Lausana bajo la dirección de Viret] (cerca de 1000 en 1558)... se exiliaron a Ginebra» (mi traducción del francés).

44 Lewis, «Geneva Academy», 38.

bajo la jurisdicción de Ginebra», según Manetsch.[45] Se reunían cada viernes por la mañana para debatir las cuestiones teológicas, los asuntos de la iglesia, de la membresía y examinar a los candidatos al ministerio. Su obra involucraba temas locales e internacionales. Este modelo ofrece un buen ejemplo de cómo podían participar las redes y las asociaciones locales en la formación ministerial, para enviar a pastores y plantadores de iglesias entrenados para la obra del reino.

El proceso de Calvino para entrenar incluía lo siguiente: (1) El establecimiento de la Academia en 1559 le proporcionó al proceso de formación pastoral un fundamento excepcional para ofrecerles a los jóvenes el lenguaje y las herramientas para el ministerio futuro, uniendo «la disciplina de la teología con la práctica del ministerio pastoral»,[46] según Charles Raynall III. Walker llamó a la Academia «la corona de la obra ginebrina de Calvino».[47] Lewis señala que su objetivo era «dogmático… evangélico… confesional, y tenía al evangelio como su razón de ser».[48] Todos los estudiantes suscribieron «una extensa confesión de fe y los que estaban en un nivel avanzado, la *schola publica,* concordaron además en la conformidad doctrinal que renunciaba al catolicismo y al anabaptismo, a la vez que aclaraba una visión no luterana de la Santa Cena».[49] Aproximadamente las dos terceras partes de los estudiantes de la Academia siguieron una carrera en el ministerio.[50]

(2) Como la *Prophezei* de Zuinglio, Calvino y la Compañía de Pastores patrocinaron a las *congregaciones,* una reunión de los viernes a la que asistían sesenta o más, en la que tenía lugar una intensiva instrucción bíblica, seguida de un debate, para los llamados al ministerio.[51] Los estudiantes tenían la oportunidad de observar a los líderes de la Iglesia de San Pedro dialogando sobre la interpretación y la aplicación de las Escrituras. Esta pluralidad de líderes pastorales moldeó los ministerios futuros de los estudiantes.

---

45 Manetsch, *Calvin's Company*, 2.

46 Charles E. Raynall III, «The Place of the Academy in Calvin's Polity», en *John Calvin & the Church: A Prism of Reform*, Timothy George, ed. (Louisville: Westminster/John Knox Press, 1990), 131.

47 Walker, *John Calvin*, 285.

48 Lewis, «Geneva Academy», 48.

49 Maag, *Seminary or University,* 16-17. Willem Van't Spijker, *Calvin: A Brief Guide to His Life and Thought*, Lyle D. Bierma, trad. (Louisville: Westminster/John Knox, 2009), 158, señala que Calvino ejerció influencia en la obra de la Reforma en los Países Bajos, debido a sus cartas y, principalmente, mediante la instrucción en la Academia.

50 Ibíd., 29. Con la accesibilidad a la formación teológica en nuestros días, que una congregación inicie una universidad teológica no es una cuestión apremiante. En su lugar, formar a quienes están comprometidos en el entrenamiento teológico debe convertirse en una prioridad, como ampliaremos en los capítulos 8–9.

51 Timothy George, *Reading Scripture with the Reformers* (Downers Grove, IL: IVP Academic, 2011), 248. George destaca que la misma práctica, trasplantada a Inglaterra durante el reinado de la reina Isabel, se convirtió en el «modelo de la naciente formación seminarista denominada "los profetizantes"», que preparó a los futuros predicadores y a los líderes puritanos (248-249).

(3) Las exposiciones de los sábados por la tarde exigían que los que se preparaban para el ministerio predicaran ante sus compañeros, sus mentores teológicos y diversos miembros de la congregación, y tras el sermón se hacían las críticas.[52] La reunión regular proporcionó a los aprendices la oportunidad de perfeccionar sus aptitudes para la predicación, antes de ser enviados a pastorear una iglesia. En el entorno de la comunidad empezaban a aprender los rudimentos de la pre dicación pastoral.

(4) Además de los sermones de las tardes de sábado, cada mes los estudiantes tenían que elaborar un número particular de mensajes o de posturas que sostenían, con el fin de defenderlos ante sus compañeros y profesores. No debían ser «curiosos, sofisticados ni contener falsa doctrina».[53] Esto permitía que los estudiantes interactuaran con sus mentores en toda una diversidad de cuestiones doctrinales y prácticas a las que se enfrentarían potencialmente en un entorno congregacional.

(5) Tras ser enviados a plantar iglesias, como solía ser el caso de los que regresaban a Francia, o iniciar la obra pastoral en una congregación establecida en Ginebra o sus alrededores, los jóvenes ministros seguían manteniendo contacto con la Compañía de Pastores. En ocasiones buscaban consejo. Otras veces, pedían regresar a la Academia para una formación adicional y que sus puntos débiles quedaran expuestos por la experiencia.[54]

Además de la Academia, las *congregaciones,* los sermones de los sábados por la tarde, las discusiones de las tesis y el incesante contacto con la Compañía de Pastores, los que se preparaban para el ministerio recibían atención del ejemplo de Calvino y de aquellos a los que el reformador llamaba «doctores o maestros».[55] Los doctores se centraban de forma particular en «educar y entrenar a los jóvenes para el cargo de ministro o para ser funcionario en el servicio civil», observa Wulfert de Greef.[56] Enseñaban a los futuros pastores y corregían el daño doctrinal en la iglesia que podían haber causado los pastores negligentes.[57]

De muchas maneras, Calvino estableció el ritmo que los jóvenes pastores debían emular. Sus habilidades exegéticas no tenían rival; el fruto de estas se

52 Lewis, «Geneva Academy», 44, 46-47.

53 Ibíd., 44 (mi traducción de la cita en francés).

54 Maag, *Seminary or University,* 22-23.

55 Calvino, *Institutes,* 21:1057 (4.3.4), Calvino consideró que los pastores y maestros de Efesios 4:11 constituían dos oficios separados en la iglesia. Explica: «Los maestros no están a cargo de la disciplina ni de la administración de los sacramentos, ni las advertencias ni las exhortaciones, sino tan solo de la interpretación bíblica; mantener pura y completa la doctrina entre los creyentes. Sin embargo, el cargo pastoral incluye todas estas funciones en sí mismo». Esto sigue el modelo presentado por Bucero; véase de Greef, *Writings of John Calvin,* 132.

56 De Greef, *Writings of John Calvin,* exp. ed., 131.

57 Zachman, *John Calvin,* 61.

encuentra en sus comentarios sobre las Santas Escrituras, de manera que los pastores siguen beneficiándose de sus trabajos. Proclamó la Palabra de Dios con precisión y claridad, trataba cuestiones complejas de tal forma que el asistente promedio a la Iglesia de San Pedro pudiera entender. Su comprensión de las Escrituras sangraba a través de las conversaciones, las explicaciones y la correspondencia. Aunque era un extraordinario erudito y lingüista, siempre mantuvo un objetivo pastoral en su predicación y su enseñanza, ejemplificando para sus aprendices la aplicación de los sermones a sus oyentes.[58]

Bucero había entrenado a Calvino durante su época en Estrasburgo. Calvino entendía el valor del entrenamiento, que se desbordaba sobre la relación mentor/aprendiz que mantuvo con Beza. Manetsch observa que, como mentor del talentoso Beza, Calvino era «un padre espiritual, un mentor teológico, un amigo de confianza, un guía que lo ayudó a descubrir su vocación pastoral».[59] Calvino indicó: «Yo sería muy insensible si no me preocupara profundamente por Beza, quien me ama más que a un hermano y me honra más que a un padre».[60] Esa imagen ejemplifica la mentoría pastoral. Aunque el proceso de formación pastoral en Ginebra fuera defectuoso por no proporcionar a los pastores una experiencia más práctica en ocuparse de los problemas de la iglesia antes de aceptar el llamamiento pastoral,[61] el entrenamiento en la exégesis bíblica, la predicación, la sana doctrina, el sistema de gobierno de la iglesia y el piadoso ejemplo pastoral compensaron de sobra cualquier punto débil.

58 George, *Reading Scripture*, 244-245.
59 Manetsch, *Calvin's Company*, 38.
60 Ibíd.
61 Lewis, «Geneva Academy», 47.

CAPÍTULO 6

MODELIZACIÓN DEL MINISTERIO: SIGLOS XVII Y XVIII

Limitarnos a unos cuantos representantes de entre los modelos para la mentoría en los siglos XVII y XVIII es todo un reto. Una serie de puritanos, como Richard Sibbes, Thomas Watson y Thomas Brooks, moldearon a la generación de ministros que continuaron sus fieles tareas. Se podría decir lo mismo de Jonathan Edwards, Andrew Fuller y Juan Wesley durante los avivamientos del siglo XVIII. Este capítulo considerará dos ejemplos que podrían ser menos conocidos que los pastores que acabo de mencionar. El pietista alemán Felipe Spener y el americano colonial bautista John Gano ejercieron sólidos ministerios en su época, que tuvieron gran efecto en sus respectivas esferas de influencia por la causa del evangelio. En el proceso, a través de sus enfoques únicos, ayudaron a preparar a una nueva generación de obreros cristianos, algunos de los cuales lograron mayor notoriedad que sus mentores.

FELIPE JACOBO SPENER (1635–1705)

Un hilo común corre por los ministerios del líder misionero moravo conde Nicolás von Zinzendorf, el fundador metodista Juan Wesley, el líder metodista calvinista George Whitefield y el evangelista estadounidense Jonathan Edwards. Cada uno de ellos se involucrarían en formar a otros para el ministerio y, hasta cierto punto, el pietismo de Felipe Jacobo Spener los habría afectado a todos.[1] Spener creció

1 Véanse los libros siguientes, que detallan las relaciones con Spener: Justo González, *The Story of Christianity: The Early Church to the Present Day*, 2 vols. (Peabody, MA: Prince Press, 2001),

en Alsacia, bajo la influencia de unos padres luteranos devotos. Bien educado en Estrasburgo, Wittenburg y Ginebra, durante sus años de estudiante estuvo bajo la influencia del místico alemán Johann Arndt, autor de *Cristianismo auténtico.* Arndt instó al cristianismo experiencial para contrarrestar la falta de vida y el formalismo de la Iglesia Luterana. Los escritos de los puritanos ingleses Richard Baxter (*The Necessary Teaching of the Denial of Self, ca.* 1650) y Lewis Bayly (*Practice of Piety, ca.* 1610), y la predicación del excatólico reformado francés, Jean de la Badie (1610–1674), impactaron profundamente a Spener cuando se apartó de la versión luterana del escolasticismo para arraigarse en las visiones pietistas.[2] Descubrió la piedad de los pastores ginebrinos y la estructura de la iglesia reformada, junto con la predicación del valdense Antonio Legerus, para apoyar aún más su entendimiento de la piedad cristiana.[3]

Tras acabar su doctorado, Spener comenzó su obra pastoral en Estrasburgo y después se trasladó a Fráncfort del Meno (1667). Allí, sus opiniones pietistas llegaron al ámbito público más amplio con la publicación de *Pia Desideria*, en 1675, que sirvió en un principio como introducción a la nueva publicación de los sermones de Johann Arndt.[4] Las ideas para *Pia Desideria* se formaron tiempo atrás, a través de un sermón en Fráncfort, en 1669, en el que Spener alentó a hombres laicos en su práctica del cristianismo. Recomendó que se reunieran en pequeños grupos para leer el material devocional, leer y explicar las Escrituras, y debatir sobre el sermón del pastor. Esta temprana mención de las pequeñas

---

207-16; Williston Walker, *A History of the Christian Church* (Nueva York: Charles Scribner's Sons, 1918), 497-508; R. B. Kuiper, *The Church in History* (Grand Rapids: Eerdmans, 1988), 275-279; Bruce Shelley, *Church History in Plain Language*, 2ª ed., actualizada (Dallas: Word, 1995), 326-340; Ian Sellers, «Philipp Jakob Spener and Pietism», en *Great Leaders of the Christian Church*, John D. Woodbridge, ed. gen. (Chicago: Moody, 1988), 280; D. Martyn Lloyd-Jones, *The Puritans—Their Origins and Successors: Addresses Delivered at the Puritan and Westminster Conferences 1959–1978* (Carlisle, PA: Banner of Truth, 1987), 138-140

2 Véase Sellers, «Spener», 278-279; Shelley, *Church History*, 326; Walker, *A History*, 496-497. Aunque el pietismo, como reacción al escolasticismo en la iglesia y la academia, había tenido lugar en diversas fases de la historia cristiana, por ejemplo, el surgimiento del monasticismo, los anabaptistas y el misticismo católico romano, el pietismo nacido del ministerio y los escritos de Spener definió su práctica en el siglo XVII y más allá; Walker, *A History*, 496; Sellers, «Spener», 278.

3 Howard Alan Snyder, «Pietism, Moravianism, and Methodism as Renewal Movements: A Comparative and Thematic Study» (Disertación de doctorado, University of Notre Dame, 1983), 66.

4 Felipe Jacobo Spener, *Pia Desideria*, Theodore G. Tappert, trad. y ed. (Minneapolis: Fortress, 1964; Kindle ed.). Tappert escribe en su introducción: «Johann Arndt (1555–1621) había aseverado que la doctrina ortodoxa no bastaba para producir vida cristiana, y abogó por un misticismo que tomó prestado, ampliamente, del final de la Edad Media». En *True Christianity*, Arndt procuró (1) apartar a los predicadores y los estudiantes de centrarse en la controversia teológica; (2) apartarlos de la falta de vida y volverlos a la productividad cristiana; (3) pasar de la obsesión por la teoría a la experiencia práctica de la fe y de la piedad; (4) explicarles en qué consisten la fe verdadera y una verdadera vida cristiana (loc. 151-155).

reuniones, conocidas como *collegia pietatis* (reuniones para fomentar la piedad), reflejaba la adhesión de Spener al énfasis de la Reforma en el sacerdocio de todos los creyentes.[5] En 1670 celebró las primeras reuniones *collegia pietatis* o *ecclesiola in ecclesia* (pequeña iglesia en la iglesia). Los domingos y los miércoles, los grupos de hombres y mujeres se congregaban en casa de Spener, aunque se separaban por género y solo se permitía hablar a los hombres.[6] Los creyentes más fuertes debían procurar alentar a los más débiles, una práctica que, en opinión de Spener, fortalecería su ministerio en el púlpito, a la vez que aplacaría el aumento del mal en la comunidad.[7]

Las propuestas en *Pia Desideria* eran «radicales y amenazadoras», observa Howard Snyder.[8] Resalta tres sugerencias particulares que incomodaron a la Iglesia Luterana. En primer lugar, Spener apeló a que se asignara una función más elevada al laicismo, a la luz del sacerdocio de todos los creyentes. El laicismo se incorporaría «en la reforma y el cuidado pastoral en la iglesia».[9] Esto pareció sentar las bases, con intención o no, para los futuros ministros. En segundo lugar, Spener llamó a un cambio en la estructura de la iglesia con la formación de un consejo de ancianos que ayudara a la supervisión pastoral de la congregación. Para ello, los nuevos líderes tendrían que cultivarse por medio de los ejercicios en las reuniones de los pequeños grupos. En tercer lugar, lo confesional sería sustituido por la *collegia pietatis*, de manera que los creyentes se congregaran en pequeños grupos para edificarse los unos a los otros.[10] Esta práctica dispuso el escenario para el desarrollo de los miembros de la congregación, así como para nutrir a aquellos que acabarían sirviendo a la iglesia como ministros.

La publicación de *Pia Desideria* presentó la *ecclesiola in ecclesia* (o *collegia pietatis*) a Alemania, y después a otros países, con el fin de provocar la reforma en la Iglesia Luterana. Spener empezaba el libro describiendo la deplorable condición del país germano, sus asuntos civiles y la iglesia, así como el pobre nivel de los ministros luteranos en términos de influencia piadosa. Dedicó tiempo a tratar el inoportuno enfoque de los seminarios que resultaba en ministros no preparados (y, con frecuencia, inconversos) al frente de las congregaciones. Instó a sus lectores a investigar, bajo la luz del Espíritu de Dios, los defectos de la iglesia y su devoción personal a Cristo, y después «reflexionar sobre los remedios». A continuación, retó a los ministros «a integrar aquello que hemos comprobado

5 Tappert, «Introduction», *Pia Desideria*, loc. 212–230; véanse los comentarios de Spener, loc. 1621-1665; Kuiper, *The Church*, 272.
6 Ibíd., loc. 230-234.
7 Snyder, «Pietism», 68.
8 Ibíd., 70.
9 Ibíd., 70-71.
10 Ibíd., 71.

ser beneficioso y necesario».[11] No dejó un solo grupo fuera de su examen a la luz de las Escrituras, ya que hablaba largo y tendido sobre las posibilidades de unas congregaciones locales más fuertes.

Spener puso la mayor carga sobre los ministros y su fracaso para conducirse como hombres de Dios.[12] Vio que la raíz del problema empezaba en las escuelas y las universidades donde se suponía que debían ser entrenados los ministros. Las escuelas prestaban atención a tediosas cuestiones escolásticas sin desarrollar la vida interior de los estudiantes. Apeló a los profesores a regular sus vidas de manera que pudieran servir como ejemplos adecuados para los estudiantes.[13] Vivir como cristianos parecería obvio para quienes se preparaban para el ministerio, pero Spener expuso un gran fracaso en este punto. Los ejemplos piadosos proporcionarían a los estudiantes del ministerio los modelos necesarios para cultivar su vida espiritual.

Los catedráticos tenían que aceptar la *ecclesiola in ecclesia* con sus aprendices, comer juntos, exhortarlos, explicar las Escrituras y hablar de himnos y otra literatura cristiana.[14] Podían demostrar que la consecuencia de vivir una vida santa tenía, ni más ni menos, el resultado del estudio diligente, y añadieron que el «estudio sin la piedad es inútil».[15] Con simplicidad, Spener llevó a sus lectores a la realidad de que el verdadero cristianismo implicaba obras a la vez que palabras, en especial entre los líderes espirituales de las congregaciones.

Los profesores también tenían que evitar pasar el tiempo en disputas teológicas.[16] Debían priorizar la formación espiritual, y Spener comentó: «No sería mala cosa exigir a todos los estudiantes que trajeran de sus universidades un certificado respecto a su piedad, a su diligencia y su aptitud».[17] En lugar de una educación teológica «talla única», Spener recomendaba que los profesores se tomaran el tiempo de observar los dones particulares de cada estudiante, así como el contexto donde estos servirían, de manera que los catedráticos pudieran hacer las recomendaciones adecuadas de preparación para su obra futura. Reconocía que algunos estudiantes tenían más capacidades en la obra pastoral, otros en la enseñanza y

---

11 Spener, *Pia Desideria*, loc. 649-654.

12 Ibíd., loc. 1837.

13 Ibíd., loc. 1849–1856. Ilustró lo que quería decir: «Gregorio Nacianceno declara en su panegírico sobre Basilio que el discurso de este era como el trueno, porque su vida era como el relámpago» (loc. 1856).

14 Como observaremos en el capítulo 7, Dietrich Bonhoeffer adoptó este modelo en el siglo XX.

15 Ibíd., loc. 1861–1865. Véase también Gerald R. Cragg, *The Church and the Age of Reason 1648–1789*, Pelican History of the Church 4 (Grand Rapids: Eerdmans, 1960), 101.

16 Robert G. Clouse, Richard V. Pierard, Edwin M. Yamauchi, *Two Kingdoms: The Church and Culture through the Ages* (Chicago: Moody, 1993), 353. Véase Spener, *Pia Desideria*, loc. 1949–1954.

17 Spener, *Pia Desideria*, loc. 1925. Esta práctica serviría para proteger a las congregaciones en las que acabarían sirviendo los estudiantes.

otros más en dirigir los asuntos civiles.[18] Instó, además, a la academia a formar hombres en alemán y no en latín, para que los estudiantes pudieran comunicarse mejor con los miembros de sus futuras congregaciones.[19] «A menos que tenga alguien para llevarle fielmente de la mano —escribía Spener—, un estudiante principiante apenas sabrá lo que necesita y lo que no precisa en estos asuntos».[20] En otras palabras, los catedráticos no podían limitarse a dar una conferencia y hacer lo necesario para entrenar a los ministros. Tenían que involucrarse en la vida de los estudiantes por medio de unas relaciones tipo mentoría. El mejor marco para este tipo de relación fue a través de la *ecclesiola in ecclesia*, algo que Spener consideraba fundamental en el desarrollo de la vida interna y de una comunidad sana.

Aunque el impacto global de la *ecclesiola in ecclesia* condujo a algunos excesos y a la separación de la iglesia establecida, las relaciones pequeño grupo/estilo mentoría, aconsejadas tanto para la congregación como para los estudiantes del ministerio, proveyeron un cambio esencial a la esterilidad tan dominante en la Iglesia Luterana y en la academia.[21] La idea del debate, de la rendición de cuentas, de la transparencia y de la mentoría por parte de los líderes espirituales que formaban a quienes servirían a Cristo en las esferas más amplias, sigue siendo un medio adecuado en el entrenamiento para el ministerio. Esta práctica le pareció útil al conde von Zinzendorf cuando entrenaba a misioneros entre los moravos.[22] Lo mismo ocurrió con Juan Wesley, quien aceptó la *ecclesiola in ecclesia* como marco para todo su movimiento, y dividió las congregaciones en sociedades, clases y reuniones de clase, donde tenía lugar la alimentación espiritual, y los ministros laicos hallaron su primera oportunidad para ejercer sus dones.[23]

¿Cómo podrían utilizar los mentores pastorales contemporáneos el enfoque de la *ecclesiola in ecclesia* en el entrenamiento de los jóvenes ministros? En primer lugar, se necesita un propósito declarado, como lo tenía Spener, para la formación espiritual y, en este caso, el desarrollo del ministerio. Aunque Spener se dirigió a los profesores que formaban estudiantes, el mismo modelo funcionaría tanto en los seminarios como en las iglesias locales que entrenaban aprendices para el ministerio.[24] En segundo lugar, desde el punto de vista de la preparación de

---

18 Ibíd., loc. 1930.

19 Ibíd., loc. 1930-1942.

20 Ibíd., loc. 1942-1946.

21 Véase la crítica de la *ecclesiola in ecclesia* en Lloyd-Jones, *The Puritans*, 140-145, que trató su uso entre los luteranos, los moravos, los metodistas y otros grupos.

22 Shelley, *Church History*, 328–329; González, 208-209, quien observa también que Spener era el padrino del conde von Zinzendorf. Kuiper, *The Church*, 277, escribe: «Siguieron la idea de Spener en su significado más profundo de establecer *ecclesiolae in ecclesia*».

23 Ibíd., 339.

24 Véase Robert J. Banks, *Reenvisioning Theological Education: Exploring a Missional Alternative to Current Models* (Grand Rapids: Eerdmans, 1999), 204-207.

ministros, los participantes podían usar el debate para ocuparse de las cuestiones teológicas, la interpretación bíblica y la variedad de asuntos del ministerio pastoral. Se podían leer libros seleccionados y debatirlos en dicho entorno, a la vez que se procuraba aplicarlos a la vida y el ministerio. Las tareas se asignaban de manera que los aprendices tuvieran la oportunidad de enseñar a sus compañeros, y el mentor pastoral dirigía cuidadosamente el debate y la aplicación.

En tercer lugar, para evitar un sentido de elitismo, tal como advierte Martyn Lloyd-Jones,[25] será necesario practicar la humildad con la congregación y hacer gala de un corazón de siervo en el ministerio congregacional. Finalmente, la idea de *ecclesiola in ecclesia* de Spener era un movimiento de reforma en una iglesia muerta. Cabría suponer que el desarrollo del ministerio contemporáneo comenzaría en una iglesia sana y viva, con las pequeñas reuniones de mentoría utilizadas para orar por las necesidades de la congregación y planificar las áreas de servicio con el fin de fortalecer a la iglesia, prácticas normales de quienes sirven como pastores en las iglesias locales. En caso contrario, estos grupos podrían convertirse en chispas hacia la reforma de la iglesia local.

JOHN GANO (1727-1804)

Así como los mentores pastorales ayudaron a moldear el ministerio expansivo de John Gano, este gigante bautista del siglo XVIII se entregó de forma liberal a ayudar a entrenar a la siguiente generación que pastorearía, plantaría y revitalizaría iglesias. Gano fue mentor de Hezekiah Smith, Thomas Ustick, Stephen Gano y otros, y responsable de importantes desarrollos en las iglesias bautistas de aquella época. Su ministerio fue modelo de una preocupación de por vida de hacer discípulos y plantar iglesias. Gano dirigió a otros tal como él fue instruido.

Mientras se preparaba para la membresía de la iglesia, mediante el estudio de la Confesión de Westminster, Gano luchó con su herencia presbiteriana del bautismo de bebés. Demoró la membresía por esta cuestión doctrinal. Benjamin Miller (1715–1781), uno de sus mentores, lo alentó a profesar a Cristo abiertamente y a unirse a una iglesia local. Le aseguró «que la Palabra y el Espíritu de Dios lo dirigirían y eliminarían sus dudas». Miller, un destacado bautista colonial de su era, añadió, en palabras de Gano: "Si ellos [la Palabra y el Espíritu] no me convirtieron en bautista, Él no quiso hacerlo".[26] Tras mucho estudio y oración, Gano acabó por convencerse del credo-bautismo.[27]

25 Lloyd-Jones, *The Puritans*, 142.

26 John Gano, *Biographical Memoirs of the Late Rev., John Gano, of Frankfort, (Kentucky): Formerly of the City of New-York* (Nueva York: Southwick and Hardcastle, 1806), 22-23. El hijo de Gano, Stephen, editó *Memoir.*

27 Ibíd., 25-27.

Gano se unió a la Hopewell Baptist Church (en New Jersey), y pronto inició reuniones de jóvenes en su ciudad para debatir asuntos espirituales. Poco después, empezó a sentir el llamado de Dios al ministerio.[28] Isaac Eaton (1725–1772), el nuevo pastor de la Hopewell Baptist Church, entabló una relación de mentoría con Gano.[29] Muchos bautistas carecían de acceso a la educación teológica en el siglo XVIII a causa de sus limitaciones financieras y de la falta de calidez por parte de las instituciones teológicas hacia los sentimientos bautistas.[30] De modo que la educación de Eaton, del College of New Jersey (Princeton) y del College of Philadelphia, lo adiestró en los clásicos y también lo motivó para poner la instrucción a disposición de los bautistas.[31] Gano aprovechó su tutoría. Se refirió a Eaton como «un ministro y amigo juicioso y útil, capaz de instruirme en los clásicos, y deseoso de hacerlo».[32] Eaton no solo fue mentor de Gano en sus estudios, sino que también lo observó con detenimiento, lo puso a prueba, lo exhortó y lo asesoró en el ministerio cristiano. Ante la instancia de Eaton, aunque Gano primero objetó, la iglesia Hopewell lo examinó para el ministerio y fomentó que el joven se dedicara a la obra del evangelio.[33]

Tras un breve período de matriculación en el College of New Jersey, Benjamin Miller de Scotch Plains (NJ) y John Thomas de Virginia, invitaron a Gano a acompañarlos en una misión de predicación en Virginia, a petición de la Philadelphia Baptist Association.[34] Gano no abandonó nunca la obra del ministerio. El trío

---

28 Lee Sayers Johnson, «An Examination of the Role of John Gano in the Development of Baptist Life in North America, 1750–1804» (disertación de doctorado; Southwestern Baptist Theological Seminary, 1986), 23.

29 Ibíd.

30 Thomas R. McKibbens Jr. & Kenneth Smith, *The Life and Works of Morgan Edwards* (Paris, AR: The Baptist Standard Bearer, Inc., 2005), s.l., cap. 1, destaca que solo siete u ocho pastores bautistas de las sesenta iglesias de aquella época tenían una educación liberal.

31 Johnson, «An Examination», 23-24. Eaton inició la Hopewell Academy en 1756 como Escuela de Gramática de latín, «destinada a suplir a la denominación bautista con algunos de sus líderes más competentes durante el resto de dicho período [es decir, el siglo XVIII]».

32 Gano, *Biographical Memoirs*, 28-29.

33 Ibíd., 35-36. Véase el sermón de Eaton en la ordenación de Gano en Isaac Eaton, «A Sermon Preached at the Ordination of the Reverend Mr. John Gano, *Anno Domini*, 1754» (Filadelfia: B. Franklin and D. Hall, 1755) en *The Life and Ministry of John Gano, 1727-1804,* The Philadelphia Association Series; Terry Wolever, ed. (Springfield, MO: Particular Baptist Press, 1998), 1:189-191.

34 Ibíd., 39-50; Gano proporciona interesantes detalles de esta época de la mentoría y su impacto en su ministerio. Véase también David Benedict, *A General History of the Baptist Denomination in North America and Other Parts of the World*, 2 vols. (Boston: Lincoln & Edmands, 1803), 2:309. Gano abandonó la universidad por motivos de salud; véanse Johnson, «An Examination», 25; y Gano, *Memoirs*, 28-39. Andrew M. Sherman, *Historic Morristown, New Jersey: The Story of Its First Century* (Morristown, NJ: The Howard Publishing Co., 1905), 92, habla del regreso de Gano a la predicación en la dedicación de la nueva casa de reunión en Morristown en 1771. Véanse las pp. 78-81 para la historia temprana de la iglesia con el involucramiento de Isaac Eaton, James Manning, Benjamin Miller y John Gano. Véase también Gano, *Memoirs*, 83.

de colaboradores misioneros constituyeron una nueva iglesia bautista en 1752, en Opocken, Virginia. Varios de los nuevos miembros vinieron a la fe en Cristo por medio de la predicación de Gano.[35] Pronto inició su primer pastorado de la nueva iglesia bautista de Morristown (New Jersey), establecida por la predicación de Miller, Eaton y él mismo.[36]

En Morristown, Gano empezó a entrenar a Hezekiah Smith (1737–1805) en las disciplinas espirituales y en los aspectos del ministerio. Definió a Smith como «una joven promesa».[37] La conversión de Smith llegó a través de la predicación regular de Gano en su comunidad cerca de Hanover. Tras su bautismo, el involucramiento de la iglesia en moldear a Smith pareció evidente en el reconocimiento de sus dones; posteriormente, lo alentaron al ministerio del evangelio, incluyendo su educación en el College of New Jersey. Gano tuvo mucho que ver en convencer a la familia de Smith para que le permitiera esta oportunidad. Se matriculó como estudiante de segundo año, y se instruyó bajo la influencia del notable Samuel Davies, presidente de la universidad.[38] Gano mantuvo una influencia formativa sobre la obra de Smith como pastor de la iglesia bautista de Haverhill, evangelista y plantador de iglesias, y ambos intercambiaban con frecuencia sus púlpitos y se visitaron a lo largo de los años de ministerio.[39]

Con la ayuda y la influencia de su mentor, Benjamin Miller, y la iglesia de Scotch Plains, Gano empezó a servir como pastor de la First Baptist Church (FBC) de la ciudad de Nueva York.[40] Sin contar el tiempo de capellanía durante la Guerra de Independencia, cuando no pudo entrar a la ciudad, su ministerio duró veinticinco años.[41] La huella indeleble de su obra en la ciudad de Nueva York influyó en los ministros que emergieron de su ministerio pastoral. Bajo su liderazgo, la First Baptist Church ordenó a Isaac Skillman, quien fue llamado en 1763 a pastorear la Second Baptist Church de Boston, una iglesia nacida en

35 Johnson, «An Examination», 26–28; Gano, *Memoirs*, 48-50.

36 Gano, *Memoirs*, 79-80; Johnson, «An Examination», 39-40; véase también Thomas S. Griffiths, *A History of Baptists in New Jersey* (Hightown, NJ: Barr Press Publishing Co., 1904), 273-274, para anécdotas sobre el ministerio de Gano en Morristown.

37 Gano, *Memoirs*, 80-81.

38 John David Broome, *Life, Ministry, and Journals of Hezekiah Smith, 1737–1805: Pastor of the First Baptist Church of Haverhill, Massachusetts and Chaplain in the Revolution* (Springfield, MO: Particular Baptist Press, 2004; reedición de *The Journals of Hezekiah Smith, 1762–1805*, s.f.), 8-11.

39 Ibíd., 45, 156-157, 318, 346 *n*, 351-352, 436-437, 439.

40 Joyce D. Goodfriend, «The Baptist Church in Prerevolutionary New York City», *American Baptist Quarterly* 16.3 (septiembre de 1997): 220.

41 Benedict, *A General History*, 2:314. Mientras que estaba en la FBC de la ciudad de Nueva York, Gano se las arregló en tres situaciones cismáticas; véase Goodfriend, «The Baptist Church», 231-234; Gano, *Memoirs*, 88-90.

medio del Primer Gran Avivamiento de 1743.[42] Ebenezer Farris [también Ferris] fue bautizado y ordenado por Gano en la FBC y, más tarde, en 1773, enviado a una iglesia recién constituida en Stamford y una en Greenwich.[43] El ministerio personal de Gano afectó profundamente a ambos jóvenes y los preparó para sus ministerios futuros.

Thomas Ustick mostró gran formalidad como cristiano y ministro, y Gano lo bautizó a la edad de catorce años.[44] A instancia de Gano, recibió su educación en el de Rhode Island College, bajo la instrucción del cuñado de este, James Manning. Ustick sirvió como mensajero de la FBC de la ciudad de Nueva York a la Philadelphia Association en 1774, mientras que a la vez ayudaba en el inicio de una nueva iglesia bautista en Ashford.[45] Más tarde comenzó un largo y distinguido pastorado en la histórica First Baptist Church de Filadelfia, en 1781. Ustick demostró el mismo carácter, la misma gracia, solidez doctrinal y ética laboral infatigable que su mentor, John Gano, gestionando las dificultades con un expastor hereje y sirviendo junto al Dr. Benjamin Rush durante el brote de fiebre amarilla de 1797.[46]

Stephen Gano, hijo de John Gano, estudió medicina antes de enrolarse en la Guerra de Independencia como cirujano. Convertido y llamado al ministerio tras la guerra, según David Benedict, fue ordenado por la FBC de la ciudad de Nueva York, en 1786 y, a continuación, sirvió «de forma sucesiva en Hudson, Hillsdale y Nine Parners, hasta 1792, cuando, al ser llamado por su antigua iglesia [First Baptist Church, de Providence, RI], se trasladó allí y se convirtió en su pastor».[47] Mientras estaba en Providence, Stephen Gano y su iglesia contribuyeron de forma decisiva a engendrar «filiales» para las nuevas congregaciones, incluidas Smithfield, Gloucester, Scituate, Greenwich, Cranston y Pawtucket, y el espíritu de plantador de iglesias paterno fue evidente en su ministerio.[48]

Isaac Backus, quien escribió hacia el final de la vida de Gano, reseñó que este viajó de forma más extensa que nadie, predicando el evangelio por los Estados

---

42 Goodfriend, «The Baptist Church», 226; Isaac Backus, *A History of New England with Particular Reference to the Denomination of Christians called Baptists,* 2 vols. (Newton, MA: The Backus Historical Society, 1871), 2:422-423.

43 Backus, *History of New England*, 2:170.

44 Gano, *Memoirs*, 91.

45 A. D. Gillette, *Minutes of the Philadelphia Baptist Association A. D. 1707, to A. D. 1807; being the first One Hundred Years of its Existence* (Filadelfia: American Baptist Publication Society, 1851), 138; Backus, *A History of New England*, 2:521.

46 Spencer, *The Early Baptists*, 130, 135-136, 153; Goodfriend, «The Baptist Church», 226–227; Johnson, «An Examination», 141.

47 Benedict, *A General History*, 1:485-486; véase también William Cathcart, *The Baptist Encyclopaedia. A Dictionary of Baptist Denomination in all Lands*, 2 vols. (Filadelfia: Louis H. Everts, 1883), 1:434-435.

48 Benedict, *A General History*, 1:485-486.

Unidos.[49] A raíz de la influencia de Gano, centenares vinieron a la fe en Cristo, se iniciaron nuevas iglesias, nacieron nuevas asociaciones, surgieron jóvenes ministros y una pequeña denominación bautista creció de forma exponencial. Desde Nueva Inglaterra a Carolina del Sur, los bautistas del siglo XVIII y otros sintieron el poder de la predicación de John Gano y su piadosa influencia.

Gano viajó mucho, escribió poco y predicó por todas partes. Llevó consigo en sus viajes, con regularidad, a ministros más jóvenes o menos experimentados. Aunque carente de la estructura que valoramos en los Estados Unidos contemporáneos, su modelo de formación demuestra cómo un ajetreado pastor, plantador de iglesias, evangelista y estadista cristiano influyó en la nueva generación de ministros. Cinco de sus cualidades para la mentoría se destacan como buenos modelos para nuestra generación.

(1) *Relaciones.* Gano solía realizar su trabajo personal hasta bien entrada la noche, hablaba con las personas acerca de las preocupaciones sobre sus almas y se reunía con ministros con el fin de tensar la teología floja e instruirlos en la doctrina y en el sistema de gobierno de la iglesia.[50] Así como Miller, Eaton y Thomas lo orientaron a él al principio de su ministerio, y mantuvieron una relación firme y continua con él, Gano siguió el mismo patrón. Se encontraba con regularidad con los mismos hombres, invertía en su crecimiento espiritual y en su práctica en el ministerio. En el libro de Hezekiah Smith, *Journal*, encontramos una amplia prueba de esta práctica.[51] La Philadelphia Association, de la que Gano fue un miembro activo durante la mayor parte de su ministerio, proveyó subvenciones para ayudar a los pastores mayores a entrenar a los más jóvenes en la obra del ministerio del evangelio. Gano alentó esta práctica y se comprometió en ella.[52] Construyó relaciones productivas para el reino de Dios.[53]

(2) *Colaboración en el ministerio.* Gano llevó consigo a jóvenes ministros para que trabajaran en la predicación y en la plantación de iglesias, les dio responsabilidades bajo su supervisión, como Miller y Thomas habían hecho con él. Incluyó a Isaac Skillman, Hezekiah Smith, Ebenezer Frances, Thomas Ustick y Stephen Gano en aspectos de su ministerio, y puso las bases para que cada uno de ellos estableciera por sí mismo un firme ministerio.[54] Algunos de ellos fueron responsables de plantar múltiples iglesias. La influencia de Gano los respaldaba.

49 Backus, *History of New England*, 2:494.
50 Johnson, «An Examination», 127-134.
51 Benedict, *A General History*, 2:307–309; Broome, *Journals of Hezekiah Smith*, por ejemplo, 295-296, 316-318.
52 Gillette, *Minutes of the Philadelphia Baptist Association*, 246; Johnson, «An Evaluation», 37, 44.
53 Benedict, *A General History*, 2:321.
54 Gano, *Memoirs*, 90–91.

(3) *Ejemplo.* Observar a Gano proporcionó a los ministros más jóvenes ejemplos de piedad, fidelidad, humildad, así como de caridad, a la hora de tratar con las dificultades, y les proveyó el marco para el carácter en el ministerio. Benedicto comenta sobre él: «Tenía... la alegre facilidad de improvisar en cada cosa que sucedía con algún propósito útil. El juicio [de Gano] era bueno; su ingenio vivaz y siempre estaba al mando». Benedicto prosigue: «Su celo era ardiente, pero bien regulado; su valor, impertérrito; su conocimiento de los hombres era extenso; y a todos estos logros se añadía un corazón que relucía del amor de Dios y de los hombres, y un carácter justo e irreprochable».[55] Caminó en humildad y fue más consciente de responder al Señor que de ganar el favor de los hombres. Sus protegidos aprendieron de su ejemplo coherente.

(4) *Educación.* Gano se mantuvo al lado de Miller, Eaton, Oliver Hart y James Manning en la formación del Rhode Island College (más tarde Brown University), sirvió como eficiente recaudador de fondos entre la Asociación de las iglesias bautistas. Su iglesia de Nueva York tomó la iniciativa al recoger mucho más de lo que había sugerido para la universidad.[56] Alentaba con regularidad a los jóvenes ministros a su cargo a que se procuraran una fuerte educación como administradores en la preparación del ministerio, y que incluso intercedieran con sus padres para que esto sucediera.

(5) *Interconexión.* Gano trabajó con diligencia para reunir a los ministros bautistas y a las iglesias en asociaciones para la misión, la comunión y la unidad doctrinal. Su involucramiento regular en las asociaciones de Filadelfia, Warren, Charleston, Elkhorn y hasta (en menor grado) Sandy Creek sirvió como una de sus principales formas de alentar a los hombres en el ministerio y asistirlos en la obra de plantación y revitalización de iglesias. Usó los contactos de asociaciones ya existentes o se empeñó en formar otros nuevos con el fin de hacer avanzar la obra del evangelio.[57] Gano hizo un uso activo de las asociaciones como catalizadores para la plantación de iglesias.[58]

Aunque carente de una estructura formal para la mentoría, Gano se sirvió del medio que Dios le había confiado para traspasar los polifacéticos ministerios de la iglesia local a sus contrapartidas más jóvenes. En su servicio fue una

55 Benedict, *A General History*, 2:316-317.

56 Clark, *To Set Them in Order*, 42-43.

57 Johnson, «An Examination», 155, 167. Véase Backus, *History of New England*, 2:408-416, donde Backus alaba extensamente la obra de Warren y otras asociaciones de unir a las iglesias, mantener la autonomía local, reprobar a los que sean laxos en la doctrina o en la práctica, ayudar a los débiles, proteger la doctrina y fomentar el evangelio.

58 Johnson, *An Examination*, 141-143, informa sobre el involucramiento de Gano en ayudar a plantar iglesias en Staten Island, Coram, Oyster Bay, Peekskill, Bedford, Fishkill, Poughkeepsie, Fredrickstown, Bateman's Precinct, Stanford y Lyons Farms.

luz ardiente que iluminó y preparó a la siguiente generación en los Estados Unidos, para la plantación de iglesias, el ministerio pastoral y la revitalización de la iglesia.

CAPÍTULO 7

COMUNIDADES QUE ENTRENAN: SIGLOS XIX Y XX

Todd Bolsinger retoca un poco un aforismo popular, y escribe: «Se necesita una iglesia para levantar a un cristiano».[1] Aunque concuerdo con esta declaración, yo iría un poco más lejos: «Se necesita una iglesia para levantar a un ministro». La historia cristiana corrobora la influencia de las congregaciones sobre la efectividad de muchos en el ministerio. A pesar de que las instituciones académicas reciben el crédito más importante para el desarrollo pastoral, detrás del título viven congregaciones que vierten sobre quienes están involucrados en la obra del evangelio. Charles Haddon Spurgeon y Dietrich Bonhoeffer entendieron la necesidad de que la comunidad moldeara a aquellos a los que orientaba para el ministerio.

CHARLES HADDON SPURGEON (1834-1892)

Pocos pastores pueden compararse a Charles Haddon Spurgeon (1834-1892), pastor bautista del siglo XIX del Metropolitan Tabernacle de Londres. Si combináramos el discurso de Juan Crisóstomo, la aplicación pastoral de Gregorio el Grande, los prolíficos escritos de Martín Lutero, el entrenamiento pastoral de Juan Calvino, la valentía en el púlpito de Juan Knox, los dones de evangelización de Jorge Whitefield y la capacidad de Juan Wesley para organizar nuevas congregaciones, podríamos entender mejor los talentos y las aptitudes de

1 Tod E. Bolsinger, *It Takes a Church to Raise a Christian: How the Community of God Transforms Lives* (Grand Rapids: Brazos Press, 2004).

Spurgeon. A pesar de los años de sufrimiento físico y emocional, procuró vivir cada día al máximo, alimentándose de Jesucristo como revelan las Escrituras, mientras buscaba a los perdidos mediante la proclamación de Cristo crucificado y resucitado.[2] Spurgeon no se contentaba con que la obra del ministerio viviera y muriera en él. Buscaba intencionalmente entrenar a una hueste de jóvenes para que continuaran con ella.

Apuntando al pasado histórico, Spurgeon descubrió que el ejemplo de muchos —por ejemplo, Juan Calvino de Ginebra, y William Carey y Joshua Marshman de Serampore— era la razón adecuada para derramar energía y recursos en el entrenamiento pastoral.[3] Reforzó su lógica en un discurso para la Universidad de Cheshunt: «Lo que lleva a la Iglesia a la formación de una universidad no es sino el sentido común santificado. Ella debería convertir a la Universidad en el primer objeto de su preocupación. Aunque se olvide algo en la reunión de oración, los estudiantes de nuestras universidades no deben ser olvidados».[4] Su amigo y biógrafo, G. Holden Pike, declaró que de las docenas de instituciones que Spurgeon formó, la Universidad demostró ser su favorita y a la que denominaba «su primogénita y más amada».[5] Él escribió con frecuencia y dijo a sus partidarios que no tenía la intención de hacer predicadores. En su lugar, por medio de la formación disponible en la Universidad, él deseaba ayudar a los que ya predicaban para ser mejores predicadores y siervos para la iglesia. Por consiguiente, dedicó sus mejores energías a la Universidad.[6] Antes de morir había entrenado a casi novecientos hombres que plantaran, revitalizaran y pastorearan iglesias, y pocos de ellos desertaron del ministerio.[7]

Aunque apenas había cumplido los veintitrés años, y recién casado, Spurgeon empezó a entrenar a T. W. Medhurst, quien había predicado de manera fructífera en las calles y quien le había comentado a su joven pastor: «Debo predicar, señor; y predicaré a menos que me corte usted la cabeza».[8] Spurgeon hizo todo lo que pudo con el fin de prepararlo para la obra pastoral. Para ello reclutó a otro pastor con quien Medhurst viviría y estudiaría, a la vez que se reuniría varias horas a

---

2 Tom Nettles, *Living By Revealed Truth: The Life and Pastoral Theology of Charles Haddon Spurgeon* (Fearn, Ross-shire, Escocia: Mentor, 2013), 9-10.

3 Charles Haddon Spurgeon, *C. H. Spurgeon Autobiography*, 2 vols.; rev. ed. por Susannah Spurgeon y Joseph Harrald (Carlisle, PA: Banner of Truth Trust, 1973; publ. orig. 1897–1900 en 4 vols.), 2:96.

4 G. Holden Pike, *The Life & Work of Charles Haddon Spurgeon*, 5 vols. (Carlisle, PA: Banner of Truth Trust, 1991; publ. orig. Londres: Cassell & Co, 1894), 4:356.

5 Ibíd., 2:232.

6 Ibíd., 2:232, 234.

7 Ernest W. Bacon, *Spurgeon Heir of the Puritans* (Arlington Heights, IL: Christian Liberty Press, 1996), 93.

8 Spurgeon, *Autobiography*, 1:388.

la semana con Spurgeon para estudiar teología y ministerio pastoral.[9] El entrenamiento demostró ser tan efectivo, con extraordinarias mejoras en todos los aspectos de la vida y el ministerio de Medhurst, que otro joven predicador pidió ser orientado y entrenado. Enseguida, ocho más, y después veinte más desearon la misma formación. Spurgeon consiguió la ayuda del reverendo George Rogers, un paidobautista quien, por otra parte, sostenía las mismas opiniones teológicas y metodológicas que Spurgeon, y quien accedió a unirse como director de una nueva Universidad de Pastores.[10] Inicialmente, Spurgeon no tenía un plan claro preconcebido de lo que haría, y esto debería alentar a los pastores que lidian con la forma de entrenar a futuros ministros. Sin embargo, a medida que el entrenamiento iba adquiriendo forma con Medhurst, y después con otro, reconoció que sería necesario comenzar la Universidad de Pastores. Lo llevó a cabo con sus propios recursos y unos cuantos donativos de amigos, hasta que presentó el concepto de la Universidad al Metropolitan Tabernacle.

En 1861, Spurgeon compartió su visión de la Universidad de Pastores a la congregación. Habló del éxito obtenido durante los cinco años que había desempeñado esta obra con la ayuda de Rogers. Pero la carga había ido aumentando y necesitaba que su iglesia se uniera a la obra de entrenar a hombres para el ministerio. Se dio cuenta, además, de que podía ampliar la obra para incluir la oferta de «una educación inglesa común» a otros por la noche y preparar a empresarios para ser testigos bien preparados, mientras formaba a pastores durante el día.[11] El ingrediente clave en todo el entrenamiento era la congregación del Metropolitan Tabernacle. Spurgeon escribió: «Al vivir en medio de una iglesia que, a pesar de sus defectos, es una organización verdaderamente viva, de intenso celo y que funciona, ellos logran ideas ampliadas y forman hábitos prácticos».[12] Al tomar parte en el alcance de los ministerios activos en la iglesia —involucrándose en la vida de la congregación—, los estudiantes recibían instrucción e inspiración que no habrían obtenido en otras escuelas ministeriales.[13]

Los estudiantes de la Universidad de Pastores esperaban con ansias las reuniones de los viernes por la tarde con Spurgeon.[14] A veces se reunían en torno a una encina en casa del pastor para las interesantes charlas y las preguntas. En

9 Ibíd., 1:388-389.
10 Ibíd., 1:385.
11 Ibíd., 1:97-98.
12 Ibíd., 1:98.
13 Arnold Dallimore, *Spurgeon: A New Biography* (Carlisle, PA: Banner of Truth Trust, 1985), 105. Véase también Rodney Douglas Earls, «The Evangelistic Strategy of Charles Haddon Spurgeon for the Multiplication of Churches and Implications for Modern Church Extension Theory» (disertación doctoral; Southwestern Baptist Theological Seminary, 1989), 97-98.
14 C. H. Spurgeon, *Lectures to My Students*, 4 vols. en uno (Pasadena, TX: Pilgrim Publications, 1990; publ. orig. Londres: Passmore and Alabaster, 1881), 1:iii.

otras ocasiones, se juntaban en el tabernáculo y, más tarde, en el edificio de la Universidad acabado en 1874.[15] Spurgeon sazonaba esos momentos de anécdotas y de humor, y se sentía tan a gusto con los estudiantes como si fuera su familia.[16] Su *Discursos a mis estudiantes,* en varios volúmenes, indica la envergadura de las cuestiones pastorales, de la predicación, de la eclesiología, de los devocionales y los temas prácticos que trató con sus hombres los viernes. Habló del llamado al ministerio, de la vida de oración, de escoger un texto, del uso de la voz, de la necesidad del poder del Espíritu, del llamamiento a la decisión, de la plantación de iglesias, de la predicación al aire libre, de los modales suaves con la iglesia, y extensas explicaciones en el uso de las ilustraciones. Les habló de comprar libros y de aprender a elegir a los mejores escritores para poder hallar esos recursos como agua para cebar una bomba seca.[17]

Dado que, en opinión de Spurgeon, predicar a Cristo era fundamental para toda la predicación expositiva, le prestó mucha atención. Como si fuera un modelo, los estudiantes aprendieron de su ministerio semanal de predicación. Asimismo, enseñó sobre todos los aspectos de la preparación y la predicación del sermón; los estudiantes predicaban en su presencia y recibían sus críticas. Él procuraba eliminar las distracciones vocales y faciales de estos hombres antes de enviarlos a las tareas de predicación semanal encomendadas.[18] Ponía especial cuidado en mandar al hombre correcto a un entorno particular de predicación, y recomendaba a sus aprendices a las iglesias que necesitaban un pastor.[19] Alentó a muchos a plantar iglesias, cuando no se presentaban oportunidades pastorales.[20]

Spurgeon, Rogers y otros instructores centraron la enseñanza de la Universidad de Pastores en la teología bíblica. También se consideraron otros cursos (p. ej., matemáticas, ciencia y literatura), pero eran constelaciones concentradas en la gloria de Jesucristo y en la proclamación del evangelio.[21] No vaciló a la hora de

15 Pike, *Life & Work*, 5:115, 135.

16 Spurgeon, *Lectures*, 1:iii.

17 Ibíd., véase el índice para estar al tanto de las cuatro divisiones de *Discursos.* En cuanto a libros, escribió: «Si puedo salvar a un pobre hombre de gastar su dinero en lo que no es pan, o si dirigiendo a un hermano a un buen libro puedo capacitarlo para profundizar más en las minas de la verdad, me consideraré bien pagado» (4:ii). Spurgeon trabajó en tres o cuatro mil volúmenes antes de comentar sobre las 1437 obras de *Commenting and Commentaries.*

18 Nettles, *Living*, 135-176, para una excelente descripción de los detalles de la opinión de Spurgeon respecto a la predicación, su práctica y cómo entrenó a sus jóvenes para predicar de forma expositiva.

19 Pike, *Life & Work*, 3:156. Spurgeon también envió hombres a plantar iglesias y hasta tuvo un fondo apartado para un edificio-capilla, con el fin de ayudar y prestar dinero sin interés con dicho propósito.

20 Earls, «Evangelistic Strategy», 85, 107-111.

21 Spurgeon, *Autobiography*, 1:384–386; Nettles, *Living*, 167; Bacon, *Spurgeon*, 91; Earls, «Evangelistic Strategy», 93.

describir la teología a la que la escuela se suscribió como calvinista y puritana, a la vez que la mantuvo alejada de los sentimientos hipercalvinistas y arminianos.[22]

Aunque agotado por el precio de la predicación, las polémicas, la recaudación de fondos, el ministerio pastoral, las múltiples instituciones que había fundado y sus problemas de salud en aumento, Spurgeon pudo decirle a uno de sus estudiantes que las reuniones de los viernes eran como aceite para sus huesos.[23] Ocupó a sus aprendices en la universidad y en su casa, donde se deleitaban escuchando historias cómicas y sabias, a la vez que eran instruidos en todos los aspectos del ministerio.[24] Otras veces invitaba a los estudiantes a viajar con él —y se negaba a aceptar un «no» por respuesta—, y los entrenaba a partir de su riqueza de experiencia, y se hacía cargo de todos sus gastos.[25] Mantenía correspondencia con regularidad con aquellos que estaban en la escuela y los involucrados en el ministerio, ofreciéndoles estímulo e instrucción hasta el final de su vida.[26]

DIETRICH BONHOEFFER (1906-1945)

En 1933, al principio de su ministerio pastoral, Dietrich Bonhoeffer llegó a la conclusión de que el enfoque del entrenamiento teológico para los ordenandos que se preparaban para el ministerio en la Iglesia Luterana era muy defectuoso. Aunque se centraba en «el lado cerebral e intelectual del entrenamiento teológico», el destacado sistema universitario practicado por la iglesia estatal «producía pastores que no sabían vivir como cristianos», observa Eric Metaxas en su resumen del pensamiento de Bonhoeffer.[27] Él no se oponía a lo cerebral e intelectual, sino que más bien estos no tenían lugar en el ministerio pastoral aparte de la cálida aplicación de las Escrituras a la totalidad de la vida.

El teólogo y pastor no llegó a esta conclusión de la noche a la mañana. Había elegido el camino de la educación liberal en la Universidad de Tubinga, la Universidad de Berlín y el Union Theological Seminary (NY).[28] Sin embargo, su experiencia de discipulado y comunidad en la Abyssinian Baptist Church de Harlem

---

22 Ibíd., 1:387; véanse dos libros de Iain H. Murray que tratan la polémica de Spurgeon con aquellos que propugnaban las opiniones hipercalvinistas, por una parte, y los que se habían desviado hacia los criterios arminianos, por la otra, *Spurgeon v. Hyper-Calvinism: The Battle for Gospel Preaching* (Carlisle, PA: Banner of Truth Trust, 1995) y *The Forgotten Spurgeon* (Carlisle, PA: Banner of Truth Trust, 1972). Este último libro explica su conflicto con el evangelio diluido, la regeneración bautismal y las controversias Down-Grade.

23 Ibíd., 2:112.

24 Pike, *Life & Work*, 5:137-138; Spurgeon, *Autobiography*, 2:108-109.

25 Spurgeon, *Autobiography*, 2:110-111.

26 Ibíd., 2:111-116.

27 Eric Metaxas, *Bonhoeffer: Pastor, mártir, profeta, espía* (Nashville: Thomas Nelson, 2010; Kindle edition), loc. 3955.

28 Ibíd., loc. 1097, 1403, 2175.

durante su breve estancia en los Estados Unidos, junto con su propio estudio y meditación del evangelio, transformaron su forma de verlo todo, incluido el entrenamiento de los jóvenes para el ministerio de la iglesia local.[29]

Las primeras actividades de Bonhoeffer en la enseñanza a los estudiantes de teología demostraron ser contrarias a la práctica aceptada. En vez de mantenerse al margen de los estudiantes, se comprometió personalmente con ellos, los invitó a su casa, se reunió con ellos para tomar un café y mantener un debate teológico, y comenzó a presionarlos respecto a las preocupaciones sobre sus almas.[30] Las escuelas teológicas alemanas ofrecían sus servicios a los supuestos alumnos *brillantes* que se preparaban para el ministerio y que asistían a una escuela obligatoria patrocinada por el estado. Sin embargo, Bonhoeffer consideró esto como una pérdida de tiempo.[31] Providencialmente, los cambios políticos y religiosos en Alemania condujeron al surgimiento de la Iglesia Confesante y al establecimiento de «seminarios de predicadores».[32] Irónicamente, Bonhoeffer había descubierto la idea de que se debían evitar dichos seminarios; ahora se deleitaba en desarrollar los dones, las mentes y los corazones de jóvenes teólogos con el fin de prepararlos para el ministerio en tiempos difíciles a través de dicha institución.[33] Su enfoque cubría «todas las bases de la vida parroquial».[34] La Iglesia Confesante, bajo los auspicios del Antiguo Consejo de Hermanos Prusianos, estableció cinco seminarios regionales que se unirían en torno a las posturas teológicas establecidas en los sínodos de Barmen y Dahlem,[35] y Bonhoeffer había sido nombrado director

---

29 Metaxas, *Bonhoeffer*, loc. 2303-2372; 2584–2598, alude en retrospectiva a la carta que Bonhoeffer envió en 1936 a Elizabeth Zinn, explicándole el cambio producido tras su visita a Nueva York en 1931–1932. Lo describió como un cambio y una transformación: «Por primera vez descubrí la Biblia... que había predicado con frecuencia. Había visto mucho de la Iglesia, y había hablado y predicado sobre ella; sin embargo, todavía no era un cristiano... Desde entonces todo ha cambiado. Lo he sentido con claridad, y otros lo han notado en mí. Fue una gran liberación. Vi con claridad que la vida de un siervo de Jesucristo debe pertenecer a la Iglesia y, paso a paso, se fue haciendo más evidente para mí hasta dónde debo llegar».

30 Ebehard Bethge, *Dietrich Bonhoeffer: Man of Vision, Man of Courage*, Edwin Robertson, ed.; Eric Mosbacher, Peter y Betty Ross, Frank Clarke, William Glen-Doepel, trad. (Nueva York: Harper & Row, 1977 de la edición alemana de 1967), 156-165.

31 Ibíd., 342.

32 Ibíd. Nuevas leyes intentaron aplastar, en 1935, el crecimiento de la Iglesia Confesante y adecuarla a la conformidad con el estado nazi (343-344).

33 Ibíd., 341.

34 Charles Marsh, *Strange Glory: A Life of Dietrich Bonhoeffer* (Nueva York: Alfred A. Knopf, 2014), 234. Marsh observa: «El ministerio práctico incluía la instrucción sobre oficiar bautismos, bodas y funerales; visitaban a los parroquianos en los hospitales y en las casas, y administraban los presupuestos y los programas de la iglesia».

35 Bethge, *Bonhoeffer*, 221-223, 300-305. Los Sínodos de Barmen y Dahlem definieron a la iglesia del NT en tales términos que excluían a la Iglesia del Reich como una iglesia genuina. Véase Karl Barth, «Theological Declaration of Barmen» [citado el 5 de febrero de 2013]: s.l., http://www.sacred-texts.com/chr/barmen.htm. Bajo el liderazgo de Martin Niemöller, el Sínodo de Dahlem procuró poner en práctica la confesión teológica de *sola scriptura* y *solo Christo,*

del de Pomerania.[36] Esto inició su experimento en *Vida en comunidad* en Zingst y Finkenwalde.

En 1935, Bonhoeffer y veintitrés candidatos al ministerio se reunieron en cabañas rústicas cerca de la playa de Zingst. La estancia demostró ser breve, ya que pronto se trasladaron a Finkenwalde, en la propiedad de la familia von Katte. Había sido una escuela privada desfavorecida por los nazis; Bonhoeffer y sus estudiantes trabajaron para adecuar los edificios y que fueran de nuevo habitables, incluido el desarrollo de una capilla provisional en un viejo gimnasio. Bonhoeffer llevó allí su propia biblioteca para atender a las necesidades de los estudiantes.[37] Finkenwalde sería mucho más que la búsqueda de la formación académica. El discipulado en comunidad se volvería más prominente.[38]

Bonhoeffer entendió que los estudios teológicos separados de la intensidad de la vida de los creyentes en comunidad, adorando, sirviendo, confesando y alentándose unos a otros no prepararía a los ordenandos para las realidades del ministerio pastoral. Hizo una crónica de la experiencia de Finkenwalde en su libro *Vida en comunidad*.[39] Aunque en el seminario teológico se trataban los temas típicos, él también se enfocó en el discipulado centrado en la comunidad cristiana. Como explicó en su libro *Discipulado (Nachfolge)*, «Cualquier cosa que los discípulos hacen, lo llevan a cabo en el seno del vínculo comunitario de la colectividad de Jesús y como miembros suyos».[40] Desde ese ángulo, dedicó los siguientes dos años y medio a entrenar a los ordenandos en la preparación para el ministerio pastoral. Se concentraban en la *comunidad* por la cual los cristianos que habitaban en medio de sus enemigos vivían su misión y su obra.[41] Planteaban la comunidad

---

aceptada en la Declaración de Barmen. Su propósito era equilibrar la lealtad al estado y la separación de los «cristianos alemanes» y la Iglesia del Reich. Véase una detallada explicación en Victoria Barnett, *For the Soul of the People: Protestant Protest against Hitler* (Nueva York: Oxford University Press, 1992), 65-68.

36 Bethge, *Bonhoeffer*, 344-346.

37 Ibíd., 347-349.

38 Véase Marsh, *Strange Glory*, 227-262, quien denominó este enfoque «una nueva clase de monasticismo».

39 Dietrich Bonhoeffer, *Life Together/Prayerbook of the Bible*, DBW 5; Gerhard Ludwig Müller, Albrecht Schönherr y Geffrey B. Kelly, eds.; Daniel W. Bloesch y James H. Burtness, trad.; Minneapolis: Fortress Press, 2005), 3-9; la introducción del editor ofrece una buena imagen del planteamiento de Bonhoeffer en Finkenwalde.

40 Dietrich Bonhoeffer, *Discipleship*, DBW 4; Wayne Whitson Floyd Jr., Geffrey Kelly y John D. Godsey, eds.; Martin Kuske, Ilse Tödt, Barbara Green y Reinhard Krauss, trad. (Minneapolis: Fortress Press, 2003), 249. Nota: *Discipulado* es el nombre original del título más conocido, *El costo del discipulado*. Marsh, *Strange Glory*, 243, escribe: «El *discipulado* evolucionaría en una polémica contra la tendencia luterana a retratar la fe como un refugio de la obediencia».

41 Bonhoeffer, *Life Together*, 27. Explicó: «Por tanto, ahora podemos afirmar que la comunidad de cristianos surge únicamente del mensaje bíblico y de la reforma de la justificación de los seres humanos solo por gracia» (32).

como una realidad divina en lugar de un ideal impuesto desde afuera. Además, esta realidad era espiritual, no mundana.[42] En la práctica, el amor que obra por medio de la fe en Cristo construye relaciones sanas.[43] Esto sería manifiesto en la forma en que pasaban el día juntos.

Bonhoeffer planeaba la adoración, el trabajo, el tiempo a solas y el recreo de cada día. La comunidad iniciaba el día en adoración, leyendo las Escrituras, cantaban y oraban juntos. Se enfocaba, de forma particular, en aprender a orar los Salmos juntos.[44] La lectura consecutiva de las Escrituras enseñaba a los ordenandos a escuchar la Palabra de Dios, de manera que pudieran meditar en ella y aplicarla a sus vidas. Esta práctica también involucraba a los estudiantes en la lectura pública de las Escrituras, de manera de no atraer nunca la atención a uno mismo.[45] Alentaba el cantar al unísono como ejercicio espiritual.[46] Los ordenandos comían juntos y después trabajaban —en su caso, realizando estudios teológicos—, como parte de su deber cristiano, y regresaban para acabar el día con una comida común y adoración.[47]

Aparte de las reuniones corporativas, Bonhoeffer insistía en un tiempo a solas para la meditación y la oración. Observó: «Reconocemos, pues, que solo cuando estamos en comunidad podemos estar a solas, y solo los que están a solas pueden vivir en comunidad. Ambas cosas van juntas».[48] El desarrollo de la vida espiritual propia en comunidad y en momentos de silencio entrena para el servicio. Aquí, Bonhoeffer ejemplificó lo que significaba ser un líder siervo. En una ocasión, alguien pidió ayuda en la cocina de Finkenwalde. Ninguno de los estudiantes respondió, de modo que Bonhoeffer se dirigió en silencio hasta allí, cerró la puerta tras él con llave y empezó el trabajo sin permitir la entrada a los avergonzados estudiantes que intentaban entrar para ayudar. Cuando regresó, jamás pronunció una palabra al respecto. No necesitó hacerlo, porque su ejemplo hablaba por sí solo.[49]

Bonhoeffer también introdujo a los estudiantes en la práctica de la confesión, una disciplina que Lutero fomentó, pero que había sido abandonada por seguidores posteriores. En ello veía un acto que aplastaba la raíz del pecado en

42 Ibíd., 35. Observó, además: «Como la santificación de los cristianos, la comunidad cristiana es un don de Dios al que no tenemos derecho alguno» (38).

43 Ibíd., 38-47.

44 Ibíd., 52-61. Véase también *Prayerbook of the Bible: An Introduction to the Psalms*, pp. 141ss.

45 Ibíd., 61-64. Bonhoeffer escribió: «La lectura adecuada de las Escrituras no es un ejercicio técnico que se pueda aprender; es algo que crece o disminuye según mi propia condición espiritual» (64).

46 Ibíd., 66-68.

47 Ibíd., 74-80.

48 Ibíd., 83.

49 Metaxas, *Bonhoeffer*, loc. 5337-5353.

el orgullo.[50] La confesión preparaba a la comunidad para la Santa Cena, como la «gozosa ocasión para la comunidad cristiana».[51] En la vida de la comunidad cristiana, Bonhoeffer buscaba combinar la doctrina pura, el desarrollo práctico del Sermón del Monte, y la adoración como preparación esencial para la obra pastoral.[52]

Cuando la Gestapo cerró el seminario de Finkenwalde en 1937, Bonhoeffer inició los *pastorados colectivos,* en los que dividió a los estudiantes restantes —algunos ya se habían ido a la guerra— entre dos comprensivos pastores de la Iglesia Confesante, y que tomaron a los ordenandos bajo sus alas como aprendices. Los pastores proveyeron mentoría en la obra pastoral, mientras Bonhoeffer viajaba entre los grupos para seguir ofreciendo instrucción teológica, asesoramiento y liderazgo.[53]

Aun después de que los ordenandos abandonaran sus *pastorados colectivos* para ir a la primera fila de la guerra o servir en iglesias parroquiales, Bohnhoeffer siguió comunicándose con ellos mediante cartas circulares y correspondencia personal.[54] Procuró mantenerse al día de los detalles entre sus exestudiantes, informando a menudo a los demás de la muerte de sus excompañeros de clase. Incluso con las tristes notas, convirtió aquellas ocasiones en momentos de aliento y rendición de cuentas.[55] En una carta circular del 20 de diciembre de 1937, Bonhoeffer estimuló a los hermanos a «asegurarse de que los que están entre nosotros, aislados, no sean dejados solos».[56] Asimismo, reuniría a los hermanos de Finkenwalde para

50 Bonhoeffer, *Life Together*, 111. El *Catecismo Mayor* de Lutero declara: «Por tanto, cuando lo insto a pasar por la confesión, lo estoy urgiendo a ser cristiano», una declaración que Bonhoeffer aceptó (114).

51 Ibíd., 116-118.

52 Metaxas, *Bonhoeffer*, loc. 4915, Bonhoeffer le escribió al pastor reformado suizo Erwin Sutz que ya no creía en el planteamiento de la universidad para el entrenamiento de pastores. Más bien debería hacerse «en escuelas eclesiales parecidas a claustros, en los que la pura doctrina, el Sermón del Monte y la adoración se toman en serio, ya que nunca se encuentran (y en las presentes circunstancias no podrían hallarse) en la Universidad».

53 Ibíd., loc. 5905-5918. Véase Marsh, *Strange Glory*, 260-262.

54 Por ejemplo, véanse sus cartas a los hermanos de Finkenwalde, en Bonhoeffer, *Theological Education Underground*, 20-26; 39-41; 47-48; véase también Bonhoeffer, *Letters & Papers from Prison*, Eberhard Bethge, ed. (Nueva York: Macmillan, 1972), 302-307.

55 Véase Tony Reinke, «The Invincible, Irrefutable Joy» [citado 4 febrero de 2013]: 1-4, www.desiringgod.org/blog/posts/the-invincible-irrefutable-joy. Reinke cita un ejemplo, después de que Bonhoeffer relatara la muerte de sus amigos: «Este gozo, que nadie nos quitará, no solo les pertenece a los que han sido llamados al hogar, sino también a los que estamos vivos. Somos uno con ellos en este regocijo, pero nunca en melancolía. ¿Cómo vamos a ayudar a los que han perdido la alegría y están desalentados, si a nosotros mismos no nos mueve el valor y el gozo?» (2), citado de Dietrich Bonhoeffer, *Conspiracy and Imprisonment: 1940–1945*, DBW 16 (Minneapolis: Fortress, 2006), 377-378.

56 Dietrich Bonhoeffer, *Dietrich Bonhoeffer: Theological Education Underground: 1937–1940*, DBW 15; Dirk Schulz y Victoria J. Barnett, eds.; Victoria J. Barnett, Claudia D. Bergmann, Peter Frick y Scott A. Moore, trad. (Minneapolis: Fortress Press, 2012), 20-21. Ofrecieron

retiros en los que practicaran las disciplinas de *Vida en comunidad,* escucharan la exposición que él hacía de las Escrituras, debatieran sobre teología y recibieran informes de cada una de las iglesias representadas. Los retiros se convirtieron en un trampolín para ejercer el cuidado pastoral sobre los excompañeros de clase y, de forma conjunta, apoyar los esfuerzos de evangelización.[57]

Muchos de los estudiantes de Bonhoeffer murieron en la guerra. Para los supervivientes, el impacto que tuvo en sus vidas siguió siendo incalculable. Albrecht Schöenherr, más tarde obispo emérito de la Iglesia Regional de Berlín-Brandenburgo, escribió cuarenta años después de la muerte de Bonhoeffer: «Sin su influencia, no sé qué habría sido de mí… Sus pensamientos y, en especial, sus actitudes me han acompañado desde entonces [lo conocí siendo estudiante universitario, en 1932] en *mi entrenamiento de jóvenes pastores,* y mi trabajo en el liderazgo de la iglesia».[58] Otro exestudiante, Gerhard Lehne, explicó sus aprensiones respecto a estar bajo el liderazgo de Bonhoeffer, pensando que sería «el sofocante aire de la intolerancia teológica». En su lugar, descubrió «un trabajo teológico preciso sobre la base común de la comunión, en el que las incapacidades propias no se destacaban de forma dolorosa, sino que el trabajo se convertía en placer; la verdadera comunión bajo la palabra que unía a todos "con respeto hacia la persona"».[59] Después de su muerte en la prisión de Flossenbürg, en 1945, el impacto de su influencia como entrenador pastoral de pastores produjo mucho fruto en las vidas de quienes estuvieron bajo su cargo.[60] Su afable enfoque de la mentoría, su énfasis sobre la adhesión a las Escrituras, su rigurosa erudición, su discipulado en comunidad y su ejemplo de perseverancia en medio del sufrimiento siguen dejando la huella de Bonhoeffer en la obra del entrenamiento para el ministerio.

OBSERVACIONES

Spurgeon y Bonhoeffer, separados por los años, las denominaciones, las convicciones teológicas y la geografía, permanecieron estrechamente vinculados en su pasión compartida por el entrenamiento de hombres jóvenes para el ministerio del evangelio. Spurgeon lo hizo en la cumbre de la Gran Bretaña victoriana;

---

una exhortación similar para ayudarse unos a otros en una circular del 14 de marzo de 1938 dirigida a los Hermanos de Finkenwalde (39-41).

57 Ibíd., 49-52, véase anónimo: «Informe de un participante sobre el retiro Zingst, 20-25 de junio de 1938».

58 Albrecht Schöenherr, «Dietrich Bonhoeffer: The Message of a Life», en *The Christian Century* (27 de noviembre de 1985): 1090–1094; [citado el 4 de febrero de 2013] www.religion-online.org/showarticle.asp?title=1928, 1-6. Cursivas añadidas, que muestran cómo siguió el proceso de entrenamiento.

59 Bonhoeffer, *Theological Education Underground*, 127-130.

60 Bethge, *Bonhoeffer*, 829–831, narra de forma emotiva los últimos días y la muerte de Bonhoeffer.

Bonhoeffer durante el surgimiento del Tercer Reich. Ambos le dejaron a la Iglesia un legado en la formación de otros para el ministerio.

En primer lugar, ambos valoraban las relaciones personales con sus aprendices. Ya fuera Spurgeon que se llevaba a sus estudiantes en viajes de predicación o Bonhoeffer que ocupaba a los suyos en torno a una mesa, cuidaron profundamente de sus aprendices y lo demostraron de múltiples formas. Estas relaciones de mentoría siguieron influyendo a lo largo de sus vidas y más allá.

En segundo lugar, ambos reconocieron el efecto de la comunidad cristiana en la conformación de sus aprendices. Spurgeon involucró a los estudiantes ministeriales en las docenas de ministerios compartidos por los miembros del Metropolitan Tabernacle. La Universidad de Pastores fue un brazo de la iglesia. Bonhoeffer llevó la comunidad a un intenso nivel y envolvió el ministerio de formación en una congregación que vivía en comunidad. Aunque su planteamiento convierte a la comunidad en una práctica común inverosímil para la mayoría de nosotros, el énfasis en lo comunitario no debe hacernos pasar por alto la idea del involucramiento de los unos en la vida de los otros. Él procuró mostrar cómo la iglesia es la comunidad necesaria del creyente para un discipulado y una madurez espiritual constantes.

En tercer lugar, ambos fueron modelos de formalidad respecto al evangelio y al ministerio cristiano, a la vez que también mostraron el gozo y el entusiasmo por la vida en Cristo. Nadie podría acusar a Spurgeon o a Bonhoeffer de un entrenamiento académico seco. Prendieron la vida del evangelio en sus aprendices.

En cuarto lugar, ambos fueron mentores de manera formal e informal. Los tiempos de conferencias y crítica permitieron que Spurgeon y Bonhoeffer establecieran las bases teológicas sustanciales y pastorales en sus aprendices. El ambiente informal bajo la encina de Spurgeon y en los terrenos del Finkenwalde de Bonhoeffer hizo tanto por moldear a sus protegidos como el entrenamiento formal. Sus cartas personales a aquellos a los que entrenó en los años que siguieron demostraron una preocupación y una influencia incesantes.

En quinto lugar, por medio de su propia inclinación teológica, ambos llevaron a los hombres de vuelta a su necesidad de depender del Señor. Spurgeon enfatizó el poder del Espíritu en la totalidad del ministerio y la necesidad de afianzar sus ministerios por medio de la oración. El hincapié de Bonhoeffer en la oración y la meditación pretendía cultivar la madurez espiritual y la dependencia del Señor. El ministerio no podría llevarse a cabo sin su poder.

Las relaciones personales, la comunidad cristiana, el entusiasmo por la vida, la mentoría formal e informal y el poder del Señor siguen siendo herramientas eficaces y énfasis para la preparación de la siguiente generación para el ministerio cristiano.

CAPÍTULO 8

EL FUNDAMENTO TEOLÓGICO: LA IGLESIA EN LA ECONOMÍA DE DIOS

En comparación con muchos de los fantásticos seminarios y conferencias cargadas de energía, y redes de formación disponibles para el entrenamiento en el ministerio, la iglesia local puede dar la impresión de ser aburrida. Los seminarios se enfocan en profesores universitarios de alto nivel. Las conferencias tratan un tema fundamental. Sin embargo, la iglesia local... bueno, es otra historia. Cuando se contrasta la rutina diaria de pastorear pacientemente a varias personas con diversos pecados, que conforman una amplia gama de personalidades, con solo escuchar a un orador interesante que sea experto en una faceta del ministerio o de la teología, es comprensible que una iglesia pueda parecer aburrida. Sin embargo, con toda la pericia en seminarios y conferencias, nada puede sustituir el efecto real de la iglesia local en la preparación para el ministerio.

En este capítulo no pretendo excluir la utilidad práctica de los ministerios paraeclesiásticos, incluidos los seminarios, para entrenar a los ministros e influir en ellos. Ocupan un lugar vital en el proceso de entrenamiento. No obstante, algunos estudiantes pasan semanas o años en ambientes de ministerio estéril que carecen de la enérgica realidad de la congregación. De modo que, mientras se acumula la información pertinente, perfeccionando el diálogo teológico, y se desarrolla una caja de herramientas de metodologías —que pueden resultar valiosas más adelante—, siguen sin entender cómo tratar con las personas o cómo resolver problemas de la vida real al margen de las intensas relaciones experimentadas en la congregación. Con esto en mente, consideremos la lógica teológica por la que la iglesia desarrolla mejor a los obreros cristianos, analizando el tema en cuanto a la teología, la eclesiología y la práctica.[1]

UNA LÓGICA TEOLÓGICA: LA PRIORIDAD DE LA IGLESIA

Uno de mis mejores amigos y colegas en el ancianato es un médico generalista. A lo largo de los años le he formulado incontables preguntas médicas y he recibido un diagnóstico certero y la explicación de varios problemas incómodos de salud. Es generalista porque tiene una amplia gama de experiencia con los asuntos de salud. A menudo me asombra lo amplio que es su conocimiento sobre tantas cosas distintas. Pero, cuando mi rodilla se hinchó hace poco, sabía que él negaría con la cabeza y me enviaría de inmediato al ortopeda —un especialista que no se preocupa de los dolores de garganta, del dolor abdominal o de los malestares corporales. Él solo se ocupa de hombros, rodillas y codos—, y se acabó. Es fantástico en lo que hace, pero no voy a verle cuando se me inflama la garganta o cuando tengo problemas normales de salud. En esas ocasiones necesito al generalista.

Como los *especialistas,* las agencias paraeclesiásticas se enfocan en hacer una cosa bien. Son buenas en lo suyo, por ejemplo, cómo plantar una iglesia, cómo predicar o cómo aconsejar, etc. No se enfrentan a responsabilidades adicionales comunes en las congregaciones locales, como la atención pastoral, la disciplina, las cuestiones de membresía, el sistema de gobierno, la benevolencia y una serie de ministerios dirigidos a diversas edades. Estas cosas necesitan a los *generalistas,* más conocidos como ministros de la iglesia local. Los pastores, los plantadores de iglesias y los misioneros se centran en más de una cosa. No son especialistas, sino generalistas, ya que tratan la amplia gama de necesidades en una iglesia local. Si solo son entrenados por los especialistas, podrían hacer una cosa bien, pero como pastores se verán involucrados en muchos múltiples problemas en el ministerio de la iglesia local. A veces necesitamos a los especialistas. Sin embargo, a los generalistas los precisamos siempre.

¿Por qué afirmamos, pues, que la iglesia local y sus pastores sirven como el mejor contexto para desarrollar a los generalistas que llevarán a cabo la obra de misión, de pastorado y de plantación de iglesias? Piense en cómo se distingue

1 Algunos mentores pastorales preferirán tener un solo aprendiz a la vez. En mi opinión, es preferible *el entrenamiento en grupo,* ya que maximiza el tiempo y la eficacia de la mentoría pastoral, a la vez que se construye una fuerte camaradería. Este grupo será idealmente de cuatro a ocho aprendices que sirvan, aprendan y maduren juntos en la preparación para el ministerio. Cuando menciono posteriormente el entrenamiento en grupo, tengo estos parámetros en mente.

la iglesia de cualquier otra organización cristiana o paraeclesiástica. Solo la iglesia tiene su fundamento, su diseño, su modelo y su misión expuestos en las Escrituras. Otras instituciones cristianas pueden reivindicar que siguen a Cristo, pero ninguna ocupa la posición única de la Iglesia como esposa de Cristo (Ef. 5:22-33; Ap. 19:7-9; 21:2; 22:17) y la entidad corporativa para el cumplimiento de la Gran Comisión (Mt.28:18-20; Hch. 1:8). Dado que Cristo instituyó la Iglesia (Mt. 16:13-20), murió y resucitó de los muertos para protegerla (Ef. 5:25-27) y la convirtió en un reino de sacerdotes comprometidos en la adoración y la proclamación (1 P. 2:4-10; Ap. 1:5-6; 5:9-10), *la iglesia* sirve mejor a la misión de Cristo.[2]

Una de las principales formas en que la iglesia sirve a la misión de Cristo es por medio del entrenamiento y la preparación de pastores y misioneros, para enviarlos al mundo. Otras organizaciones cristianas, como las instituciones teológicas y las agencias de misiones, ofrecen una pericia útil en estos menesteres: son especialistas que se centran de forma primordial en un propósito. Por otra parte, a la Iglesia se le llama «columna y baluarte de la verdad» (1 Ti. 3:15), «la familia de Dios» (Ef. 2:19) y «morada de Dios en el Espíritu» (Ef. 2:22), de modo que la Iglesia tiene propósitos bíblicos/teológicos, de familia/morada y doxológicos/misionológicos. Esta amplia gama asigna a la iglesia para que moldee de forma única a quienes se involucran en la misión de Cristo respecto a la extensión y la salud de su Iglesia.

La Gran Comisión (Mt. 28:18-20) que Jesús encomendó a los Once, explica D. A. Carson, llegó «en su rol como discípulos» y añade: «Por tanto, son paradigmas para todos los discípulos». Además, observa que la comisión de Jesús «es vinculante para *todos* los discípulos de Jesús para hacer de los demás aquello que ellos mismos son: discípulos de Jesucristo».[3] El medio más natural para hacer discípulos tiene lugar a través de la iglesia, en especial debido a que esta comisión de Cristo requería el bautismo y una enseñanza continua, responsabilidades claras de la iglesia.[4]

Seguir la narrativa de Pablo y Bernabé, después de ser enviados en misión por la iglesia de Antioquía, ejemplifica la relación orgánica entre los misioneros y la iglesia local. Una vez completado el equipo para su primer viaje misionero,

---

2 Esta aseveración no significa que los grupos paraeclesiásticos no tengan validez. Rick Warren, *The Purpose Driven Church: Growth without Compromising Your Message & Mission* (Grand Rapids: Zondervan, 1995), 126-127, señala que las organizaciones paraeclesiásticas ayudan mejor a la iglesia cuando se «centran en un propósito único». De esta forma, «tienen mayor impacto en la iglesia» (126). Son especialistas, mientras que las iglesias son generalistas. Al ejercer su especialidad, las organizaciones paraeclesiásticas *colaboran* con la iglesia.

3 D. A. Carson, *Matthew 13–28*, EBC; Frank E. Gaebelein, ed. gen. (Grand Rapids: Zondervan, 1995), 596; las cursivas son originales.

4 Ibíd., 597. El bautismo identifica al nuevo discípulo con una comunidad particular de creyentes con quienes entra en pacto en Cristo. Véase también John S. Hammett, *Biblical Foundations for Baptist Churches: A Contemporary Ecclesiology* (Grand Rapids: Kregel, 2005), 263-267.

regresaron a Antioquía para presentar un informe de primera mano, demostrando así que rendían cuentas a la iglesia (Hch. 14:26-28). Tras una breve pausa con estos hermanos y hermanas, la iglesia de Antioquía envió al equipo misionero a Jerusalén, como representantes de su iglesia (Hch. 15:1-4). También mandó a dos equipos misioneros después del Concilio de Jerusalén (Hch. 15:36-41), lo que es particularmente evidente en la rendición de cuentas de Pablo al informar a la congregación antioqueña al acabar el segundo viaje misionero (Hch. 18:22-23). Más que una versión temprana paraeclesiástica versus la iglesia local, Pablo y Bernabé fueron enviados a representar a la congregación con la que se habían comprometido.[5] Aunque reconocemos las estupendas contribuciones de muchas organizaciones misioneras paraeclesiásticas, esas entidades no constituyen la iglesia, sino, más bien, en el mejor de los casos, son sus «siervas-colaboradoras».[6] Siempre que los grupos paraeclesiásticos reconozcan esta *colaboración*, en lugar de intentar convertirse en un *sustituto* de la iglesia, estas organizaciones mantienen una función vital en la obra del reino.

Los primeros siglos de la iglesia reconocieron el papel único de la iglesia en el plan de Dios para los siglos. Como ejemplo, el Credo de Nicea (325 d.C.) confirmó algunas identidades concretas de la iglesia. Estas marcas clásicas de la iglesia, conocidas como *notae ecclesiae*, la distinguen de las organizaciones paraeclesiásticas. Demuestran asimismo que, como *apostólica*, la iglesia tiene la responsabilidad de proclamar el evangelio en la misión.[7]

---

5 Hechos 13:3 explica que la iglesia «envió» a Pablo y Bernabé; *apelusan*, Louw-Nida, 15.66, «hacer que algunos partieran con un propósito particular: enviar». En otras palabras, fueron mandados de manera intencional en misión particular por parte de la iglesia. Hechos 15:3: «Por tanto, *habiendo sido encaminados* por la iglesia» usa *propempo*, un término que indica que el equipo de misión había recibido apoyo de la iglesia para hacer el viaje, BDAG, 873. La iglesia de Antioquía envió, pues, oficialmente a Pablo y Bernabé, y los apoyó de forma tangible cuando actuaron como representantes oficiales de la iglesia.

6 Véanse John S. Hammett, «How Church and Parachurch Should Relate: Arguments for a Servant-Partnership Model», *Missiology: An International Review* XXVIII.2 (abril 2000): 200-207, quien demuestra la prioridad de la iglesia en las Escrituras, a la vez que llama a los grupos paraeclesiásticos a servir como brazo de la iglesia en colaboración para la misión y el ministerio. Además, detalla la tensión entre estos grupos y los bautistas del sur, y ofrece un paradigma de colaboración adecuada de siervo en Hammett, «Selected Parachurch Groups and Southern Baptists: An Ecclesiological Debate», (disertación doctoral; The Southern Baptist Theological Seminary, 1991). Véase una postura complementaria con varias recomendaciones prácticas para llevar a lo paraeclesiástico a una colaboración de siervo con la iglesia, en Larry J. McKinney, «The Church-Parachurch Conflict: A Proposed Solution», *Didaskalia* 6.1 (otoño 1994): 47-57.

7 J. D. Greear, «Great Commission Multiplication: Church Planting and Community Ministry», en *Great Commission Resurgence: Fulfilling God's Mandate in Our Time*, Chuck Lawless y Adam W. Greenway, eds. (Nashville: B&H Academic, 2010), 333-336, explica las «señales» como parte del mensaje apostólico con «la iglesia local misma» como «la mayor señal del reino respecto al evangelio en Hechos» (334).

Desde amplias perspectivas, las tradiciones de la iglesia concuerdan en que las cuatro *notae* expresan la esencia básica de la iglesia como una, santa, católica y apostólica.[8] Sin embargo, el desacuerdo surge respecto al significado de cada *notae* o marca. Aunque Cipriano intentó postular la *unidad* en la relación a la comunión con el obispo, los de la tradición reformada vieron la unidad como «espiritual, no organizacional o institucional», unificada en torno al ministerio del evangelio.[9]

La *santidad* de la Iglesia está arraigada en la santidad de Dios (Lv. 11:44-45; 19:2; 20:7; 1 P. 1:14-16), la aparta del mundo para el servicio de Dios.[10] La *catolicidad* describe la universalidad de la Iglesia, uniendo a las congregaciones locales del mundo. No obstante, ninguna iglesia posee el dominio de la catolicidad. La Iglesia le pertenece local y universalmente solo a Cristo (Ap. 5:9); por consiguiente, establece el programa para su Iglesia, incluida su misión.[11]

Donald Bloesch pregunta si la *apostolicidad* señala un vínculo ininterrumpido entre los ministros de una iglesia y los primeros apóstoles, indicado a través de la imposición de manos, o «¿no se referirá a una continuidad en el mensaje de fe articulado en primer lugar por los apóstoles?».[12] En la tradición de la Reforma, las iglesias objetaron la primera opinión, mientras que concordaron en que la apostolicidad apuntaba principalmente a la proclamación de la Palabra de Dios en la tradición de los apóstoles.[13] Juan Calvino consideró la proclamación del evangelio como la marca más clara de una iglesia genuina, acompañada por los sacramentos: «Cuando vemos la Palabra de Dios predicada y escuchada de forma pura, y los sacramentos administrados según la institución de Cristo, sin lugar a dudas la Iglesia de Dios existe allí».[14] Martín Lutero estaba de acuerdo: «El santo pueblo cristiano se reconoce por su posesión de la sagrada Palabra de Dios».[15] La iglesia se distingue de las agencias paraeclesiásticas por su fundamento bíblico y su posesión de las cuatro *notae*, en especial en su apostolicidad.

---

8 Donald G. Bloesch, *The Church: Sacraments, Worship, Ministry, Mission* (Christian Foundations; Downers Grove, IL: IVP Academic, 2002), 39.

9 Hammett, *Biblical Foundations*, 52-55.

10 Mark E. Dever, «The Church», en Daniel L. Akin, ed., *A Theology for the Church* (Nashville: B&H Academic, 2007), 776-777.

11 Dever, «The Church», 777.

12 Bloesch, *The Church*, 39-40.

13 Véase R. B. Kuiper, *The Glorious Body of Christ: A Scriptural Appreciation of the One Holy Scripture* (Edimburgo: The Banner of Truth Trust, 1967), 68, quien explica la apostolicidad como «que la iglesia está fundada sobre la *enseñanza* de los apóstoles» (cursivas originales).

14 John Calvin, *Institutes of the Christian Religion*, LCC; John T. McNeill, ed.; Ford L. Battles, trad. (Filadelfia: Westminster, 1960), 21:1023 (4.4.9).

15 Timothy F. Lull, ed., *Martin Luther's Basic Theological Writings*, 2ª ed. (Minneapolis: Fortress Press, 2005), 366.

La iglesia local dirige en la misión y en el ministerio

El enfoque en la obra redentora de Jesucristo se centra en la iglesia (Ef. 1:3-14; 2:11-22; 1 P. 1:17–2:10; Ap. 5:1-10). Cristo le encargó y le encomendó a la Iglesia —a la que redimió y empodera por el Espíritu Santo— que hiciera discípulos de todas las naciones, bautizándolos y enseñándoles a guardar todo lo que Él había mandado (Mt. 28:18-20; Lc. 24:44-49; Jn. 20:19-23; Hch. 1:6-8). Este mandamiento posresurrección de Cristo alimentó un estado de ánimo misionero en la iglesia primitiva, particularmente evidente por la forma en que funcionaba la iglesia del libro de los Hechos para hacer discípulos.[16]

La Iglesia continúa con lo que Jehová le prometió a Abraham (Gn. 12:1-3), lo que no realizó por medio de Israel y lo que «cumplió por medio de Jesús en la misión de sus seguidores», como observan Peter O'Brien y Andreas Köstenberger, «que, no obstante, sigue siendo su propia misión».[17] Por consiguiente, explican que «la misión es la tarea primordial entre la primera venida de Cristo y su regreso».[18] La declaración de Pablo a los tesalonicenses ilustra cómo aceptó la Iglesia esta práctica misionera: «Porque partiendo de vosotros ha sido divulgada la palabra del Señor, no solo en Macedonia y Acaya, sino que también en todo lugar vuestra fe en Dios se ha extendido, de modo que nosotros no tenemos necesidad de hablar nada» (1 Ts. 1:8). A principios del siglo XX, el misionero Roland Allen observó sobre Pablo: «Sus conversos se convertían en misioneros».[19] Como demostró con la congregación tesalonicense, Jesús llama a la iglesia a proclamar con fidelidad el evangelio y a elevar «oraciones fervientes llenas de fe», conforme el evangelio avanza.[20] Por consiguiente, la Iglesia, con esta encomienda y empoderada para la misión, está por encima de toda institución cristiana a los ojos de Dios.

La estrategia divina para propagar el evangelio de Jesucristo al mundo, como asevera J. D. Greear, «es la plantación de iglesias sanas, locales, en ciudades estratégicas en el mundo».[21] Sin embargo, el individualismo radical fomentado en Occidente parece dejar a la iglesia como una mera ayuda al discipulado y no como la comunidad necesaria en la economía de Dios para la formación espiritual.[22] Con

16 Leon Morris, *The Gospel According to Matthew* (Grand Rapids: Eerdmans, 1992), 744.

17 Andreas J. Köstenberger y Peter T. O'Brien, *Salvation to the Ends of the Earth: A Biblical Theology of Mission*, NSBT 11; D. A. Carson, ed. (Downers Grove, IL: IVP, 2001), 106.

18 Ibíd., 108.

19 Roland Allen, *Missionary Methods: St. Paul's or Ours?* (Grand Rapids: Eerdmans, 1962), 93.

20 John Piper, *Let the Nations Be Glad! The Supremacy of God in Missions* (Grand Rapids: Baker, 1993), 66.

21 Greear, «Great Commission Multiplication», 325. Greear explica, además, que estas iglesias vibrantes y sanas deben bendecir sus comunidades del mismo modo que las iglesias de Hechos 2:42-47.

22 Joseph H. Hellerman, *When the Church Was a Family: Recapturing Jesus's Vision for Authentic Christian Community* (Nashville: B&H Academic, 2009), 2-5.

frecuencia, el paradigma del cristiano occidental se enfoca en la relación personal del individuo con Cristo por encima de su relación con el cuerpo de Cristo. Pero, en la época del Nuevo Testamento, la persona era salvada para disfrutar de Dios *y* de la comunidad redimida, «y no con el único propósito de disfrutar de una relación personal con Dios».[23] En su lugar, «según el Nuevo Testamento —escribe Joseph Hellerman— la persona es salvada *para comunidad*».[24]

Además, Pablo demostró esta verdad mediante el uso del lenguaje corporativo para describir la conducta cristiana (Ef. 4:1–6:20). El estilo de vida del cristiano refleja el buen nombre de la congregación en la comunidad, así como el carácter de Jesucristo, quien llamó al cuerpo a una relación con Él y su familia (Ef. 4:1-6).[25] El enfoque de Pablo en las relaciones mutuas, y no meramente el individuo, muestra el firme sentido de cómo su tarea de hacer discípulos tuvo lugar con vistas a la comunidad.[26] Esta, a su vez, sería entrenada para que aquellos dotados por el Señor para equipar y edificar a la iglesia entrenaran a la comunidad para llevar a cabo la obra del ministerio. Cada miembro tiene una parte con la que contribuir para el crecimiento (espiritual y numérico) y la edificación del cuerpo de la Iglesia. El cuerpo funciona según la dirección y la determinación de la Cabeza (Ef. 4:15-16).[27] La *missio Dei* ejercida por la Cabeza dirigirá al cuerpo inevitablemente hacia la misión.[28]

Aunque no de forma intencionada en todos los casos, las organizaciones cristianas han fomentado sin saberlo una actitud individualista.[29] Incluso los que buscan plantar o revitalizar iglesias pueden considerarse totalmente preparados para su misión, a pesar de carecer de la influencia de una comunidad eclesiástica. Sin embargo, Jesús no identifica a ninguna otra institución de la que Él afirme ser la cabeza ni la llama su cuerpo, ni la describe por medio de Pablo como «la plenitud de Aquel que todo lo llena en todo» (Ef. 1:22-23). Solo a la Iglesia se le da «las llaves del reino», por el cual la Iglesia puede comunicar el perdón de pecados, por medio de la explicación y la aplicación regular de las promesas del evangelio (Mt. 16:19).[30]

---

23 Ibíd., 124

24 Ibíd.; las cursivas son originales.

25 F. F. Bruce, *The Epistles to the Colossians, to Philemon, and to the Ephesians*, NICNT (Grand Rapids: Eerdmans, 1984), 334.

26 Ibíd.

27 D. Martyn Lloyd-Jones, *Christian Unity: An Exposition of Ephesians 4:1-16* (Grand Rapids: Baker, 1980), 273.

28 Timothy Keller, *Center Church: Doing Balanced, Gospel-Centered Ministry in Your City* (Grand Rapids: Zondervan, 2012), 259; véase también su explicación de los diversos usos y aplicaciones de *missio Dei* y cómo enmarca un entendimiento de la iglesia como misional (255-261).

29 Bloesch, *The Church*, 24, advierte contra los peligros eclesiológicos del individualismo y del institucionalismo.

30 Calvin, *Institutes*, 21:635-36 (4.1.21-22).

Las organizaciones paraeclesiásticas necesitan, pues, evaluar con regularidad su filosofía y su práctica a la luz de la prioridad de Cristo sobre la Iglesia. De manera similar, los cristianos individuales, en especial los que se centran en el ministerio, deberían considerar si han caído en un modelo en el cual un grupo paraeclesiástico tiene más valor para ellos en la vida y en el ministerio que la iglesia local. Sin duda, la mayoría de grupos paraeclesiásticos son más fáciles de manipular y se llevan mejor entre sí que un montón de iglesias. Sin embargo, Jesús depositó su afecto en la Iglesia y le encomendó su misión en el mundo. Nosotros deberíamos hacer lo mismo.

De modo que si quienes se embarcan en la misión de plantar y servir iglesias deberían mantener el ministerio del Nuevo Testamento, deben ser perfeccionados y moldeados por las iglesias locales que dejan su impronta en sus ministerios. Un enfoque al que la iglesia dé forma y no una orientación institucional o individual en el ministerio, vincula a los futuros ministros a un fundamento en la Iglesia que se reflejará en las congregaciones en las que sirven.

Con la Gran Comisión dada a la Iglesia, con Cristo como su Cabeza, con la Iglesia singularmente marcada por las *notae ecclesiae* y con el énfasis corporativo del Nuevo Testamento sobre ella, la iglesia está apartada de las demás organizaciones de orientación cristiana. Aunque damos gracias por la especialización de tantas organizaciones paraeclesiásticas que ayudan a la iglesia en su misión y ministerio, reconocemos que no pueden ocupar el lugar de la Iglesia en la economía de Dios.

La iglesia local y la educación teológica

Los que se preparan para el ministerio, y desean construir iglesias sólidas y sanas, necesitan la experiencia de haber vivido en comunidad con una congregación local, para entender la dinámica de una iglesia del Nuevo Testamento ejercitada en la vida diaria (p. ej., Hch. 13:1-3). Con esto no pretendo sugerir que la formación académica en un seminario teológico no ofrezca beneficio alguno a los futuros ministros. Al contrario. Desarrollar un firme fundamento en las lenguas bíblicas, la exégesis, la homilética, la teología, la historia de la Iglesia y las misiones ayudará al futuro ministro a enriquecer a su congregación por medio de una predicación, una enseñanza y un liderazgo fieles. No obstante, sustraer la experiencia de la aplicación por medio de una mentoría fiel en la iglesia local disminuye el valor y la eficacia de una educación teológica.[31]

31 Aunque ofrece observaciones sobre las escuelas teológicas, no se puede interpretar que las conferencias y conexiones no se vean afectadas por los mismos problemas. El ambiente *idealista* que se suele describir en los entornos de conferencias podría no conectarse tampoco con las realidades de la vida congregacional. Esto no implica que asistir a conferencias o participar en las redes para plantar iglesias o para las misiones carezca de valor. Esas actividades son de

Esta necesidad le parece evidente al profesor Robert Ferris, quien se refiere a una propuesta del teólogo John Frame, de 1984, en la que este escribió, de forma lacónica, que deberíamos «deshacernos de una vez por todas del modelo académico». A continuación, apeló a un regreso a la comunidad cristiana donde los maestros, los estudiantes y las familias viven la vida cristiana y sirven juntos en las trincheras del ministerio local. En otras palabras, Frame no quiere abandonar el estudio teológico, sino verlo mejor aprendido y practicado en el contexto del ministerio de la iglesia local.[32] Timothy George, decano de la Beeson Divinity School, coincide con él y prefiere una comunidad residencial para seminaristas donde los profesores y los estudiantes viven, trabajan, juegan y encarnan «juntos el significado del evangelio».[33]

Con la influencia de la Ilustración, en gran parte de la educación teológica se ha puesto el enfoque en acumular información, escarbar en los detalles y desarrollar estrechas categorías de erudición, mientras que no se aplica el conocimiento bíblico y la sabiduría a la vida en comunidad.[34] Sin embargo, la educación teológica sin la formación espiritual en comunidad no prepara a los graduados para el liderazgo de siervo en las congregaciones locales. Esta separación de la preparación académica de las realidades de la comunidad distorsiona la tarea en el ministerio cristiano aislando los estudios teológicos del ministerio de la iglesia local.[35] En su lugar, una colaboración más intencional entre los seminarios y las iglesias locales que requiera el entrenamiento de los líderes pastorales puede cerrar la brecha respecto a una mejor preparación para el ministerio.[36]

---

gran valor, como también las escuelas teológicas, pero no deben ser sustitutos de la vida en comunidad ofrecida por la fiel participación en la Iglesia. Por esta razón, la mentoría pastoral en el contexto de la iglesia local, viviendo juntos la comunidad cristiana, prepara mejor para el ministerio.

32 Robert W. Ferris, *Renewal in Theological Education: Strategies for Change*, BGC Monograph (Wheaton, IL: The Billy Graham Center, Wheaton College, 1990), 16.

33 «50 Years of Seminary Education: Celebrating the Past, Assessing the Present, Envisioning the Future», *Christianity Today* 50/10 (octubre 2006): [Special] S13.

34 Robert W. Ferris, «The Role of Theology in Theological Education», en *With an Eye on the Future: Development and Mission in the 21*st *Century—Essays in Honor of Ted Ward*, Duane Elmer and Lois McKinney, eds. (Monrovia, CA: MARC, 1996), 102. Véanse también Max L. Stackhouse, *Apologia: Contextualization, Globalization, and Mission in Theological Education* (Grand Rapids: Eerdmans, 1988), 30-31; y Dennis M. Campbell, «Theological Education and Moral Foundation: What's Going on in Seminaries Today?» en *Theological Education and Moral Formation*, Encounter Series 15; Richard John Neuhaus, ed. gen. (Grand Rapids: Eerdmans, 1992), 1–21. Campbell observa que los seminarios estadounidenses podrían haberse desviado, sin darse cuenta, hacia «los principios y las visiones de la Ilustración secular» en el denso acercamiento académico a la educación teológica que no ha preparado adecuadamente a los graduados para que regresen a sus comunidades como líderes siervos (10-11).

35 Ibíd., 103-105, 110.

36 Para un análisis útil de la colaboración entre el seminario y la iglesia local, véase Matt Rogers, «Holistic Pastoral Training: Strategic Partnership between the Seminary and the

La experiencia de las relaciones en el cuerpo, viviendo el evangelio y siendo modelo de perdón, de servicio y de rendición de cuentas se hallará mejor en la iglesia que por medio de otras instituciones. Debido a la importancia de la iglesia para Cristo, Él la ha convertido en «el principal instrumento para glorificar a Dios en el mundo».[37] Como tal, la iglesia no solo proclama el evangelio de un modo audible, sino que también lo da a conocer de forma *visible* por la manera como los creyentes viven juntos en comunidad.[38] Conforme esta experiencia moldea a los que se preparan para el ministerio cristiano, plantean sus ministerios con una dinámica única que no puede encontrarse dependiendo de conferencias a corto plazo o de entornos académicos.[39] Esto será evidente cuando experimenten el modelo de una iglesia sana.

LA LÓGICA ECLESIOLÓGICA: EL MODELO DE UNA IGLESIA SANA

El teólogo bautista del siglo XIX, J. L. Dagg, define a la iglesia local como «una asamblea de creyentes en Cristo, organizados en un cuerpo, conforme a las Sagradas Escrituras, para adorar y servir a Dios».[40] «Una asamblea» o «una comunidad» capta mejor la idea neotestamentaria de *ekklesia* en lugar de una mera organización, aunque esta sigue siendo necesaria para llevar a cabo su misión.[41] Aunque otras religiones celebran diversos actos de adoración y servicio, los que practica la iglesia cristiana tienen un fundamento teológico en la persona y la obra de Jesucristo. La adoración tiene lugar «en espíritu y verdad» (Jn. 4:23-24) a través de la muerte cruenta y sacrificial de Jesucristo (He. 13:10-16), y separa a

---

Local Church in the United States» (disertación doctoral; Southeastern Baptist Theological Seminary, 2015).

37 Dever, «The Church», 767.

38 Ibíd.

39 Robert Banks, *Reenvisioning Theological Education: Exploring a Missional Alternative to Current Models* (Grand Rapids: Eerdmans, 1999), 11, investiga «la brecha creciente entre el seminario y la iglesia», y cita que la academia no ha desarrollado a veces la espiritualidad y la comunidad que conecta con la iglesia local. Demuestra que un acercamiento académico estéril al entrenamiento para el ministerio carece del respaldo educacional en las narrativas bíblicas y en la historia judía (pp. 83-91). Además, describe, y confirma, un modelo de grupo de veinticinco a treinta estudiantes en el seminario, que trabajan juntos durante toda la licenciatura de Teología. Adoran y sirven juntos; ministran en las iglesias locales; entran en relaciones de mentoría tanto con ministros como con líderes laicos; asisten a retiros de la universidad y con las familias de la universidad; mantienen pactos de crecimiento para los ámbitos de la formación espiritual; y reciben reacciones de la universidad y de los compañeros estudiantes respecto a sus progresos y su desarrollo en el ministerio (228).

40 J. L. Dagg, *Manual of Church Order* (Harrisonburg, VA: Gano Books, 1990 de la reedición de 1858), 74.

41 Ibíd., 82. BDAG, 303, identifica además *ekklesia* como «pueblo de creencia, *comunidad y congregación* compartidas» (las cursivas son originales). El término popular *comunidad* transmite bien la palabra griega.

la adoración cristiana de otras religiones. En lugar de adorar y servir como actos de logros y mérito, los cristianos lo hacen porque ya han sido declarados justos por medio de la obra de Jesucristo (Gá. 2:16).

Servir a Dios significa que estamos todos unidos como «colaboradores de Dios» (1 Co. 3:9), comprometidos en el cumplimiento de la Gran Comisión (Mt. 28:18-20) y el Gran Mandamiento (Lc. 10:25-37) por medio del Espíritu Santo (Lc. 24:49; Hch. 1:8). Ciertamente, los cristianos individuales pueden adorar y servir a Dios por su cuenta, aunque al hacerlo con regularidad se pierden el modelo de adoración y servicio evidente en todo el Nuevo Testamento por el cual los creyentes se dedicaban a estos menesteres en y por medio de una comunidad eclesiástica sana (Hch. 2:42-47; 4:23-35).

Las ideas sobre la salud de la iglesia cambian de generación en generación. El líder bautista del siglo XIX, Francis Wayland, pensó en la iglesia como en un grupo que poseía un carácter moral particular. Cuanto mejor es el carácter moral, mejor es la salud de la Iglesia.[42] A principios del siglo XX, el presidente de un seminario, E. Y. Mullins, con cierta inclinación al individualismo, consideró una competencia de la teología del alma «como principio constitutivo de la vida de la iglesia bautista».[43] La democracia, y no la comunidad, le dio a la iglesia su distinción, que hizo que el pragmatismo triunfara sobre la eclesiología bíblica.[44] Por el contrario, Calvino centró la salud de la Iglesia en declarar, escuchar y recibir el evangelio.[45] A pesar de los puntos débiles en otros ámbitos, siempre que el evangelio seguía siendo central, la Iglesia existía, según Calvino, con el potencial para el crecimiento y la salud.[46]

Aunque reconocía la adecuada predicación de la Palabra de Dios y la apropiada administración del bautismo y de la Santa Cena (con la disciplina de la iglesia implícita en esto último) como marcas de la Reforma de la iglesia, el pastor Mark Dever, de Washington, DC., buscó ampliar los distintivos con el fin de «poner en marcha iglesias saludables a partir de iglesias verdaderas, pero más enfermizas».[47] Las iglesias pueden estar de acuerdo y atenerse a las mismas marcas de la Reforma y, sin embargo, caer en el cristianismo nominal que sigue

42 Norman H. Maring, «The Individualism of Francis Wayland», en *Baptist Concepts of the Church: A Survey of the Historical and Theological Issues Which Have Produced Changes in Church Order*, W. S. Hudson, ed. (Chicago: Judson Press, 1959), 146.

43 Winthrop S. Hudson, «Shifting Patterns of Church Order in the Twentieth Century», en Hudson, ed., *Baptist Concepts*, 215.

44 Ibíd., 215-218.

45 Paul D. L. Avis, *The Church in the Theology of the Reformers* (Eugene, OR: Wipf and Stock Publishers, 2002, de Marshall, Morgan y Scott, 1981), 31.

46 Ibíd., 40-42.

47 Mark E. Dever, *Nine Marks of a Healthy Church* (expd. ed.; Wheaton, IL: Crossway, 2004), 24.

al pragmatismo, para lograr metas que fracasan en llegar al objetivo de dar la gloria de Dios.[48] Por tanto, aunque se mantenga la ortodoxia eclesiástica, las iglesias pueden seguir estando enfermas en lugar de sanas. En entornos semejantes, quienes entrenan para plantar, servir y revitalizar iglesias hallan inspiración y dirección inevitablemente mayores en otras instituciones cristianas y no en la iglesia local. Sesgar el lugar de una iglesia local sana como algo fundamental para moldear a los ministros cristianos conduce a una confusión posterior respecto al aspecto que debería tener la iglesia. Las iglesias saludables tienden a reproducir iglesias sanas ya que cualquier otra cosa inferior será insatisfactoria para los que son enviados por ella a servir.

Por el contrario, las iglesias saludables «son conscientemente distintas de la cultura», miden el éxito por la «fidelidad bíblica perseverante» y se unen en torno a los elementos que distinguen el cristianismo bíblico.[49] Aunque se podría tomar nota de varias listas para identificar a las iglesias sanas (p. ej., las siete marcas de la iglesia verdadera según Lutero),[50] Dever reconoce nueve señales distintivas de una iglesia sana: la predicación expositiva, la teología bíblica, el evangelio, el entendimiento bíblico de la conversión, de la evangelización, de la membresía de la iglesia y de la disciplina, la preocupación para el discipulado y el crecimiento, y el liderazgo bíblico de la iglesia.[51] El adjetivo «bíblico» revela la intención de los signos de la iglesia sana: el regreso a la suficiencia de las Escrituras para todo lo relacionado con la iglesia (2 Ti. 3:16-17).

Las iglesias sanas implican congregaciones en las que el evangelio es fundamental, la membresía se toma en serio, los miembros se preocupan unos por otros, existe un discipulado sólido (local e internacionalmente), y el sistema de gobierno procura seguir la enseñanza de las Escrituras. Las congregaciones saludables reflejan de continuo el señorío de Cristo en sus relaciones, sus ministerios y el alcance del evangelio. Por tanto, afirmo que los pastores, los misioneros, los plantadores y los revitalizadores de iglesia, entrenados y orientados en el ambiente de iglesias sanas tienen un mejor entendimiento del aspecto de una congregación saludable, una comprensión de las aptitudes del liderazgo necesarias para desarrollar una congregación sana y el anhelo de reproducir otras congregaciones saludables por medio de su propia labor paciente y fiel. Como indica mi colega Matt Sliger: «Si el objetivo supremo para un aprendiz es llegar a ser como su mentor, el discipulado

48 Ibíd., 25.
49 Ibíd., 28.
50 Lull, *Martin Luther's Basic Theological Writings*, 366-375. Dever, *Nine Marks*, 249-266, en el Apéndice Dos, muestra la variedad de las «marcas» de la Iglesia a través de cuarenta autores cristianos y deja claro que la explicación prosigue sobre lo que constituye una iglesia sana.
51 Dever, *Nine Marks*, 29-32.

privado es suficiente. Sin embargo, si su propósito es ser como Jesús, precisa la mentoría del cuerpo de Jesús».[52]

En conversaciones mantenidas con jóvenes pastores que recibieron mentoría en congregaciones sanas, estos hablaron inevitablemente de la influencia de su iglesia mentora sobre su ministerio actual. Para algunos, proporcionó un claro modelo hacia el cual dirigir su ministerio. Para otros, fue estimulante que las iglesias que dirigían *pudieran* progresar hacia un modelo saludable. Los plantadores de iglesias empiezan con una clara imagen en mente de dónde enseñan, oran, organizan y trabajan con sus jóvenes congregaciones.

Entrenar a jóvenes ministros a través de instituciones académicas, conferencias o redes podría proveer excelentes herramientas para abordar la obra ministerial, pero *solo el entorno de congregaciones saludables les proporciona el modelo experiencial a emular.*[53] Con este modelo sano, los jóvenes ministros poseen un claro objetivo al que apuntar y un fundamento a partir del cual trabajar en el establecimiento de iglesias sanas. Los líderes de este tipo de congregaciones se convierten en un factor relevante a la hora de moldear a una generación de obreros cristianos, asunto que pasamos a tratar a continuación.

LA LÓGICA PRÁCTICA: LOS MENTORES EN LA ESTRUCTURA DEL LIDERAZGO DE LA IGLESIA LOCAL

La iglesia local no entrena a los obreros cristianos de manera amorfa. Involucra a los líderes pastorales en el ejercicio de los dones por parte de la congregación, en compartir sus experiencias y en respaldar a sus protegidos menos experimentados para que sean mentores en el ministerio. De esta forma, el liderazgo de la iglesia local es el modelo de proclamación, de cuidado pastoral, de discipulado, de la disciplina de la iglesia, de la visión para las naciones, la administración, la piedad y el liderazgo.[54] Para los aprendices, los ejemplos vivos perfeccionan su entendimiento de maneras que los libros de texto y las salas de conferencia no pueden.

---

52 Matt atribuye este pensamiento a ideas recogidas de Jeff Vanderstelt, *Saturate: Being Disciples of Jesus in the Everyday Stuff of Life* (Wheaton, IL: Crossway, 2015), 105.

53 James K. A. Smith, *You Are What You Love: The Spiritual Power of Habit* (Grand Rapids: Brazos Press, 2016), 21, observa con un énfasis similar: «Por lo tanto, no aprendemos a amar principalmente mediante la adquisición de información sobre *aquello* que deberíamos amar, sino más bien a través de las prácticas que forman hábitos de *cómo* amamos».

54 Véase Thomas K. Ascol, ed., *Dear Timothy: Letters on Pastoral Ministry* (Cape Coral, FL Founders Press, 2004), que ofrece las perspectivas de diecinueve pastores nacionales e internacionales que identifican una variedad de ámbitos en la obra pastoral, con cartas prácticas que tratan cada uno de ellos. Derek Prime y Alistair Begg, *On Being a Pastor: Understanding Our Calling and Work* (Chicago: Moody, 2004), también tratan los múltiples ámbitos de la obra pastoral. Véase también Derek Tidball, *Ministry by the Book: New Testament Patterns*

Por ejemplo, cuando los jóvenes pastores se enfrentan a problemas de membresía en las iglesias en las que acaban sirviendo, que han visto cómo sus mentores de la iglesia local se ocupan del entrenamiento, la aceptación, el cuidado de la membresía y la disciplina de los miembros, tienen un claro punto de referencia para hacer lo mismo. De otro modo, podrían tratar la membresía de la manera típicamente poco sana que es tan común entre las iglesias.[55] O podrían ser idealistas, impacientes o irrealistas cuando se trata del entendimiento de una congregación respecto a las Escrituras en lugar de enseñar con paciencia la Palabra de Dios semana tras semana, desde el púlpito, en pequeños grupos y en las relaciones privadas de discipulado. Los modelos saludables de proclamación y discipulado capacitan a los obreros cristianos para acercarse a sus ministerios con realismo y paciencia (p. ej., 2 Ti. 2:24-26).[56]

Los aprendices encuentran el mejor modelo de liderazgo bíblico en el entorno de líderes siervos plurales.[57] La pluralidad sigue el patrón bíblico para el liderazgo de la iglesia.[58] Pastores, ancianos y diáconos involucrados en el entrenamiento en grupo proporcionan una estructura útil para ejemplificar y entrenar para el ministerio en las iglesias nuevas y en las existentes.

Los pastores locales viven bajo el encargo encomendado a Pedro: «Apacienta mis corderos… Pastorea mis ovejas» (Jn. 21:15-16; véanse también Hch. 20:28; 1 P. 5:1-4). Sin embargo, como miembros del cuerpo más amplio de Cristo, pastores/ancianos se enfrentan al reto de entrenar a los líderes pastorales para que sirvan en otras iglesias e inicien nuevas congregaciones. Dagg argumenta que pensar tan solo en una iglesia local, sin trabajar proporcionalmente para otras por

for Pastoral Leadership (Downers Grove, IL: IVP Academic, 2008), que trabaja por medio del Nuevo Testamento, libro a libro, e identifica la amplitud del ministerio pastoral ejercido por Jesucristo, los Apóstoles y los ancianos de la iglesia primitiva.

55 Dever, *Nine Marks*, 147-149.

56 Véase Timothy Z. Witmer, *The Shepherd Leader: Achieving Effective Shepherding in Your Church* (Phillipsburg, NJ: P&R, 2010), 107-189, que identifica las responsabilidades del pastor como conocer, alimentar, dirigir y proteger a la iglesia. Los aprendices pastorales que observan estos deberes multidimensionales fielmente ejemplificados están mucho mejor preparados para hacer lo mismo cuando empiezan a servir como pastores.

57 Hellerman, *When the Church*, 186; también cita Mt. 23:8-12, p. ej., «El que es el mayor de vosotros, sea vuestro siervo».

58 Wayne Grudem, *Systematic Theology: An Introduction to Biblical Doctrine* (Grand Rapids: Zondervan, 1994), 913. Véase también Benjamin L. Merkle, *Preguntas y respuestas sobre ancianos y diáconos* (Grand Rapids: Portavoz, 2012), 165-193; Phil A. Newton y Matt Schmucker, *Los ancianos en la vida de la iglesia* (Grand Rapids: Portavoz, 2022); Mark E. Dever, «The Church», en *A Theology for the Church*, Daniel L. Akin, ed. (Nashville: B&H Academic, 2007), 802-805, donde se expone el argumento a favor de la pluralidad. En algunos entornos puede haber solo un anciano cualificado por lo que, en ese caso, el mentor pastoral necesitará incluir a aquellos a los que pueda estar cultivando para el ancianato como parte del adiestramiento de los aprendices.

amor al reino de Dios «degrada su oficio [pastoral]».[59] Llegó tan lejos como para denominar esto como «el espíritu anticristiano que sustituye a la organización externa por religión espiritual».[60] Mientras se ocupan de alimentar a las ovejas de Cristo en una iglesia local, los pastores y los ancianos también deberían mirar más allá de sus propias congregaciones para contribuir en el establecimiento y la revitalización de las iglesias a nivel nacional e internacional.

La pluralidad de los pastores y de los ancianos debería tomar la iniciativa para orientar a aquellos a los que la iglesia enviaría a servir al reino de Cristo.[61] Habrán de poseer el carácter y la madurez necesarios para entrenar a otros para el ministerio (cp. 1 Ti. 3:1-7; Tit. 1:5-9).[62] Son los que están comprometidos en la obra constante de pastorear al rebaño, incluyendo la enseñanza, la predicación, el cuidado de la membresía, la consejería, el liderazgo, la disciplina, la administración, el discipulado (esto es, la evangelización y las misiones), el desarrollo del liderazgo y la toma de decisiones, todas acciones centradas en el evangelio a las que se enfrentan los futuros ministros. Ver cómo practican los fieles pastores y ancianos en cada ámbito del ministerio y caminar con ellos por todo el proceso moldea el pensamiento de quienes están siendo entrenados para emular lo que han observado.

Prácticamente, como los pastores/ancianos ya están comprometidos en la extensión del ministerio de la iglesia local, poseen de forma natural la plataforma para entrenar a otros en el ministerio futuro. Como ejemplo, las reuniones de ancianos (o reuniones de personal) proporcionan una riqueza de perspectivas sobre el cuidado pastoral, planificación a corto y largo plazo, sobre enfrentar los problemas críticos, equilibrar el ministerio y el presupuesto, la dinámica de las relaciones del liderazgo, los retos misioneros y el desarrollo de la visión para el

59 Dagg, *Manual of Church Order*, 135; cita 21:15-17.

60 Ibíd.

61 Por la limitación del ámbito de este capítulo, véanse los recursos adicionales que tratan el ministerio de los ancianos y la equivalencia de pastores y ancianos como constitutivos de un único cargo con múltiples aplicaciones: *Biblical Foundations*, 161–189; Mark Dever y Paul Alexander, *The Deliberate Church: Building Your Ministry on the Gospel* (Wheaton, IL: Crossway, 2005), 131-160; Benjamin L. Merkle, *The Elder and the Overseer: One Office in the Early Church*, SBL 57 (Nueva York: Peter Lang, 2003). Merkle argumenta, de forma convincente, que los oficios de anciano y obispo son un solo oficio en el Nuevo Testamento.

62 Distinguir a los pastores y ancianos en un mismo cargo bíblico se hace por deferencia a las iglesias que pueden no reconocer a los ancianos que no forman parte del personal de la iglesia como parte de su liderazgo pastoral. Aunque descuidar el apartar a ancianos cualificados, no pertenecientes al personal de la iglesia, disminuye la fuerza del liderazgo eclesiástico, sería presuntuoso pensar que es algo acordado en todo el espectro de las iglesias. Al usar *pastores,* estoy distinguiendo de forma particular a esos hombres llamados por la congregación, como personal de la iglesia, para servir como ancianos en el liderazgo eclesiástico, aunque el título de ancianos no se utilice. Véase Newton y Schmucker, *Los ancianos en la vida de la iglesia*, cap. 3; Merkle, *Preguntas y respuestas sobre ancianos y diáconos*, 174-177.

ministerio. Incluir a un grupo de formación en las reuniones permite un tiempo productivo para absorber los años de sabiduría y experiencia ligados a cualquier consejo de ancianos o personal. Tener la oportunidad de hacer preguntas e intercambiar impresiones después de las reuniones proporciona mayor oportunidad de aclarar y moldear las aptitudes del pensamiento crítico de quienes están involucrados en el servicio futuro.[63]

Reggie McNeal observa, con razón, que «Jesús creó una comunidad de aprendizaje», demostrado por el tiempo que pasaba con sus discípulos preparándolos para enviarlos en misión y recibir sus informes a su regreso.[64] De manera similar, al establecer un *grupo de formación* en una iglesia local, los pastores y los ancianos establecen el fundamento para que los aprendices sirvan en las iglesias de Cristo. El involucramiento en sus vidas —una sensación de pertenecer y de comunidad—[65] provoca en el grupo de formación una consciencia de apoyo y de visión para llevar a cabo el llamamiento de su ministerio.[66] Mientras ministran juntos en el contexto más amplio de la iglesia local y la comunidad, la relación entre el grupo de formación y los pastores/ancianos interactuando en entornos de pequeños grupos refuerza y perfecciona a los aprendices exactamente como Jesús hizo con los Doce.[67]

De modo que, aunque se alienta el uso de las organizaciones paraeclesiásticas y los seminarios teológicos para el entrenamiento de quienes se preparan como pastores, para llevar a cabo la obra de la misión o plantar iglesias, estas

---

63 El lenguaje plural de Hechos 16:10 puede sugerir algún precedente para los aprendices que participan en las reuniones de ancianos, ya que Pablo y Silas, como líderes de un equipo misionero, permitían que sus aprendices —Lucas, Timoteo y quizá otros involucrados en su equipo— tuvieran parte en el debate y en la decisión trascendental de llevar el evangelio a Europa.

64 Reggie McNeal, *Practicing Greatness: 7 Disciplines of Extraordinary Spiritual Leaders* (San Francisco: Josey-Bass, 2006), 68.

65 Hellerman, *When the Church*, 120-143, asevera que la obra salvífica de Cristo en una persona es «un acontecimiento que crea comunidad» (120). Esto contrarresta el «paradigma estadounidense cristiano común que entiende que la salvación está totalmente relacionada con la forma en que el individuo se relaciona con Dios y nada que ver con nuestra forma de relacionarnos unos con otros» (123).

66 McNeal, *Practicing Greatness*, 124.

67 D. Michael Crow, «Multiplying Jesus Mentors: Designing a Reproducible Mentoring System—A Case Study», en *Missiology: An International Review*, 36:1 (January 2008), 92. Véase también la obra clásica de A. B. Bruce, *The Training of the Twelve* (Grand Rapids: Kregel, 1971; orig. Publicada en 1871), quien repasa con paciencia el proceso que Jesús usó para entrenar a sus discípulos. Explica que el adiestramiento que proporcionó a los Doce como «más formidable, porque nada es más duro que entrenar la voluntad humana en leal sumisión a los principios universales, llevar a los hombres a reconocer las afirmaciones de la ley del amor en sus relaciones mutuas, apartar el orgullo, la ambición, la vanagloria y los celos incluso de los buenos» (200). Los mentores pastorales contemporáneos deben tener esto en mente, de manera que no se agoten cuando forman a otros.

organizaciones se quedan cortas en el entrenamiento necesario del ministerio. Son *especialistas* que pueden ofrecer gran cantidad de ayuda para los jóvenes ministros. Sin embargo, quienes se preparan para servir en iglesias locales necesitan *generalistas* que los perfeccionen para su obra futura. El modelo de una iglesia sana, que cultiva y orienta dentro de una comunidad, y la influencia de fieles pastores y ancianos proveen, a los que se preparan para el ministerio, una ventaja única en la obra que tienen por delante.

CAPÍTULO 9

LÍDERES QUE FORMAN LÍDERES

Unos cuantos meses después del inicio de nuestra iglesia, un joven se trasladó a nuestra comunidad para comenzar sus estudios teológicos. Su iglesia local nos envió a plantar una iglesia en Memphis, de modo que sentíamos un vínculo natural. Kevin no tardó en convertirse en miembro de nuestra congregación. Tras un par de años, parecía ser un buen candidato para ser nuestro primer interno pastoral. Aunque mis pocos años de experiencia pastoral no me prepararon para un período de prácticas pastorales, el amor que la comunidad y yo sentíamos por Kevin compensó de sobra los escasos planes.

A lo largo de los años siguientes, realizamos juntos visitas pastorales y evangelizadoras, oramos y debatimos las Escrituras, la teología y el ministerio. Me acompañó en el primer y segundo viaje misionero de nuestra iglesia. Compartimos una habitación durante el primer periplo, lo que llevó a muchas oraciones y conversaciones estratégicas. De regreso a casa, pasó tiempo con mi familia, tanto que mis hijos lo consideraban como un hermano mayor. Experimentamos gozos y tristezas, progresos y reveses en nuestra iglesia. Colaboramos en la vida y en el ministerio. Transcurridos unos años, mi hijo mayor y yo nos dirigimos a la puerta de embarque del aeropuerto de nuestra ciudad para orar por Kevin y enviarlo a servir como misionero en Albania, un país que había abierto sus fronteras recientemente a los extranjeros.

Veinticinco años después, Kevin sigue sumamente relacionado con nuestra congregación y con mi familia. Pasó varios años en Albania, se casó con una joven y maravillosa señorita de Brasil que yo le presenté en nuestro segundo viaje a aquel país, tuvieron un hijo y una hija, y vivieron el surgimiento de una nación tras una generación de dictadura. Mientras Albania luchaba, se produjo un golpe de estado, y la anarquía ocupaba las calles todo el día. Oré con él por teléfono, mientras escuchaba disparos de fondo. Finalmente, los marines de los Estados Unidos evacuaron a Kevin, su familia y varios misioneros más.

Con las amistades que nuestra iglesia había desarrollado en Francia, tras su salida hallaron un respiro en una estupenda congregación. Meses después, regresaron a Memphis para buscar al Señor y permitir que el amor de nuestra comunidad los sacara de la conmoción de la zona de guerra que habían dejado en Albania. El Señor les señaló Brasil y nuestro liderazgo confirmó la decisión, tras observar la constancia de Kevin en el caminar cristiano y su pasión por el ministerio. Plantó una iglesia que sigue existiendo hoy bajo el liderazgo pastoral nacional con un hermano al que él entrenó. Durante una década, Kevin y su esposa han servido con Fiel Ministries, que se centra en entrenar a pastores y líderes en el mundo de habla portuguesa. La obra de Kevin implica preparar, alentar y orientar a pastores.

La huella de la relación de Kevin con nuestra iglesia, nuestros ancianos y este pastor, que intentamos entrenarlo primero, continúa hoy. A través de nuestra experiencia con él, empezamos a aprender la importancia de que los pastores, los ancianos y la congregación participen juntos en el entrenamiento de los que están comprometidos a servir a Cristo y su iglesia. ¿Cómo se ve esta colaboración?

Dios, el Señor, hace madurar a su pueblo por medio de la iglesia, a través de aquellos a los que dota para predicar y enseñar su Palabra (Ef. 4:11-16).[1] Estos dones se centran en enseñar y formar a toda la congregación como aprendices —discípulos— que crecen en unidad y madurez como un solo cuerpo en Cristo.[2] Quienes se preparan para servir a las iglesias de Cristo necesitan, por tanto, no solo entrenarse para predicar y enseñar, sino también para recibir la Palabra con regularidad de parte de quienes lideran la iglesia. Deben convertirse en aprendices si quieren ejercer los dones de enseñanza para la iglesia.

Tom Schreiner identifica el don de enseñanza con los «pastores y maestros» de Efesios 4:11, y añade que este don «no implica una palabra espontánea [p. ej., la del profeta], sino, más bien, *la explicación de un término ya dado*». Su idea llama a los

---

1 John Calvin, *Institutes of the Christian Religion,* John T. McNeill, ed.; Ford L. Battles, trad. (Filadelfia: Westminster, 1960), 4.1.5; en resumen, nota que la *iglesia es esencial* como el medio elegido por Dios para el proceso de crecimiento, especialmente a través de ser liderado por quienes fueron elegidos para enseñar la Palabra. Véase también G. K. Beale, *A New Testament Biblical Theology: The Unfolding of the Old Testament in the New* (Grand Rapids: Baker Academic, 2011), 645-646, quien explica que el crecimiento y la expansion de la iglesia en anticipación de los siglos venideros, tiene lugar «a través del ejercicio de los dones de la iglesia» (645).

2 Thomas R. Schreiner, *New Testament Theology: Magnifying God in Christ* (Grand Rapids: Baker Academic, 2008), 720.

mentores a poner a prueba y perfeccionar los dones de los aprendices en el ámbito de la enseñanza, para que puedan servir mejor a las futuras congregaciones.[3]

En este entorno de escuchar y recibir la Palabra de Dios, así como de interactuar con ella, aquellos involucrados en un grupo de formación empiezan a desarrollar el fundamento necesario hacia su meta suprema del ministerio en las iglesias. Como *aprendices* eficientes se prepararán mejor para ser líderes, maestros y predicadores. Por medio de este proceso de aprendizaje deben también *desaprender* teología, metodología y conceptos eclesiásticos que demuestran ser bíblicamente deficientes.[4] Pastores y ancianos pueden proveer un reto regular para el entendimiento y la aplicación de las Escrituras por parte del grupo de formación (véanse 1 Ti. 4:15-16; 2 Ti. 3:10-17, donde Pablo apeló al entendimiento y la aplicación de la Palabra).[5] Un proceso de entrenamiento semejante proporciona una red de seguridad para los miembros del grupo mientras aprenden, desaprenden y vuelven a aprender antes de embarcarse en sus propios ministerios en los que los errores en teología y metodología se vuelven más costosos.

He encontrado equivocaciones teológicas ocasionales en las notas del sermón de los aprendices pastorales o, incluso, en sus presentaciones. Típicamente, los errores surgían de la mala teología que habían oído en las conversaciones. Llamar la atención a las faltas, que con frecuencia se han contemplado con miradas escandalizadas, ayuda a afirmarlos sobre una mejor base teológica. Me he sentido agradecido con quienes han hecho esto conmigo. Esto mismo es cierto respecto a la dejadez en los sermones, ya sea en la estructura o en la presentación, o en cuanto a la enseñanza poco interesante en los estudios bíblicos. Han adquirido malos hábitos que necesitan ser desaprendidos mediante una corrección firme y

3 Ibíd., 721, cursivas añadidas.

4 Reggie McNeal, *Practicing Greatness: 7 Disciplines of Extraordinary Spiritual Leaders* (San Francisco: Jossey-Bass, 2006), 62-63, escribe: «El aprendizaje durante toda la vida significa, en realidad, un *desaprendizaje*» (cursivas en el original). Ulrico Zuinglio convirtió el aprendizaje y el desaprendizaje en una parte regular de su vida. Recibía de buen grado la corrección, y declaró: «Cualquiera que traiga la verdad a la luz, aunque sea a través de una calumnia hacia mí, se convierte por este hecho en mi amigo; enriquece y regocija mi alma, y la conduce a las alturas más elevadas de la realización» en R. Christoffel, *Zwingli: or The Rise of the Reformation in Switzerland—a Life of the Reformer, with Some Notices of His Time and Contemporaries*, trad. John Cochran (Edimburgo: T & T Clark, 1858), 381.

5 Este proceso de aprendizaje y perfeccionamiento tiene ejemplos eficaces en la crítica regular de Zuinglio respecto a los sermones de sus estudiantes en *Prophezei* y en Calvino, así como en la utilización que sus protegidos hacían del uso de los sermones del sábado por la tarde en el uso de *Venerable Company*; véase Timothy George, *Reading Scripture with the Reformers* (Downers Grove, IL: IVP Academic, 2011), 237-241, 248-249; Karin Maag, *Seminary or University? The Genevan Academy and Reformed Higher Education, 1560-1620* (Aldershot, Hants, England: Scolar Press, 1995), 130ss.; Randall C. Zachman, *John Calvin as Teacher, Pastor, and Theologian: The Shape of His Writings and Thought* (Grand Rapids: Baker Academic, 2006), 148ss.

amorosa, con el fin de orientarlos hacia una comunicación más teológicamente sana y eficaz.

Por la tendencia contemporánea de sentirse atraído por las últimas novedades en la vida de la iglesia, el grupo de formación precisa ver la predicación y la enseñanza bíblica ejemplificada. Los pastores Mark Dever y Paul Alexander explican, de forma correcta: «La función más importante y fundamental del pastor consiste en predicar con claridad el evangelio. La primacía de la predicación no cambiará nunca, independientemente de la etapa de la vida en la que se encuentre la iglesia».[6] Por tanto, ya sea que se plante una nueva iglesia o que se revitalice una que parece estar jadeando por sobrevivir, la predicación fiel e intransigente de la Palabra de Dios debe anclar el ministerio del pastor. En lugar de que se produzca un ministerio eficaz por el carácter único de las habilidades del pastor en el liderazgo, es la Palabra la que cambia las vidas.[7] Se le pueden excusar los errores administrativos o las confusiones en la programación, pero él no debe permitir que la predicación resbale, ni que la adoración corporativa pase a un segundo plano de su ministerio (1 Co. 1:18-25; 2 Co. 4:1-6; 2 Ti. 4:1-5). Los buenos modelos de predicación y liderazgo en la adoración corporativa ayudan a convencer a los que están involucrados en el grupo de formación a priorizar el ministerio de la Palabra en la obra futura de ellos.[8]

En este capítulo consideraremos cómo desarrolla la iglesia local a los futuros pastores y misioneros, investigando la forma del desarrollo del liderazgo y, luego, mediante la comprensión de su dinámica en la vida del grupo de formación. También analizaremos algunas formas específicas en que los aprendices pueden ser formados, incluyendo el rol de la educación formal.

LA FORMA DEL DESARROLLO DEL LIDERAZGO: ¿CÓMO ES?

Un misionero veterano observa que entrenar a otros para el ministerio fracasa en ocasiones por culpa de la actitud de quienes imparten la mentoría. «Debemos

---

6 Mark Dever y Paul Alexander, *The Deliberate Church: Building Your Ministry on the Gospel* (Wheaton, IL: Crossway, 2005), 89.

7 Derek Tidball, *Ministry by the Book: New Testament Patterns for Pastoral Leadership* (Downers Grove, IL: IVP Academic, 2008), 166-167, destaca la negligencia de los libros recientes sobre el liderazgo respecto a reconocer la colaboración en el mismo y la predicación en el ministerio pastoral. «Predicar como instrumento de cambio y crecimiento de Dios en la vida de las personas» debería proporcionar a los pastores una nueva confianza, en lugar de predicar para producir el cambio en los individuos y en la comunidad (167).

8 Dever y Alexander, *Deliberate Church*, 89-91. Esta práctica también sigue siendo válida para los pastores veteranos. Como ejemplo, lea o escuche excelentes sermones; por ejemplo, Martyn Lloyd-Jones, John Stott, Ligon Duncan, Kent Hugues, Mark Dever, etc. Lea la generación más antigua de expositores para comprobar cómo predicaban a Cristo a partir de cada texto, por ejemplo, Charles H. Spurgeon, Samuel Davies, Andrew Fuller, Thomas Watson, etc.

estar dispuestos a preguntarnos: "¿Con qué actitud nos acercamos a quienes se están desarrollando en el ministerio?"».[9] Gene Daniels explica que el «ministerio es arte divino» y que, como tal, «deberíamos prestar una cuidadosa atención a cómo nos relacionamos con los que se perfeccionan en el ministerio». Él ofrece una aclaración mediante el uso de una útil metáfora: «Necesitamos ver a la persona con llamamiento en su vida como una pintura todavía en boceto, o la escultura que se está construyendo, y no como la materia prima que ha de explotarse». Bernabé hizo esto con Saulo. En lugar de reaccionar suprimiendo a alguien más dotado que él en el ministerio, lo alentó. Pablo hizo lo mismo con Timoteo, exponiendo a generaciones a su corazón nutriente en 1 y 2 Timoteo. Por el contrario, Labán procuró explotar a Jacob para su propio provecho en lugar de invertir en él.[10]

Cuando los pastores y los ancianos empiezan a entrenar a los del grupo de formación, crean relaciones únicas. Günter Krallmann ofrece una descripción útil de estas relaciones: «En el sentido bíblico, un mentor establece una estrecha relación con un aprendiz y, sobre esta base, por medio de la comunión, el ejemplo, el consejo, el estímulo, la corrección, la ayuda práctica y el apoyo en la oración, influir en su suplente para lograr una comprensión más profunda de la verdad divina, llevar una vida más piadosa y rendir un servicio más eficaz a Dios».[11] Aunque algunos niveles de la mentoría puedan tener lugar a través de comunicaciones a larga distancia, o incluso por medio de los escritos de figuras históricas,[12] es preferible hacer *mentoría de vida a vida* (1 Ts. 2:7-8).

Considere cómo imprimió Pablo esta idea de la mentoría de vida a vida en los ancianos efesios: «Por tanto, velad, *acordándoos* que, *por tres años*, de noche y de día, no he cesado de amonestar con lágrimas a cada uno... Ni plata ni oro ni vestido de nadie he codiciado. Antes *vosotros sabéis* que para lo que me ha sido necesario a mí y a los que están conmigo, estas manos me han servido. *En todo os he enseñado* que, trabajando así, se debe ayudar a los necesitados y recordar las palabras del Señor Jesús, que dijo: Más bienaventurado es dar que recibir» (Hch. 20:31, 33-35). Pablo no vaciló al recordarles a los ancianos el

---

9 Gene Daniels, «Receive or Use», EMQonline.com (julio de 2006): s.l. [citado el 8 de febrero de 2012], http://www.emisdirect.com/emq/issue-294/1966. «Gene Daniels» es un pseudónimo.

10 Ibíd., s.l. Cita a C. S. Lewis, *An Experiment in Criticism* (Cambridge: Cambridge University Press, 1992), s.l., como proveedor de la idea para esta metáfora.

11 Günter Krallmann, *Mentoring for Mission: A Handbook on Leadership Principles Exemplified by Jesus Christ* (Waynesboro, GA: Gabriel Publishing, 2002), 122. Dave Kraft, *Leaders Who Last* (Wheaton, IL: Crossway, 2010), 41, explica la mentoría mediante una declaración que encontró y que redirigió su vida: «Algunas personas llegan a nuestra vida y se marchan en silencio. Otras se quedan durante un tiempo y dejan huella en nuestro corazón, y jamás volvemos a ser los mismos».

12 McNeal, *Practicing Greatness*, 138, escribe que algunos de esos mentores «podrían llevar siglos muertos».

ejemplo que él había dejado, y mediante el cual ellos aprendieron la forma de servir a la iglesia en Éfeso. La relación cercana tiene un impacto más duradero que la mentoría a distancia.[13] Aunque consume más tiempo y resulta más costoso que enviar a un aprendiz a un seminario, la mentoría de vida a vida implica un ministerio más experimentado y maduro que vierte su vida en la de otro que está al borde del ministerio futuro. Conforme se produce dentro de la comunidad, el entrenamiento profundiza las lecciones practicadas y observadas en los entornos de la vida real, de modo que no hay mentoría alguna en la *teoría*, sino en una *realidad tangible.*

Como ejemplo, el pastor australiano Colin Marshall perfila una estrategia de entrenamiento que él y Philip Jensen desarrollaron en Nueva Gales del Sur. La llaman «Estrategia de Entrenamiento en el Ministerio», y la basan en 2 Timoteo 2:2: «Lo que has oído de mí ante muchos testigos, esto encarga a hombres fieles que sean idóneos para enseñar también a otros». Es un «aprendizaje en el ministerio de la Palabra» que prepara a los candidatos a ministro durante dos años, antes de que asistan al seminario o a la universidad de teología. Marshall no defiende un acercamiento universal al «aprendizaje», sino más bien un plan que el mentor y el aprendiz ponen en práctica y que encaja en las necesidades únicas del aprendiz.[14] Marshall aconseja con sabiduría: «Con creces, lo mejor y más importante que usted puede hacer como entrenador es involucrarse en la vida y el ministerio de sus discípulos, hacerles sugerencias sobre cómo realizar las diversas tareas, enseñándoles a partir de la Palabra, alentándolos en base a lo que usted ha estado leyendo en las Escrituras y dándoles sus impresiones sobre cómo lo están haciendo».[15] Probablemente, los aprendices aprenden más lecciones sobre la vida y el ministerio fuera del entorno del aula mediante las relaciones de la mentoría.[16]

Los aprendices también necesitan recibir encargos de sus mentores (p. ej., como hicieron Jesús y Pablo en Lc. 9:1-11; 10:1-20; Hch. 17:14; 19:22; Tit. 3:12). Pastores y ancianos pueden involucrar a sus aprendices en diversos aspectos del ministerio pastoral, darles directrices en el cumplimiento de sus responsabilidades, mientras ofrecen impresiones y críticas sobre su respuesta. Pueden asignarles una lectura relacionada con la eclesiología y el ministerio pastoral, seguido por

13 Kraft, *Leaders*, 129. Esta práctica parece evidente en los modelos de mentoría de Jesús y Pablo.

14 Colin Marshall, *Passing the Baton: A Handbook for Ministry Apprenticeship* (Kingsford, Australia: Matthias Media, 2007), 9-24. Aboga por tres ámbitos de formación: la formación cristiana, el carácter cristiano y la «competencia en hacer la obra del ministerio cristiano» (25).

15 Ibíd., 55.

16 Mike Nichols, «Teaching Outside the Classroom: The Power of Relationship», EMQonline.com (enero 2012): s.l. [citado el 8 de febrero de 2012], http://www.emisdirect.com/emq/issue-318/2636.

la explicación del texto con el fin de aclarar y reforzar un entendimiento mejor de la vida en la iglesia local.

Por ejemplo, cuando me preparo para un nuevo semestre con nuestros aprendices pastorales, he sugerido que cada hombre seleccione un libro de una lista proporcionada por mí, sobre un predicador en particular, y después trabaje siguiendo un modelo que yo he desarrollado para evaluar su vida y su ministerio. Al considerar a predicadores de la talla de John Owen, J. C. Ryle y Martyn Lloyd-Jones, cada aprendiz proveerá a los demás aprendices de un análisis escrito de su selección, que servirá de estructura para el debate cuando nos juntemos para nuestras reuniones. Añadiré preguntas incisivas que ayuden a sintetizar perspectivas aplicables a los estudiantes. En este planteamiento, el aprendiz debe analizar el material, escribir de forma convincente y estar preparado para dirigir la explicación al resto del grupo. Cada habilidad prepara para el futuro ministerio y, además, podré insistir en características particulares de las que estemos estudiando con el grupo de formación.

Es necesario que los mentores pastorales usen preguntas con sus aprendices, como Jesús hacía con sus discípulos (p. ej., Mt. 13:51-52; 16:13-20). Él consideraba las preguntas como «método de enseñanza» según Craig Parro, y obligaba a los discípulos y otros a «lidiar con los problemas, y llevarlos de oyentes pasivos a aprendices activos».[17] Aunque no resulte fácil medirlo, los mentores pastorales deben procurar reconocer dónde ha estado obrando la gracia de Dios en sus estudiantes. Las preguntas, el involucramiento y la observación de sus protegidos proporcionan la oportunidad de moldear la capacitación a medida para que los forme mejor en su futuro ministerio.[18] Su entrenamiento no debe estar aislado de la vida de la congregación, ya que allí es donde será más evidente el crecimiento en la gracia.

Aunque los entornos institucionales y de conferencias pueden ampliar el conocimiento de los aprendices respecto a las Escrituras, la teología y la metodología, solo el *acercamiento relacional* al entrenamiento puede dar a los aprendices la responsabilidad que necesitan con el fin de prepararse mejor para el ministerio.[19] Desde luego, Pablo fue ejemplo de relación con Timoteo, de manera que pudo escribir: «Pero *tú has seguido* mi doctrina, conducta, propósito, fe, longanimidad, amor, paciencia, persecuciones, padecimientos» (2 Ti. 3:10-11, cursivas

---

17 Craig Parro, «Asking Tough Questions: What Really Happens When We Train Leaders», EMQonline.com (enero, 2012): s.l. [citado el 8 de febrero de 2012], https://www.emqonline.com/node/2634.

18 Ibíd.

19 Tom Julien, «Training Leaders by Planting Seed Truths», EMQonline.com (octubre, 2008): s.l. [citado el 8 de febrero de 2012], http://www.emisdirect.com/emq/issue-305/2193.

añadidas).[20] El aprendiz puede poseer un conocimiento estupendo de todos los campos relacionados con su futuro ministerio y, sin embargo, carecer del carácter y de los rasgos de personalidad necesarios para dirigir una congregación. En el entorno de la iglesia local, los mentores establecen una rendición de cuentas con los aprendices, de manera que los problemas de carácter y personalidad, así como los conceptos del ministerio, puedan tratarse y perfeccionarse.[21]

En Hechos 16:1-2, Lucas indica que las congregaciones y sus líderes en Listra e Iconio consideraban que la rendición de cuentas entre ellos y Timoteo estaba a tal nivel que con gusto lo recomendaron para servir con Pablo en su obra misionera. Aquí encontramos un gran ejemplo tanto del involucramiento congregacional con los aprendices como de la observación por parte de estos de su vida y su ministerio para que pudieran enviarlos a la obra misionera. De forma similar, por su ejemplo, los mentores pastorales, como modelo del carácter cristiano y del ministerio fiel en la iglesia local, proporcionan corrección y redirección a sus aprendices pastorales.[22]

La praxis es fundamental antes de enviar a los aprendices a su obra pastoral. Como explica Tom Julien: «El proceso de aprendizaje no es completo hasta que no se pone la verdad en práctica».[23] Esto brinda a los mentores la oportunidad de confiar en la obra del Espíritu Santo en sus protegidos (2 Ts. 3:4), así como aprendieron a confiar en la capacitación del Espíritu en sus propios ministerios.[24] Observamos cómo Jesús lo hace tanto con los Doce como con los Setenta (Lc. 9:1-6; 10:1-20). A. B. Bruce señaló que Jesús «envió a los doce en esta misión de prueba, incluso cuando eran comparativamente inadecuados para la obra, sin considerar el daño espiritual al que los exponía».[25] Explica, además: «Pero aunque así alentó a los jóvenes evangelistas, Jesús no les permitió partir con la idea de que todas las cosas serían agradables en su experiencia», una realidad

---

20 BDAG, 767, explica: «Pero tú has seguido» como confirmación de la «creencia o la práctica de alguien prestando una atención especial, *seguir con fidelidad, seguir como norma*» (las cursivas son mías). Implica, por tanto, una intensidad de observación y receptividad al aprendizaje a partir de emular al propio mentor.

21 Juha Jones, «Four Ways to Mentor Church Planters», EMQonline.com (octubre 2008): s.l. [citado el 8 de febrero de 2012], http://www.emisdirect.com/emq/issue-305/2205. La rendición de cuentas se halla en la intimidad de las relaciones entre el mentor pastoral y el grupo de formación. Aprenden a vivir el evangelio juntos, aprenden los unos de los ejemplos de los otros, a hablar los unos a la vida de los otros y comprometerse juntos en el servicio y el ministerio.

22 Julien, «Training Leaders», s.l., observa: «La verdad que no se riega con el ejemplo personal permanece teórica».

23 Ibíd.

24 Krallmann, *Mentoring for Mission*, 193.

25 A. B. Bruce, *The Training of the Twelve* (Grand Rapids: Kregel, 1971; reedit. A partir de la edición de 1894), 109.

que los mentores deberían tener en mente con sus protegidos.[26] Los mentores se beneficiarán de estudiar cómo dio Jesús oportunidades de *praxis* a sus discípulos, y después ellos rindieron cuentas, moldeando evidentemente sus mentes para la misión futura (Lc. 9:10).

Aunque el modelo de formación de la iglesia local ofrece una mentoría de vida a vida, tareas estrechamente supervisadas, rendición de cuentas y praxis, la función de la educación formal sigue siendo vital para aquellos que sirven en las iglesias de Cristo. El rigor de la educación teológica en un entorno académico prepara a los futuros ministros con las aptitudes básicas en las lenguas bíblicas, la hermenéutica, la teología bíblica y la historia de la Iglesia, todo ello necesario para el desarrollo de una iglesia sana y un ministerio de predicación/enseñanza eficaz.[27]

Por ejemplo, si un plantador de iglesias carece de entendimiento respecto a la historia de la Iglesia, será deficiente a la hora de reconocer los peligros que durante siglos la afectaron. Del mismo modo, si tiene poco conocimiento de la teología bíblica, su predicación y enseñanza serán anémica, y no proclamará «todo el consejo de Dios» (Hch. 20:27). La pericia que el rigor académico proporciona a los ministros profundiza su capacidad de ministrar a largo plazo con sus congregaciones.

Como explica Ben Sawatsky: «¡Pablo no plantó iglesias durante un fin de semana de evangelización relámpago! Pasó dieciocho meses en Corinto y dos o tres años en Éfeso».[28] Para continuar con este tipo de ministerio, los involucrados necesitarán un pozo hondo de donde extraer para el ministerio semanal. La educación teológica sustancial ayuda a desarrollar el pensamiento y las habilidades de investigación necesarias para este fin. La combinación del entrenamiento académico para los grupos de formación en la iglesia local parece ser lo mejor en la preparación de quienes aspiran a ser pastores de la iglesia local, a favor de la profundidad y la amplitud del ministerio futuro.[29] Agudiza, asimismo, las aptitudes de estudio y estimula a los pastores a seguir leyendo y pensando, de un modo amplio y profundo, habiendo desarrollado las herramientas intelectuales y espirituales para dicha continuación.

---

26 Ibíd., 114.

27 Darren Carlson, «The Tension between Reaching and Teaching», EMQonline.com (enero 2012): s.l. [citado el 8 de febrero del 2012], http://www.emisdirect.com/emq/issue-318/2644.

28 Ben Sawatsky, «What it Takes to Be a Church Planter», EMQonline.com (octubre, 1991): s.l. [citado el 8 de febrero de 2012], http://www.emisdirect.com/emq/issue 139/602. Escribiendo especialmente con misiones internacionales a la vista, insiste: «Los plantadores transculturales de iglesias deben ser entrenados para abordar el texto de las Escrituras y el contexto de la cultura».

29 Julien, «Training Leaders», s.l. Véase también Matt Rogers, «Holistic Pastoral Training: Partnership Between the Seminary and the Local Church in the United States» (disertación doctoral; Southeastern Baptist Theological Seminary).

LA DINÁMICA EN EL DESARROLLO DEL LIDERAZGO: LO QUE TIENE LUGAR

El tema central de este libro convoca a los líderes de la iglesia local —pastores y ancianos— a entrenar a sus protegidos en el contexto de la iglesia local. Ese llamado lleva el concepto contemporáneo de la mentoría a un nivel diferente. En lugar de centrarse únicamente en la relación privada que se halla en el núcleo central del entrenamiento —una práctica necesaria—, los mentores y los aprendices abordan el viaje del entrenamiento *dentro de la esfera de la iglesia local.* Conducen la relación del entrenamiento en medio de los altibajos y los pormenores de la vida congregacional. No protegen a los aprendices de la iglesia. A este respecto, toda la congregación *añade* a lo que los entrenadores procuran realizar con sus aprendices pastorales. Basta con recordar que la descripción que Pablo hace de los dones del ministerio para la iglesia se hace, asimismo, en el contexto de la iglesia como cuerpo, con todo el estrés y la presión de la vida del cuerpo como ámbito de ejercicio de los dones ministeriales (Ro. 12:3-13; 1 Co. 12:1-31; Ef. 4:7-32).

Por consiguiente, si el mentor/aprendiz descuida el edificar relaciones con otros en la iglesia por estar demasiado centrado en la relación de la mentoría, o sustituye las exigencias de esta por la participación en la adoración corporativa, o desatiende el servicio en los diversos ministerios y el alcance de la iglesia local, entonces la orientación carece de las cualidades necesarias para moldear a quienes servirán a las iglesias. El orientador necesita a la iglesia para evitar considerar su mentoría como el final de todo. El aprendiz necesita que la iglesia llene los vacíos más amplios de su vida y ministerio. Según Pablo, la iglesia es necesaria para la santificación de los entrenadores y de los aprendices, así como para el resto del cuerpo (Ef. 4:14-16). «Crecemos entre nosotros», señala Calvino, no aparte del cuerpo, para que podamos ser llevados a la unidad, el amor y la plenitud para los cuales Cristo ha redimido a su iglesia.[30]

Mientras cita la descripción paulina de la iglesia en Efesios 2:14-22, Joseph Hellerman observa, correctamente, que «la salvación es un acontecimiento que crea comunidad».[31] En el seno de esta se producen el crecimiento y la madurez, por la residencia corporativa y la obra del Espíritu Santo.[32] Por consiguiente, tanto el mentor como el aprendiz necesitan el involucramiento intenso en la

30 Calvin, *Institutes*, IV.3.2 (p. 1055).
31 Hellerman, *When the Church*, 130-131.
32 James G. Samra, *Being Conformed to Christ in Community: A Study of Maturity, Maturation and the Local Church in the Undisputed Pauline Epistles*, LNTS 320; Mark Goodacre, ed. (Londres: T & T Clark, 2006), 135. Samra señala 1 Corintios 3:16-17; 5:4; 11:17-34; 12:7; 14:15; y 2 Corintios 6:16 para justificar esta afirmación.

iglesia local como punto focal de la obra redentora y restauradora de Jesucristo.[33] Aparte de este compromiso corporativo, el crecimiento por parte de ambos se verá atrofiado.

¡Sin duda, es probable que la involucración corporativa haga que el proceso resulte un tanto desordenado! En lugar de un laboratorio esterilizado de aprendizaje, el entorno de la iglesia congrega a pecadores redimidos que siguen luchando contra los efectos del pecado residual. Algunos lidian con hábitos persistentes, otros con el genio, y otros más con la lengua sin domar. Además, entre ellos no se puede encontrar una personalidad monolítica. Los mentores pastorales no necesitan encubrir tales imperfecciones en la congregación cuando se trabaja con los aprendices. Pronto afrontarán los desafíos de las personas, comunes al ministerio pastoral. En su lugar, entrenar a los protegidos dentro de la estructura de la iglesia con todos sus defectos, luchas y debilidades, lleva la orientación pastoral a un nuevo nivel. Los aprendices descubren, a través del fiel modelo pastoral del mentor, cómo dirigir el ministerio con amor como líderes siervos. En un entorno académico, los profesores pueden narrar historias del ministerio a sus estudiantes. Sin embargo, en el ambiente de la iglesia local, los aprendices ven estas historias de cerca, participan a menudo en ellas mientras aprenden de primera mano de la paciencia, la gracia bajo presión, la amabilidad, el coraje y la integridad de su mentor en el ministerio.

En múltiples debates con antiguos internos pastorales de nuestra iglesia, ellos han expresado sistemáticamente su aprecio por haber experimentado las realidades de la vida de la iglesia durante su entrenamiento. Ver de primera mano los asuntos de conflicto, de la disciplina de la iglesia, de las cuestiones doctrinales y otros temas del pastorado les proporcionó una ventaja al asumir funciones pastorales y misioneras. Incluso las responsabilidades organizacionales delegadas durante el aprendizaje prepararon mejor a estos hombres para sus presentes responsabilidades en el ministerio.

Aunque se está de acuerdo en que el ingrediente clave para el entrenamiento es la conexión o el proceso relacional, como señala Daniel Egeler,[34] el círculo debe ampliarse a la congregación. Hay que reconocer que, en la orientación, las relaciones tienen que ser estrechas con el fin de desarrollar la rendición de cuentas y la transparencia. Con todo, como explican Paul Stanley y Robert Clinton, ningún mentor puede cubrir de forma apropiada todas las bases necesarias para

33 Albert M. Wolters, *Creation Regained: Biblical Basics for a Reformational Worldview*, 2ª ed. (Grand Rapids: Eerdmans, 2005), 69-86.

34 Daniel Egeler, *Mentoring Millennials: Shaping the Next Generation* (Colorado Springs: NavPress, 2003), 75.

un aprendiz.[35] Aunque difiere en el nivel de involucramiento al de los mentores, los aprendices descubrirán que el círculo creciente de las relaciones construidas en la iglesia local llena los inevitables vacíos de cualquier mentor. Estas relaciones más amplias, centradas en Cristo, en una congregación local, que procuran activamente vivir el evangelio, los perfeccionan aún más como pastores y misioneros.

Por ejemplo, la obra de revitalización de la Guilford Baptist Church (Sterling, VA) realizada por Mike McKinley y su plantación de otras iglesias se vio claramente afectada por su relación de entrenamiento con Mark Dever y los ancianos de la iglesia. Sin embargo, McKinley señala la influencia de la congregación de Capitol Hill Baptist Church (Washington, DC), y no solo sus mentores, en ayudar a moldear su entendimiento del aspecto de una iglesia saludable y de cómo son revitalizadas las iglesias.[36] Por tanto, construir relaciones en el seno de la iglesia local *antes* de inaugurar una nueva iglesia o de responder a un cargo pastoral, cambia la perspectiva idealista que uno podría adoptar en el entrenamiento limitado al entorno académico o las conferencias, y la convierte en una perspectiva realista y relacional. En este sentido, la iglesia local moldea a los ministros del evangelio.

Dever explica: «Dios pretende obrar en nosotros por su Espíritu, *los unos por medio de los otros*».[37] El grupo de entrenamiento que funciona en el seno de la iglesia local construye confianza, rendición de cuentas y transparencia conforme sus miembros se preparan para servir a las iglesias. En lugar de ser una competición de unos contra otros, como podría suceder en el entorno académico, la relación constante del grupo de aprendices en el cuerpo de Cristo, así como sus relaciones regulares de mentoría, abren un nivel de debate y de perfeccionamiento que adiestra para el liderazgo futuro de la iglesia.[38]

CONCLUSIÓN

La estructura del liderazgo de la iglesia —con pastores y ancianos— ofrece un marco natural para la orientación de los futuros ministros, en particular cuando exponen a sus aprendices pastorales a la realidad —a veces dura— de la vida de la iglesia. Como hemos notado, la experiencia de la comunidad, mientras se recibe orientación para el ministerio futuro, prepara a los aprendices para las relaciones

---

35 Paul D. Stanley y J. Robert Clinton, *Connecting: The Mentoring Relationships You Need to Succeed in Life* (Colorado Springs: NavPress, 1992), 40-45. Esta declaración argumenta a favor del liderazgo plural.

36 Mike McKinley, *Church Planting Is for Wimps: How God Uses Messed-Up People to Plant Ordinary Churches That Do Extraordinary Things*, 9Marks Books (Wheaton, IL: Crossway, 2010), 14, 19.

37 Dever, *Nine Marks*, 245; cursivas añadidas.

38 En esta conclusión me resultaron útiles las observaciones y la explicación de Matt Sliger, mi colega en el ministerio y exinterno.

multifacéticas, con la diversidad de cuestiones a las que se enfrentarán en su obra de servir iglesias. Con esta mentoría orientada a la iglesia, los que se entrenan para el ministerio abordarán sus responsabilidades con un entendimiento de la dirección hacia la que conducirán a las congregaciones que un día serán objeto de su servicio. Conforme lo hacen, los modelos de la práctica de una comunidad saludable inspirarán perseverancia hacia lo mismo en los aprendices. Además, expandir las relaciones del grupo de formación con la familia más amplia de la iglesia —aparte del mentor— agudiza las aptitudes relacionales, las ancla a la prioridad de la iglesia local y los reta a construir congregaciones saludables en sus propios ministerios.

CAPÍTULO 10

MODELOS: CAMPAMENTO DE ENTRENAMIENTO EN ECLESIOLOGÍA

¿Por qué no solo encomendar a los futuros pastores y misioneros a los seminarios? Estos, tal como los conocemos hoy, son un fenómeno reciente que salta a escena en los siglos XVIII y XIX. Antes del advenimiento del entrenamiento ministerial profesional en los seminarios, la mayoría del desarrollo pastoral tuvo lugar en la iglesia local o en un entorno eclesiástico, como un monasterio. Como ya hemos demostrado con anterioridad, Ulrico Zuinglio, Juan Calvino y Charles Haddon Spurgeon entrenaron a ministros en un ambiente universitario, estrechamente alineado con sus iglesias. En tales ambientes, explica Mark Dever, pastor titular de la Capitol Hill Baptist Church (CHBC), Washington, DC, el aspirante a pastor sería conocido en el contexto de una comunidad de creyentes que puedan confirmar su conversión y testificar de sus dones para el ministerio: «Educar a líderes [pastorales] forma parte de la comisión de la iglesia».[1] En el ámbito de la iglesia local, el ministro potencial experimenta un nivel de aprendizaje que solo se produce mediante las relaciones «vida a vida» en la comunidad. Dicha iglesia desarrolla «una visión de trescientos sesenta grados de la vida de alguien», reconociendo así los dones, refinando el desarrollo espiritual y proveyendo oportunidades para el ministerio con rendición de cuentas a la congregación.[2]

1 Mark Dever, «Raising Up Pastors Is the Church's Work», *9Marks eJournal*, s.l. [citado el 21 de septiembre de 2011], https://9marks.org/article/raising-pastors-churchs-work/; esto es la transcripción de una entrevista.

2 Ibíd.

El pastor, por medio de un pastorado fiel y del discipulado de su congregación, es la clave para que la iglesia local levante a aspirantes a pastores y misioneros. Este entrenamiento tiene lugar en el contexto del ministerio regular. «Y si no empiezas pastoreando y discipulando fielmente, ni las prácticas educativas ni los seminarios significan gran cosa», señala Dever.[3] Él alienta a los pastores a tomar la «visión a largo plazo» respecto al entrenamiento y la mentoría de los pastores potenciales en sus congregaciones, y observa que nunca será un proceso rápido. El pastor debe procurar derramar tanto de su vida y pasión en los posibles ministerios como pueda, dependiendo del Señor para acabar de moldear a los hombres para el ministerio.[4] Dever ha adoptado este modelo.

LA ESTRUCTURA PARA ENTRENAR A LOS PASTORES

Con el acercamiento a la práctica educativa dirigida a un «campamento de entrenamiento en eclesiología», la CHBC mantiene la estructura simple. La iglesia describe este trabajo de formación como sigue: «Sencillamente queremos desvelar la vida ministerial regular, diaria, y proveer hombres que aspiren a ser pastores con un entramado eclesiológico y pastoral para realizar la obra del ministerio».[5] La iglesia no trata de construir su ministerio sobre las espaldas de los internos pastorales. En cambio, el programa de cinco meses acoge a cinco o seis hombres durante un tiempo intensivo de lectura de cinco mil páginas que van desde los autores puritanos hasta los escritores del siglo XXI. Los internos escriben un centenar de documentos de reflexión que responden a la lectura y diversas preguntas respecto al ministerio de la iglesia local. Los temas incluyen la salud de la iglesia, su naturaleza, sus marcas, las prácticas del ministerio cristiano, la reforma de la iglesia, su misión, su sistema de gobierno, la pluralidad de los ancianos, la evangelización, la membresía de la iglesia, su disciplina, el evangelicalismo, el ministerio de misericordia, la adoración, el bautismo y la doctrina cristiana.[6] Esto conduce al debate de cómo está organizada la iglesia, quién la lidera, la enseñanza bíblica sobre la membresía y cómo afecta el sistema de gobierno de la iglesia a la forma en que funciona. El objetivo intencional del liderazgo consiste en involucrar a los internos en las conversaciones «con grandes pastores y teólogos del pasado»,

3 Mark Dever, «How Do Pastors Raise Up Pastors?», *9Marks eJournal*, s.l. [citado el 21 septiembre de 2011], http://www.9marks.org/ejournal/how-do-pastors-raise-pastors; esto es la transcripción de una entrevista.

4 Ibíd.

5 «Capitol Hill Baptist Church: Internship Full Description», s.l. [citado el 14 de septiembre de 2011], http://www.capitolhillbaptist.org/internship-full-description.

6 «Fall 2011 Pastoral Intern», 5 de agosto–15 de diciembre de 2011, Washington, DC: CHBC, 2011. Según mis cálculos, se exigen veintiocho libros de diversa extensión durante el semestre, junto con más de veinte artículos, ensayos y apuntes en el diario electrónico.

que demuestran que la «iglesia es la caja de resonancia principal del evangelio».[7] Este análisis del pasado al presente de la iglesia construye un fuerte fundamento eclesiológico para los internos pastorales.

Dever y todo el personal pastoral dedican tres horas cada jueves por la mañana a dirigir un debate sobre las cuestiones suscitadas en los papeles de los internos. Además, a estos últimos se les exige que asistan a las reuniones de personal y ancianos, a los cultos, tiempos de oración, reuniones internas, revisiones de sermones, bodas, funerales y reuniones de mentoría. Asimismo, se presentan voluntarios para el trabajo administrativo en el ministerio infantil y en la oficina de la iglesia. Aprenden sobre pequeños grupos mediante la participación como miembros de la iglesia. Los internos también viajan con Dever en diversos compromisos oratorios, añadiendo así otra capa de interacción en la más amplia comunidad cristiana.[8] Matt Schmucker, exadministrador y anciano de la CHBC, compara este acercamiento a «algo similar a un hospital escuela para un estudiante de medicina». Imparten la mentoría proporcionando a los internos una buena imagen de lo que significa servir como pastor, en particular en un entorno urbano.[9]

El período de prácticas inicial de cinco meses no incluye el tiempo de enseñanza o predicación. Esto queda reservado a quienes sirven como pastores. A los internos se les exige que programen almuerzos de trabajo con el liderazgo de la iglesia y con los miembros antiguos y nuevos de la CHBC para interactuar sobre la historia y la vida de la iglesia.[10] Se proporciona alojamiento y un pequeño estipendio para ayudar a los internos a centrar toda su atención en los cinco meses de campamento de entrenamiento en eclesiología.[11]

MENTORÍA PARA EL MINISTERIO DE LA IGLESIA

El período de prácticas pastorales establece la meta para que los aprendices vivan en dos mundos: en primer lugar, en la riqueza del entendimiento de la eclesiología de las generaciones anteriores y, en segundo lugar, en el entorno urbano presente que procura descifrar los principios bíblicos para la iglesia.

Según el pastor asociado Jamie Dunlop, la observación, el debate y la orientación son los principales componentes del período de prácticas. A través de la *observación* en las reuniones de ancianos, en los funerales, las bodas, las reuniones de personal y las comidas con los líderes y los miembros, los internos pastorales

7 «Capitol Hill Baptist Church: Internship Full Description», s.l.
8 Ibíd.
9 Matt Schmucker, «Evaluation of Training Church Planters and Revitalizers», 29 de agosto de 2011.
10 Ibíd.
11 Brad Wheeler, «Internships», s.l. [citado el 14 de septiembre de 2011], http://www.capitalhillbaptist.org/weprovide/internships/.

«consiguen un entendimiento más personal, privado, y la interpretación de lo que sucede en la iglesia». Con frecuencia, la observación les proporciona una estructura para los contextos futuros del ministerio. El *debate* se produce en entornos formales con el pastor Dever, pero también en ambientes informales con los ancianos, el personal y otros internos.[12]

Una de las porciones más fuertes del período de prácticas involucra la *mentoría* por parte de un pastor o asistente pastoral. Inevitablemente, los internos pastorales traen consigo la concreción de pasados errores en el ministerio y la inquietante realidad de que han adoptado modelos no bíblicos para el ministerio. Por medio de la rendición de cuentas y el involucramiento en las vidas de los internos, los mentores procuran ofrecer consejo y amistad que van más allá de los cinco meses de prácticas. Los involucrados en la orientación han sido, a su vez, entrenados a lo largo de muchos años en el ministerio.[13]

Además de los debates de los jueves por la mañana, Dever se reúne regularmente con los internos para las revisiones del sermón/culto del domingo por la noche. Además de esto, «hace que los internos "vivan" en su estudio cada vez que sea posible», según Schmucker. «Está íntimamente involucrado en la evaluación y la selección de cada interno. Mark pone, en realidad, un interés personal y tiene un conocimiento práctico de cada hombre que ayuda a su evaluación de una colocación futura».[14] El fruto de este involucramiento se muestra en los enviados por la CHBC a plantar y revitalizar iglesias y la obra misionera.[15] Las relaciones de orientación permiten que el liderazgo identifique a los hombres que interactúan bien con la Palabra de Dios y con los líderes, e indican un buen potencial para el servicio futuro. En ocasiones, son capaces de recomendar a esos hombres a otras iglesias o de enviarlos a servir con el apoyo de la CHBC.[16]

DETALLES DEL ENTRENAMIENTO

Aunque los internos no tienen oportunidad de enseñar o predicar, pasan tiempo observando e interactuando en la exposición bíblica. Bajo la influencia de Dever, los exaprendices responsables del ministerio del púlpito han dado muestras de

12 Jamie Dunlop, «Evaluation of Training Church Planters and Revitalizers», 8 de septiembre de 2011.
13 Dunlop, «Evaluation of Training».
14 Schmucker, «Evaluation of Training».
15 A modo de ejemplo, véase la historia de Mike McKinley, *Church Planting Is for Wimps—How God Uses Messed-Up People to Plant Ordinary Churches That Do Extraordinary Things*, 9Marks Books (Wheaton, IL: Crossway, 2010), donde muestra el involucramiento de la CHBC y de Dever en el proceso de su ministerio. Véase también Capitol Hill Baptist Church, «Where Are They Now?», s.l. [citado el 14 de septiembre de 2011], http://www.capitolhillbaptist.org/we-provide/internships/where-are-they-now/.
16 Schmucker, «Evaluation of Training».

un fuerte compromiso con la predicación expositiva.[17] Siguen la indicación de Dever de una cuadrícula triple de aplicación en la predicación: «predicar para los ignorantes, los dubitativos y los pecadores».[18] Él demuestra cómo puede el pastor aplicar el mismo texto a tres luchadores distintos. Esto llama a sentirse tan entusiasmado por las declaraciones indicativas en las Escrituras como por las imperativas. Exige, asimismo, que se argumente a favor de la veracidad de las Escrituras a la vez que se insiste en la urgencia de creer su mensaje. El reto de su aplicación apunta, además, a que «las personas lleven una vida de santidad que refleje la santidad de Dios mismo». Dever concluye: «El principal mensaje que necesitamos aplicar cada vez que predicamos es el evangelio». El predicador aplica el evangelio a sí mismo como se aplica él mismo a la obra de la predicación bíblica.[19] La filosofía de Dever concuerda con los importantes reformadores en que la primera marca de la iglesia es la predicación expositiva.[20]

A pesar de la falta de enseñanza extensiva sobre la predicación en el período de práctica pastoral, la misma tiene lugar. En primer lugar, Dever y otros que predican desde el púlpito de la CHBC son su ejemplo. En segundo lugar, los aprendices participan en la revisión semanal del sermón del domingo por la noche. El personal y los internos interactúan en cada detalle de los cultos del día: la predicación, la selección de música, las oraciones, los testimonios bautismales y hasta los anuncios. De modo que, aunque no prediquen, oyen y participan en las críticas detalladas. Schmucker observa: «Queremos que nuestra gente aprenda a recibir una crítica y un aliento piadosos». La revisión de los sermones ejemplifica y sirve como herramienta indirecta de enseñanza para la predicación.[21]

Como cabría esperar, a lo largo de los años de entrenar a hombres para el ministerio pastoral, el programa de estudios pasa con regularidad por el refinamiento. El enfoque del entrenamiento de Mike McKinley en 2004 fue más refinado que el material utilizado con Aaron Menikoff a mediados de la década de 1990.[22] Por consiguiente, McKinley apunta a un poco de entrenamiento directo en la evangelización/discipulado a la vez que declara que se dividía de forma más bien equitativa entre la obra pastoral, la plantación y revitalización de iglesias, y

17 McKinley, «Evaluation for Church Planters», 24 de agosto de 2011.

18 Mark Dever, «Preach to the Ignorant, the Doubtful, and Sinners», *9Marks eJournal*, s.l. [citado el 21 de septiembre de 2011], http://www.9marks.org/ejournal/preach-ignorant-doubtful-and-sinners.

19 Ibíd.

20 Mark Dever, *Nine Marks of a Healthy Church,* nueva edición ampliada. (Wheaton, IL: Crossway, 2004), 36-55. Véase la explicación de Paul D. L. Avis, *The Church in the Theology of the Reformers* (Eugene, OR: Wipf & Stock, 1981, 2002), 2-3, 6, 8-9, y otros.

21 Matt Schmucker, entrevista con el autor, Washington, DC, 4 de octubre de 2011.

22 Entrevista de Schmucker.

su sistema de gobierno.[23] Por otra parte, Menikoff, que ahora pastorea fuera de Atlanta, declaró que se hace poco respecto a la plantación de iglesias, pero mucho sobre la evangelización y hacer discípulos.[24] El pastor de California, Jeremy Yong, señala que a pesar de la falta de programas de estudio sobre temas de misión internacional, plantación de iglesias, evangelización/discipulado y revitalización de iglesias, los temas se debatían con regularidad en las reuniones de ancianos y otros entornos. Indicó una densa exposición en cada uno de estos ámbitos, incluso sin un programa de estudios específico diseñado para los aprendices.[25]

El exinterno Hashit Singh, de Lucknow, India, consideró que el entrenamiento había sido reflexionado cuidadosamente y que enseñaba la amplitud de la vida de la iglesia, sin limitarse a la lectura y el debate, sino también a sentarse y observar la vida en CHBC.[26] Al preguntarle sobre el nivel de evangelización y del discipulado-entrenamiento de discipulado en el modelo actual, Singh observó que se habla de la evangelización y del discipulado, pero «lo más importante es la *cultura del discipulado* que se encuentra en la congregación en lugar de [simplemente] en el personal». En vez de esperar que sea este quien lleve a cabo la evangelización, o incluso todo el liderazgo en este ámbito, declaró: «Existe una influencia dominante del discipulado entre los miembros». Indicó que un visitante que entrara a un culto de la CHBC probablemente recibiría una invitación a tomar café o a comer donde el discipulado es intencional. Fue algo que experimentó personalmente, antes de que la congregación supiera que había venido a participar en un período de prácticas. Comentó la extraordinaria consciencia en el ADN de la congregación para involucrar a otros en el evangelio.[27] Ese ADN se adhiere a los aprendices.

PREPARACIÓN PARA LA PLANTACIÓN Y LA REVITALIZACIÓN DE IGLESIAS

Aunque el programa de prácticas de la CHBC no está únicamente diseñado para entrenar a hombres que planten y revitalicen iglesias, gran parte del enfoque apunta, de forma intencional, en esa dirección. McKinley, profundamente involucrado en la plantación de iglesias, declaró que el entrenamiento en la CHBC «nos proporcionó la visión para la iglesia local como la estrategia de la Gran Comisión. Por tanto, más iglesias = más evangelización».[28] Su fascinante libro, *Church Planting Is for Wimps,* narra el viaje que emprendió desde su imagen

23 McKinley, «Evaluation for Church Planters».
24 Menikoff, «Evaluation for Church Planters», 8 de septiembre de 2011.
25 Yong, «Evaluation for Church Planters», 16 de septiembre de 2011.
26 Harshit Singh, entrevista con el autor, Washington, DC, 4 de octubre de 2011.
27 Ibíd., cursivas añadidas.
28 McKinley, «Evaluation for Church Planters».

punk-rock a ser un miembro de la CHBC bajo el pastorado de Mark Dever y Matt Schmucker, y a plantar la Guilford Baptist Church en Sterling, Virginia. La obra de revitalización de Dever en la CHBC encendió el amor de McKinley por la iglesia.[29] Cuando la Guilford Baptist Chuch lo llamó, siguió el consejo de Dever de «hacer todo lo que pudiera para predicar sermones excelentes», y afirmó que esta prioridad pondría todo lo demás en su lugar.[30] Cuando la iglesia moribunda empezó a revitalizarse, adoptaron la constitución de la CHBC, limpiaron la lista de miembros de la fallida Guilford Fellowship, practicaron la disciplina de la iglesia y mantuvieron un ambiente de discipulado.[31] La forma en que McKinley entendía la membresía de la iglesia, y cómo la ha moldeado en su propio involucramiento de plantación de iglesias, evidencia una clara influencia de su entrenamiento en la CHBC.[32]

Aaron Menikoff continúa con la cultura del discipulado de la CHBC instilándola en su revitalización de la iglesia suburbana de Atlanta. Participó en múltiples clases de entrenamiento evangelizador mientras estuvo en la CHBC, y observó cómo evangeliza Dever usando *Christianity Explained* como herramienta.[33] Menikoff adopta el mismo planteamiento. Descubrió que «el corazón por la evangelización era… tan grande» en la CHBC que «procuró incorporar la evangelización personal a [su] vida».[34] Por esta razón puede denominar la evangelización como su «tarea fundamental». Sigue el liderazgo de Dever en su ministerio de la predicación, proclamando el evangelio en cada sermón.[35]

Los aprendices de diversas regiones geográficas representadas en mi investigación de las prácticas pastorales de la CHBC encontraron que los principios enseñados y ejemplificados allí eran transferibles a sus entornos particulares.

---

29 McKinley, *Church Planting Is for Wimps*, 13-14. Explica que Guilford Fellowship Church en Sterling, Virginia, se había quedado con doce miembros activos. Siete de los miembros de la CHBC lo acompañaron para volver a empezar como la Guilford Baptist Church. Su libro combina una mirada llena de profundo conocimiento tanto de la plantación como de la revitalización de iglesias ya que, técnicamente, su experiencia abarcaba ambas cosas.

30 Ibíd., 51.

31 Ibíd., 55-71; también McKinley, «Evaluation for Church Planters».

32 Michael McKinley, «Implementing Membership in a Church Plant», *9Marks eJournal*, s.l. [citado el 21 de septiembre de 2011], https://9marks.org/article/journalimplementing-membership-church-plant/. Explica los beneficios de la membresía de la iglesia en el entorno de plantación de iglesias ya que, «la membresía llama a los asistentes a acelerar su compromiso… aumenta la rendición de cuentas… capacita a la iglesia para que cumpla sus responsabilidades bíblicas».

33 Véase the *Christianity Explained* website, s.l. [citado el 16 de febrero de 2013], http://www.christianityexplained.com/.

34 Menikoff, «Evaluation for Church Planters».

35 Aaron Menikoff, «Preach to the Non-Christian, Christian, and Church Member», *9Marks eJournal*, s.l. [citado el 21 de septiembre de 2011], http://www.9marks.org/ejournal/preach-non-christian-christian-and-church-member.

Nadie expresó la idea de intentar clonar la CHBC, pero cada uno de ellos aporta algo del ADN de la iglesia a su filosofía y práctica.

RESUMEN DEL MODELO DE ENTRENAMIENTO DE LA CAPITOL HILL BAPTIST CHURCH

Para que otras iglesias utilicen el mismo proceso de entrenamiento que usa la CHBC, es necesario echar una mirada a las facetas críticas de su modelo de entrenamiento. Es evidente que su enclave urbano único, su pastor y personal talentosos, y la demografía no pueden clonarse. Sin embargo, a pesar de las diferencias en el entorno de Washington en comparación con Memphis, Atlanta o Denver, ofrecen una estructura útil para ejemplificar el ministerio y entrenar a los pastores para plantar y revitalizar iglesias. Las siguientes observaciones identifican áreas que otras iglesias pueden practicar para aprender del modelo de la CHBC.

En primer lugar, *este modelo apela a un firme liderazgo pastoral y al compromiso de invertir en la formación de otros.* Dever ejemplifica esto por el tiempo relevante que dedica a la orientación de los aprendices.[36]

En segundo lugar, *este modelo requiere un fuerte apoyo de la iglesia.* El proceso de formación pastoral no es sencillamente obra de Dever. Toda la iglesia atrae a los aprendices invitándolos a comer a su casa, incorporándolos a sus pequeños grupos y orando por sus futuros ministerios. La iglesia también provee un estipendio y alojamiento para los internos.

En tercer lugar, *este modelo exige una congregación saludable que procura aplicar el evangelio en sus vidas y darlo a conocer en su comunidad.* Los aprendices dijeron que observaban cómo la iglesia se toma el evangelio en serio en cada parte de sus vidas. Singh explicó que el «ADN de la CHBC» lo había impactado.[37]

En cuarto lugar, *este modelo demanda una concentración sobre la eclesiología.* Aunque se podría desear tratar otros temas en el período de prácticas, la eclesiología se entrecruza con casi todo lo que hace la iglesia local: su adoración, membresía, liderazgo, alcance, misión y servicio.

En quinto lugar, *este modelo reclama observación y «ser sombra».* Cuando fue entrevistado, Schmucker usó el término «hacer sombra» en alusión a que los aprendices son la sombra de Dever y de otros ancianos en sus ministerios, a fin de aprender mediante la observación de la práctica del ministerio de una iglesia sana.[38]

En sexto lugar, *este modelo llama a una mentoría personal para los aprendices por parte del pastor, el personal y los ancianos.* La mejor forma de expresarlo podría

36 Schmucker, «Evaluation of Training».
37 Singh, entrevista.
38 Schmucker, entrevista.

ser que todos están involucrados. La orientación de los aprendices no debe dejarse únicamente en las manos del pastor titular. La rica diversidad en la experiencia del ministerio se vuelve más plena para los estudiantes cuando la amplia gama de quienes están involucrados en el liderazgo de la iglesia invierte en sus vidas. En numerosas conversaciones con exinternos, que ahora sirven en el ministerio pastoral por todo el país y fuera de los EE. UU., ellos aludían a un anciano o miembro del personal de la CHBC que tuvo gran influencia en sus ministerios actuales.

En séptimo lugar, *este modelo precisa que se mantenga una inversión constante en aquellos enviados por la iglesia.* No todos los aprendices acaban siendo misioneros, plantadores o revitalizadores de iglesias enviados por la CHBC, pero algunos sí. La congregación sigue orando por estos pastores y misioneros, como otros que han experimentado el período de prácticas y han regresado a sus ministerios. Schmucker observó que se ha producido un aumento en los internacionales que solicitan el entrenamiento, y el resultado es que el modelo de la CHBC está siendo contextualizado y replicado de manera autóctona. La iglesia sigue orando por esta clase de obra y la alienta.[39]

CONCLUSIÓN

Aunque aparentemente estrecho, el enfoque en *el campamento de entrenamiento en eclesiología* puede ser en realidad más amplio de lo que parece, sobre todo cuando está encarnado en el contexto de una congregación sana. Ver cómo se vive el evangelio en una iglesia y el entusiasmo por discipular a otros en la fe cristiana convierte el estudio de la eclesiología en algo más que un ejercicio académico. En este tipo de entorno, los aprendices pastorales de la CHBC aprenden teología y práctica, estructura y método, a la vez que lo experimentan en la vida de la iglesia.

Si Dever quisiera transferir su material de enseñanza a un entorno de seminario sin el beneficio de que los aprendices observen la práctica de la eclesiología en una congregación sana, sería útil, pero tendría mucho menos impacto y parecería mera teoría. En su lugar, cada estudiante con el que me comuniqué expresó la forma profunda en que la congregación fue ejemplo de las lecciones aprendidas por medio de la lectura, el debate y las Escrituras. En este tipo de entorno, quienes aspiran a pastores captan un vistazo del aspecto de una iglesia sana, qué valora y cómo aplica el evangelio a la amplitud de la vida, y les proporciona una imagen viva de aquello a lo que se aspira en su obra pastoral. Aunque él debería permitir que la personalidad de su congregación se desarrolle, puede inculcar algunos aspectos de la cultura del ministerio de la CHBC a su propio entorno.

Quienes se enfrentan al reto intimidatorio de las misiones, la plantación o la

39 Ibíd.

revitalización de iglesias no solo *necesitan* un cuidadoso estudio bíblico/teológico, sino también modelos transferibles para guiarlos en los planes y decisiones en los años venideros. El período de prácticas pastorales en la Capitol Hill Baptist Church ofrece un modelo y una oportunidad para que los futuros pastores perfeccionen su entendimiento de la vida y la práctica de la iglesia local. Como señaló Aaron Menikoff: «Incluso cuando hago las cosas de un modo distinto, la CHBC siempre es una especie de referencia».[40] Y, como tal, junto con docenas de otros jóvenes ministros, este estándar de comparación es un medio providencial para mantener el rumbo en la plantación de iglesias y en el servicio a ellas.

40 Menikoff, «Evaluation for Church Planters».

CAPÍTULO 11

MODELOS: LA IGLESIA ENVIADORA

La mayoría de las iglesias intentan mantener a sus miembros. The Summit Church de Raleigh-Durham, Carolina del Norte, intenta de manera deliberada enviar a sus miembros afuera. Con el objetivo de plantar mil iglesias en los próximos cuarenta años, su liderazgo entiende la necesidad de entrenar y desplegar a muchos miembros de su congregación por todo el mundo.[1] La iglesia ha lanzado un brazo capacitador, el Sam James Institute, para entrenar y movilizar a sus miembros para la misión.[2] Con regularidad, la iglesia anuncia misiones y oportunidades de plantar iglesias, invita a los miembros de Summit a «considerar reubicar sus vidas y sus empleos durante al menos dos años para vivir y trabajar en una ciudad estratégica que necesite el evangelio con urgencia».[3] ¡Y los miembros responden! The Summit Church ha plantado 250 iglesias en total (42 nacionales; 208 internacionales) y ha enviado a más de 1000 personas a plantar iglesias hasta junio de 2018.[4] Entrenar y enviar están entretejidos en el ADN de la Summit.

Hace más de doce años, este no era el caso de The Summit Church que, durante cuarenta años, se había llamado Homestead Heights Baptist Church. Estancada y

1 J. D. Greear, «A Pastor Defends His Multi-Site Church», in *9Marks e-Journal*, s.l. [citado el 12 de febrero de 2013], www.9marks.org/journal/pastor-defends-his-multi-site-church.

2 «The Sam James Institute», s.l. [citado el 13 de junio de 2016], sji.summitrdu.com.

3 Mike McDaniel, «Church Planting Interest Meeting» (31 de enero de 2013), s.l. [citado el 12 de febrero de 2013], www.summitrdu.onthecity.org/plaza/events/8b4aad4c6a634aa48a336d27226e20304085ed8c.

4 «About: The Summit Church», s.l. [citado el 8 de julio de 2021], https://summitchurch.com/about/history.

hasta en declive, en 2002 la iglesia llamó a J. D. Greear a servir como pastor titular. Ocupó el cargo de un pastor expulsado por inmoralidad, otro que intentó imponer el modelo de iglesia de Willow Creek,[5] y un tercero que era un teólogo moderado. Con la revitalización como su primer punto del orden del día, Greear se centró en predicar el evangelio en lugar de establecer un nuevo programa o modelo para la iglesia. El evangelio sería el enfoque central de la predicación, la enseñanza, la adoración y los ministerios de la iglesia. Un nuevo amor para los incrédulos llevó a un cambio en las estructuras de la iglesia. Greear buscó desarrollar una «cultura de envío», que influyó en la generosidad de la congregación y su deseo de alcanzar su propia ciudad.[6] Por cultura de envío da a entender: «Enviar significa desprenderse de algunos de sus mejores líderes y dejar ir parte de los recursos. Quiere decir dar oportunidades en el reino y observar cómo otros obtienen el crédito por los éxitos que fácilmente habrían obtenido para sí mismos».[7] Una vez que la iglesia aceptó la cultura de envío, Greear empezó a enfocarse en entrenar y desplegar líderes.

UNA CULTURA DE ENVÍO

«Somos una iglesia enviadora; forma parte de nuestro ADN», me dijo Curt Alan, pastor de misiones en The Summit Church. Explicó que la cultura de envío se inicia con el pastor titular y se abre camino por el liderazgo hasta la congregación.[8] Abundan los ejemplos de miembros que aceptan esta cultura.

Trevor Atwood se entrenó en The Summit Church, plantó la City Church en Murfreesboro, Tennessee, en 2011, con veinticuatro miembros como equipo plantador. No tenía la intención de plantar una iglesia cuando se trasladó a la zona de Raleigh-Durham, en 2006. Su testimonio revela cómo le impactó la dominante cultura de envío de la congregación: «Dios usó a The Summit Church para iniciar el deseo de plantar iglesias y capacitarme para hacerlo».[9] Oyó los

---

5 Véase G. A. Pritchard, *Willow Creek Seeker Services: Evaluating a New Way of Doing Church* (Grand Rapids: Baker, 1995), para detalles sobre el modelo de la Willow Creek. Véase Greg L. Hawkins y Sally Parkinson, *Reveal: Where Are You?* (South Barrington, IL: Willow Creek Association, 2007), para su crítica interna de la espiritualidad del modelo de Willow Creek.

6 J. D. Greear, «Five Factors That Brought Life to a Dying Church», in *9Marks e-Journal*, s.l. [citado el 12 de febrero de 2013], www.9marks.org/journal/five-factors-brought-life-dying-church. Véase también «Pastor J. D. Greear», The Summit Church, s.l. [citado el 12 de febrero de 2013], www.summitrdu.com/about/pastor-j-d-greear.

7 J. D. Greear, *Gaining by Losing: Why the Future Belongs to Churches That Send* (Grand Rapids: Zondervan, 2015), 45.

8 Curt Alan, conversación privada con el autor, 12 de junio de 2012, en The Summit Church, Durham, NC.

9 «Meet a Church Planter: Trevor Atwood—City Church», *SendRDU* (17 de mayo de 2011), s.l. [citado el 12 de febrero de 2013], www.sendrdu.com/blog/page/11.

testimonios de plantadores de iglesias y de cómo obró el Señor para transformar a quienes estaban bajo su ministerio. Conforme el equipo de liderazgo invirtió en su entrenamiento, ellos también empezaron a confirmar sus dones de liderazgo y predicación.[10] Explicó que Summit moldeó su vida y su ministerio volviendo a centrar su atención en la centralidad del evangelio. Como los líderes de la iglesia habían invertido en él, aprendió a hacer lo mismo con otros.[11]

En 2013, una planta de The Summit Church arraigó en Baltimore, Maryland, llamada Redeemer City Church. Brad O'Brien, plantador de iglesias, se unió al personal pastoral de Summit en 2003. Sirvió como pastor universitario, pastor de misiones y pastor del campus de una de las múltiples ubicaciones.[12] No tenía la intención de plantar una iglesia, porque disfrutaba muchísimo de su ministerio en Summit. Sin embargo, su función cambió tras nueve años como parte del personal cuando fue aceptado en el programa de plantador de iglesias residente de Summit, en 2012.[13] Tras establecer su iglesia en Baltimore, la congregación comenzó usando las instalaciones de una iglesia vieja ya establecida. Su relación fue tan buena que condujo a la fusión de ambas congregaciones en una iglesia, en 2014, que ahora se llama Jesus Our Redeemer Church.[14] Irónicamente, como plantador de iglesias residente, Brad estaba bajo la supervisión de Mike McDaniel, miembro del personal de quien él había sido supervisor durante su tiempo como pastor de misiones. Expresó lo positiva que había sido esta experiencia para aprender de la perspectiva de McDaniel.[15]

PREPARACIÓN DE LOS LÍDERES PARA PLANTAR Y REVITALIZAR IGLESIAS

Afirmar que en Summit hay intencionalidad en la preparación de líderes es quedarse corto. Al parecer, la iglesia entrena a sus miembros de forma estratégica en todos los niveles, planten iglesias o no. Greear afirma: «La Gran Comisión no es un llamado para algunos; es un mandamiento para todos».[16] El Sam James Institute de Summit tiene tres brazos: preparar a los creyentes, desarrollar líderes y la cultura de la participación. Por medio de «preparar creyentes», los miembros pueden participar en las clases de discipulado y en los foros mensuales. En estos se trata

10 Ibíd.
11 Trevor Atwood, «Evaluation for Church Planters and Revitalizers», 12 de octubre de 2012.
12 Brad O'Brien, «Evaluation for Church Planters and Revitalizers», 12 de octubre de 2012.
13 Ibíd. Véase también SendRDU, «Our Next Church Plant» (16 de abril de 2012), s.l. [citado el 12 de febrero de 2013]: s.l. Online: www.sendrdu.com/blog/page/3/.
14 «Jesus Our Redeemer: Staff», s.l. [citado el 6 de junio de 2016], www.jesusourredeemer.com/#!staff/npgl7.
15 Ibíd.
16 Greear, *Gaining by Losing*, 80.

el amplio espectro de la formación espiritual, la vida centrada en el evangelio, la evangelización, las misiones, el liderazgo, la familia, etc. Las clases de discipulado ofrecen una capacitación práctica en esas áreas. Los líderes consideran que es un tiempo serio para el discipulado de un gran segmento de la congregación y para el desarrollo de plantadores de iglesia y misioneros, así como líderes en sus múltiples ubicaciones de sus recintos universitarios. Los participantes pertenecen a todas las etapas de la vida, por ejemplo, estudiantes universitarios, seminaristas, profesionales, etc.[17]

A través de «desarrollar líderes», Sam James prepara a los miembros de la iglesia para ser líderes, «ministros» y pastores. Esto no solo incluye a los futuros misioneros y a los plantadores de iglesias, sino también a los «ministros» laicos. Para quienes sientan el llamamiento al ministerio vocacional, Summit ofrece un período de prácticas de un año, seguido de un aprendizaje de dos años. El estudio inicial de eclesiología, liderazgo y otros temas relacionados con la plantación de iglesias en estos programas establece el escenario para dos importantes desarrollos. En primer lugar, saca a la superficie a los líderes potenciales que podrían servir en puestos de personal pastoral en una de las múltiples ubicaciones universitarias o en el liderazgo general. En segundo lugar, permite que el personal descubra potenciales plantadores de iglesias que podrían ser movidos a establecer una congregación futura.[18] Cuando se trata de plantar una iglesia internacional, se los dirige al grupo de plantación de una iglesia internacional, donde serán equipados por exmisioneros o misioneros actuales como parte de un equipo plantador de iglesias en el extranjero. Se invita a los plantadores nacionales a participar en una de las fases más intensivas de la formación para el liderazgo en The Summit Church: la residencia de plantadores de iglesias.

Mike McDaniel, director de dicha residencia, la describe como una escuela de élite en tres partes, una para el liderazgo, una como incubadora para la plantación de iglesias y una de entrenamiento en el ADN del evangelio.[19] Considerando que todo lo anterior a esta idea se ha designado para desarrollar a pastores principales, la residencia se enfoca en la formación de los pastores para que sean plantadores. Aunque aceptan a personas de fuera, el principal objetivo de Summit es levantar a tantos plantadores de iglesias internamente como sea posible. No es poco habitual que los residentes pasen varios años como parte del personal antes de la residencia. O'Brien perteneció al personal durante nueve años antes de entrar en el programa de residencia, Andrew Hopper estuvo cuatro años y Atwood tres,

17 Ibíd.
18 Ibíd.
19 «Plant: We Equip Leaders to Plant Churches» [citado el 13 de junio de 2016], thesummitnetwork.com/#plant.

antes de la admisión.[20] Cada uno de ellos mantuvo posiciones estratégicas en el liderazgo, de manera que los líderes de la iglesia pudieran confirmar sus dones y sus capacidades para dirigir a una nueva congregación.

La residencia de plantadores de iglesias solo acepta a tantos aprendices como iglesias nuevas pretenda abrir el liderazgo de Summit. McDaniel identifica seis razones para el programa de residencia. En primer lugar, la plantación de iglesias es difícil. Muchos plantadores fracasan por tener una preparación espiritual inadecuada, un entrenamiento deficiente y expectativas poco realistas. Aunque varias redes de plantadores de iglesias proporcionan herramientas de evaluación que ayuden a las iglesias patrocinadoras a determinar el potencial de un plantador para perseverar en la nueva obra, la residencia proporciona al liderazgo de Summit la oportunidad de observar al posible plantador durante nueve meses, mientras «habla a su vida, su matrimonio y su ministerio». McDaniel añade: *La mejor herramienta de evaluación que tenemos para plantar iglesias es la iglesia local.*[21] En otras palabras, en lugar de un ambiente académico un tanto estéril para aprender toda la gama de la plantación de iglesias, los residentes de Summit se involucran en el espectro completo de la vida de iglesia.

En segundo lugar, el entrenamiento tiene lugar en la comunidad del evangelio y no en el aislamiento. «El mejor lugar para aprender a plantar iglesias sanas —indica McDaniel— es una iglesia saludable». Observa correctamente que algunos plantan iglesias porque saben lo que no quieren en ellas, aunque no hayan experimentado nunca una iglesia sana como modelo para dirigir sus decisiones de liderazgo.[22] Por consiguiente, pueden proponer la plantación de iglesias con cierta ceguera y no de manera intencional. En tercer lugar, los que han plantado iglesias proporcionan el entrenamiento para los residentes, les hablan con franqueza de sus éxitos y sus fracasos, de manera que puedan aprender de las experiencias de quienes los han precedido. Los plantadores de iglesias aprenden a valorar las relaciones de la mentoría con el fin de prepararlos para la serie de incógnitas a las que se enfrentarán en el proceso de plantación.

En cuarto lugar, debido al costo de la plantación de iglesias, los residentes reciben formación en la recaudación de fondos y asignaciones mientras viajan para recoger el dinero necesario. The Summit Church también provee recursos sustanciales para financiar los gastos de la plantación de iglesias. En quinto lugar,

---

20 O'Brien, «Evaluation»; Andrew Hopper, «Evaluation for Church Planters and Revitalizers», 12 de octubre de 2012; Atwood, «Evaluation».

21 Mike McDaniel, «Why You Should Do a Church Planting Residency», SendRDU (6 de febrero de 2012), s.l. [citado el 12 de febrero de 2013], www.sendrdu.com/blog/page/5. Cursivas originales.

22 McDaniel, «Why You Should».

McDaniel explica que a los residentes se les da «una licencia de caza en la iglesia para reclutar a quienes ellos quieran llevar» consigo en el inicio de la iglesia.[23] Se permite a los residentes que evalúen y entrenen a sus propios equipos para asegurarse de que cada voluntario muestre señales de encajar bien en el tejido del equipo, y sea adaptable al contexto de la localidad donde se plante. Esto despeja los problemas futuros para quienes carezcan de madurez espiritual, adaptabilidad y resistencia para ocuparse del proceso de plantación.[24] También moviliza a más gente de iglesia para que se involucre en la plantación de iglesias. Summit considera a sus equipos de plantadores de iglesias como bandas de discípulos misioneros agrupados con un pastor plantador de iglesias. Finalmente, la residencia provee una relación constante con The Summit Church y su liderazgo, ya que procuran mantener al plantador en la obra —a veces solitaria— de plantar iglesias.[25]

Como parte de los programas del período de prácticas y de aprendizaje, Summit ha establecido un ministerio de suplencias para el púlpito de las iglesias locales. Este ministerio provee oportunidades para que quienes están siendo entrenados para el pastoreo y la plantación de iglesias consigan más experiencia en la predicación antes de ser enviados por The Summit Church. El liderazgo de Summit invita a los pastores que necesiten suplir una vacante en el púlpito a que se tomen el tiempo de ofrecer sus impresiones sobre el sermón en lugar de pagar honorarios.[26] Cada predicador enviado ha demostrado sus aptitudes para predicar, en laboratorios de predicación de nivel básico y avanzado, dirigidos por sus mentores.[27]

Lo que Summit hace los fines de semana proporciona dirección y planta semillas que conducen a la residencia intensiva de plantación de iglesias. Los detalles de la residencia proporcionan una buena percepción de las áreas que el liderazgo de Summit valora para el entrenamiento de los plantadores de iglesias.

ENTRENAMIENTO DE LOS RESIDENTES PARA PLANTAR IGLESIAS

Aunque otros entornos de formación puedan ser mucho más grandes, la residencia se limita típicamente a cinco o siete personas. Los que son admitidos proceden de diversas funciones de liderazgo en la iglesia u otras iglesias.[28] El

---

23 Ibíd.
24 Mike McDaniel, conversación privada, 12 de junio de 2012; The Summit Church, Durham, NC.
25 McDaniel, «Why You Should».
26 Mike McDaniel, «Preachers, Do You Need a Week Off?» (16 de diciembre de 2012), s.l. [citado el 12 de febrero de 2012], www.sendrdu.com/blog/page/2.
27 McDaniel, conversación privada.
28 Ibíd.

programa básico de estudios en la residencia se divide en tres fases: la preparación del líder y de la visión, conseguir un equipo y recursos, y desarrollar estrategias y sistemas. Los residentes leen extensamente de una diversidad de fuentes, incluidos *Center Church* [*Iglesia centrada*] de Timothy Keller y del *Redeemer Church Planting Manual.*[29] Estos libros fijan como objetivo la plantación de iglesias en un entorno urbano, y están escritos como herramienta para ayudar a quienes son entrenados en la Keller's Redeemer City to City, que busca plantar iglesias en el área metropolitana de Nueva York.[30] En el manual, Keller narra primero su inspiradora historia de la plantación de la Redeemer Presbyterian Church.[31] Sirve de modelo extraordinario para quienes pretenden plantar iglesias en una región urbana. Tras presentar una lógica bíblica para plantar una iglesia en la ciudad, el libro examina concienzudamente la necesidad de entender el contexto de la plantación de iglesias, seguido de la evaluación de los dones del potencial plantador para trabajar para el reino de Cristo en la ciudad.[32] El resto del libro explora lo que significa ser un líder siervo que planta en un contexto urbano, con numerosos ejemplos de cómo desarrollar a un grupo central, un equipo de liderazgo y cómo alcanzar a la comunidad. Dado que varias de las plantaciones de iglesias de Summit, internacionales y en Estados Unidos, están situadas en centros urbanos estratégicos, este manual de plantación de iglesias parece ser la herramienta más adecuada para la preparación.

Además de *Center Church* [*Iglesia centrada*] y el manual de plantación de iglesias, los residentes leen a numerosos autores que tratan múltiples temas para la plantación de iglesias y el ministerio pastoral, por ejemplo, liderazgo, autoconciencia, eclesiología, plantación de iglesias, ministerio urbano, ministerios de misericordia, contextos culturales, predicación y evangelio. Debatir los libros con McDaniel y otros líderes ayuda a traer aplicación a las futuras plantaciones de iglesias por parte de los residentes.[33]

Cada exresidente entrevistado sobre su entrenamiento señaló a McDaniel como principal mentor durante la residencia. Sin embargo, cada uno también había sido discipulado de forma personal por Greear mientras servía en una posición del personal de la iglesia, pero con un contacto de mentoría menos directo con él durante la residencia. Greear moldeó su entendimiento de la aplicación del evangelio a la vida, el ministerio y la predicación. Las reuniones semanales

---

29 Timothy J. Keller, *Iglesia centrada: Cómo ejercer un ministerio equilibrado y centrado en el evangelio en la ciudad* (Miami: Vida, 2012); Timothy J. Keller y J. Allen Thompson, *Redeemer Church Planting Manual* (Nueva York: Redeemer Church Planting Center, 2002).

30 Keller y Thompson, *Church Planting Manual*, 24.

31 Ibíd., 7-20.

32 Ibíd., 27-71.

33 O'Brien, «Evaluation»; Atwood, «Evaluation»; Hopper, «Evaluation».

con McDaniel y otros mentores perfeccionaron sus funciones como plantadores de iglesias, los entrenó para enfrentarse a todo lo que encontraran en su preparación para plantar y a mantener el ritmo para inaugurar las nuevas iglesias.[34] El enfoque de equipo en la orientación por parte del liderazgo de Summit parece ser evidente en los residentes.

La influencia de la iglesia impregna el proceso de formación. En lugar de residentes aislados, el liderazgo de Summit los involucra en múltiples ministerios de la iglesia. Los líderes consideran que esta involucración es más importante que los períodos de formación, ya que reciben comentarios sobre los dones, las aptitudes y el carácter de los residentes mientras sirven en la congregación.[35] Esta práctica destaca el valor de la iglesia local como punto focal del entrenamiento de los plantadores de iglesias, por encima del entrenamiento en un entorno académico. En la experiencia actual de la vida de la iglesia, los residentes son probados y moldeados para su función futura como plantadores de iglesias. La formación se convierte en algo más que teoría. Los residentes lo ven como realidad.

En el caso de los alumnos de plantación de iglesias de Summit, el involucramiento de los residentes en los diversos ministerios de la iglesia les permite tener la oportunidad de buscar miembros para el potencial equipo. Esto les proporciona, asimismo, un entorno realista para evaluar las destrezas del liderazgo y las aptitudes pastorales del plantador de iglesias antes de unirse al grupo. Este tipo de disposición los vincula entre sí antes de reubicarse en otra ciudad o país para plantar una nueva congregación.

RESUMEN DEL MODELO DE ENTRENAMIENTO DE LIDERAZGO DE THE SUMMIT CHURCH

Primero, *este modelo tiene el firme apoyo de la congregación, incluido el respaldo económico, durante la residencia de plantación de iglesias y en la nueva iglesia plantada.* Los residentes pueden así dedicar todas sus energías a la preparación para plantar una nueva iglesia.

Segundo, *este modelo planea de forma proactiva inaugurar una iglesia plantada con miembros de The Summit Church.* Se permite que los residentes «vayan a cazar» miembros para el potencial equipo y se los alienta a formarlos antes de la inauguración de la iglesia.

Tercero, *este modelo estudia de manera intensiva la plantación de iglesias y el ministerio pastoral, y presta menos atención a otras áreas del ministerio.* Dado que los aprendices deben tener una maestría en Teología antes de comenzar en

34 Ibíd.
35 McDaniel, conversación privada.

la residencia, muchos de los temas más amplios del ministerio cristiano ya se habrán tratado en las clases del seminario.

Cuarto, *este modelo pone al pastor de plantación de iglesias como principal mentor de los aprendices, y no al pastor titular.* Él dedica sus energías a tiempo completo al entrenamiento y la preparación para las nuevas iglesias. Para las congregaciones más pequeñas, el pastor titular asumirá esta función con la colaboración de otros líderes.

Quinto, *este modelo encomienda tareas a los aprendices en diversos ministerios de Summit y los evalúa para orientar hacia la mejora en el ministerio.*

CONCLUSIÓN

Summit no esperaba convertirse en una megaiglesia antes de desarrollar la formación para el liderazgo. Al aceptar la mentalidad de iglesia enviadora, la formación no tardó en convertirse en una parte regular de la vida de la iglesia. Los años invertidos en sus miembros para poder enviarlos al ministerio han perfeccionado la capacidad de la iglesia para entrenar a líderes. El tamaño de la iglesia les ha permitido dedicar a miembros específicos del personal a formar líderes para plantar iglesias. Aunque el proceso utilizado en la residencia de plantación de iglesias no está diseñado para producir plantadores en masa, sí provee una estupenda preparación para ellos y sus equipos, cuando la iglesia los envíe a abrir nuevas congregaciones. Greear enfatiza la multiplicación a largo plazo de líderes y nuevas iglesias, en lugar de una rápida incorporación para una gratificación inmediata.[36]

La residencia de plantación de iglesias de Summit también sirve de ejemplo reproducible para iglesias más pequeñas que estén dispuestas a invertir tiempo y recursos en la formación de plantadores o revitalizadores de iglesias y misioneros. En ocasiones, esto se realiza mejor uniéndose a otras congregaciones para impartir juntas el entrenamiento. La iglesia plantada por Summit en Denver ha hecho lo mismo con otras dos iglesias. En otros entornos, el pastor y los miembros del personal, o los ancianos de la iglesia, pueden compartir la mentoría de los potenciales ministros, teniendo en mente que su involucramiento en el ministerio de la iglesia provee la mejor preparación para la obra pastoral futura.

El ADN de la iglesia enviadora necesita el desarrollo del liderazgo. The Summit Church ha estado a la altura del reto de preparar a sus miembros para la diversidad del ministerio mediante su Sam James Institute.[37]

---

36 Greear, *Gaining by Losing*, 31-35.

37 Estoy agradecido por la ayuda de Mike McDaniel con los detalles de este capítulo.

CAPÍTULO 12

MODELOS: CARA A CARA

Un pequeño grupo se reunió en 1992 para orar y debatir sobre la plantación de una nueva iglesia en Nashville, ciudad conocida por su diversidad de iglesias. De este tiempo de oración, estudio bíblico y reuniones de visión, la Grace Community Church (GCC) empezó en enero de 1993, con Scott Patty, oriundo de Nashville, como primer pastor. De sus pequeños comienzos, la GCC ha crecido de forma constante en número, profundidad y ministerio, con tres cultos cada domingo por la mañana, múltiples comunidades y reuniones de pequeños grupos por toda la ciudad, a lo largo de la semana y una serie de ministerios de evangelización y misericordia en la comunidad y fuera de ella.[1] Patty sigue sirviendo como pastor titular, procurando enseñar las Escrituras e infundir «una visión bíblica para toda la vida» mediante la predicación expositiva.[2]

Jamie Mosley sirvió como parte del personal pastoral de la GCC, como director de ministerios y administración de la iglesia (mayo 2005–diciembre 2008) y director de los ministerios de la iglesia (enero 2009–julio 2010). Durante la última fase de su obra pastoral en GCC, Mosley inició el proceso de plantar una nueva iglesia a unos treinta minutos de la GCC, en Hendersonville. Tras someter una propuesta a los ancianos de la GCC, para su confirmación y apoyo en el liderazgo, los ancianos y la congregación enviaron a Mosley y otros dos líderes a servir como equipo inicial de liderazgo. Mosley reconoció que los meses que llevaron a la inauguración de su iglesia serían críticos, conforme procuraba perfeccionar sus

1 «History», s.l. [citado el 12 de febrero de 2013], www.gccnashville.org/about-grace/history.
2 «Leadership», s.l. [citado el 12 de febrero de 2013], www.gccnashville.org/about-grace/leadership.

aptitudes pastorales bajo la dirección de Patty y los ancianos.[3] Aprendió los detalles del ministerio pastoral «caminando con Scott Patty durante cinco años», seguido por reuniones semanales con él y con otro plantador de iglesias en 2009–2010, mientras Patty los orientaba a ambos en la preparación para iniciar nuevas iglesias.[4] Describió la relación con Patty como «deliberada, humilde y transparente», y expresó su propio deseo de ser como su pastor en dichos ámbitos. Opinaba que su relación deliberada de mentoría era la mejor preparación para plantar la Redeemer Church en Hendersonville, Tennessee.[5]

Matt McCullough se trasladó a Nashville para conseguir un doctorado por la Vanderbilt University, con el objetivo de llegar a ser pastor y enseñar. Él y su esposa se unieron a la GCC poco después de llegar. A través de una membresía de siete años en la GCC, McCullough se involucró activamente en el ministerio a través de la iglesia, incluyendo la enseñanza, el liderazgo del grupo de comunidad y la obra de misión. Reconoció que, desde el principio, el entrenamiento para el ministerio empezó de manera informal mediante la relación con Patty y los ancianos de la iglesia. En 2009, empezó una práctica pastoral educativa a tiempo parcial, que se convirtió en unas prácticas a tiempo completo a principios del 2010, cuando se propuso plantar una iglesia a finales del 2010 en el distrito universitario de Nashville, cerca de las universidades Vanderbilt y Belmont.[6] McCullough entendía que no solo él necesitaba la formación de Patty y de los ancianos de la GCC para el liderazgo, sino también aquellos que formarían el equipo de liderazgo para la nueva Trinity Church.[7] Los ancianos de la GCC acudieron para impartir una orientación adicional a McCullough y su equipo de liderazgo, mientras se preparaban para plantar una nueva iglesia.

ENTRENAMIENTO DE HOMBRES JÓVENES PARA EL MINISTERIO

Por sus años de ministerio pastoral, Scott Patty supo ver la necesidad de entrenar a hombres jóvenes para que sirvieran a la iglesia de Cristo. El primer período de prácticas de un año se inició en 2007 con un simple propósito: «Proporcionar

---

3 Jamie Mosley, «Hendersonville Church Planting Proposal: Presented to the Elders of Grace Community Church» (sin publicar, 4 de febrero de 2010).

4 Jamie Mosley, «Evaluation for Church Planters and Revitalizers—Grace Community Church Nashville», 31 de octubre de 2012.

5 Ibíd. Véase la página web de la iglesia: http://www.redeemertn.org.

6 Matt McCullough, «Evaluation for Church Planters and Revitalizers—Grace Community Church Nashville», 31 de octubre de 2012, s.l. McCullough pasó dos veranos en prácticas en la South Woods Baptist Church, Memphis, TN, durante sus días universitarios.

7 Matt McCullough, «A Church Planting Proposal: Presented to the Elders of Grace Community Church» (sin publicar, 5 de noviembre de 2009), s.l. Véase la página web de la iglesia: http://www.trinitynashville.org.

al interno una amplia exposición al ministerio de la iglesia, para ayudarle a discernir su llamamiento a un ministerio específico en el seno de la iglesia». Esto se llevaría a cabo mediante «una atención especial al ministerio pastoral».[8] Los planes de estudio para las prácticas futuras identificaban de manera detallada el propósito como desarrollar «pastores y/o plantadores de iglesias para el servicio en la congregación local».[9] El proceso de prácticas involucraba una obra ministerial activa en la GCC, ayudando en las reuniones de personal y de ancianos, juntándose con regularidad con Patty, rotando con otros miembros del personal, leyendo y escuchando lo que se encomendara y colaborando con el personal de la iglesia en diversos proyectos. Al interno se le permitía la flexibilidad de designar algunos aspectos particulares del período de prácticas para ajustar sus metas ministeriales.[10] La lista de lecturas para las prácticas se centraba en cinco ámbitos: iglesia, liderazgo, predicación, consejería y evangelización/misiones.[11]

McCullough destacó el hecho de que Patty estuviera a su disposición a lo largo de las prácticas como el aspecto más útil de su experiencia. Tuvo la oportunidad de verlo en la amplitud del liderazgo pastoral, de manera que aprendió mediante la observación, la interactuación y formulando preguntas con libertad. Además, McCullough acudía con regularidad a las reuniones de personal y ancianos, se beneficiaba de la predicación semanal de Patty y debatía los detalles del ministerio y de la plantación de iglesias en las reuniones semanales con él.[12]

Con los deberes añadidos de su posición como personal, Mosley encontró que el tiempo que pasó cara a cara con Patty fue muy valioso en su preparación para plantar la Redeemer Church. Describió la interacción como «pastoral, paternal (de un modo positivo) y dirigida a la inversión [en mí] y a moldearme».[13] La interacción y la mentoría regular de los ancianos de la GCC le parecieron fundamentales para su desarrollo en el futuro ministerio.

El programa de prácticas en la GCC involucra al pastor, los ancianos y la congregación. Patty señaló que, sin la involucración congregacional, dicho plan de aprendizaje se vería muy distinto y sería menos eficaz.[14] El comentario «paternal» de Mosley revela algo de la forma en que Patty y la congregación ven su relación constante con él, con McCullough y con otro exinterno que plantó una iglesia en la zona de Madison, en Nashville. Ellos han demostrado este

8 Scott Patty, «Grace Community Church Intern Program 2007 2008» (sin publicar; sin fecha).
9 Scott Patty, «Grace Community Church Pastoral Intern Program 2009–2010», (sin publicar).
10 Ibíd.
11 «GCC Pastoral Ministry Reading Schedule» (sin publicar; sin fecha).
12 McCullough, «Evaluation».
13 Mosley, «Evaluation».
14 Conversación telefónica entre Scott Patty y el autor, 16 de agosto de 2012.

espíritu paternal adecuado mediante la planificación de un retiro de liderazgo conjunto con la GCC y los líderes de la iglesia que sirven con los tres antiguos internos pastorales. Los anteriores internos de la GCC siguen reuniéndose una vez al mes con Patty para una mentoría y un entrenamiento continuos en sus respectivos ministerios.[15]

EL PROCESO ORIENTADOR

¿Cuál es proceso de la GCC para orientar a los plantadores de iglesias? Patty cree que el Señor provee a los hombres adecuados para la mentoría, y añade que ha descubierto que involucrarse en el entrenamiento es sano para su ministerio en la GCC.[16] La relación de entrenamiento empieza con un acuerdo escrito entre los ancianos y el interno pastoral. Los internos tienen cierta flexibilidad con porciones del internado que se adaptan a prepararlos mejor para el ministerio futuro. McCullough declaró que el sesenta por ciento de su entrenamiento se centraba en la obra pastoral y en la plantación de iglesias, y el resto se distribuía entre las misiones, la evangelización/el discipulado, la proclamación, el sistema de gobierno y las disciplinas espirituales personales.[17] En el caso de Mosley, la mitad del enfoque durante la mentoría se centró en plantar iglesias y otro veinte por ciento en la proclamación.[18] Esto indica que Patty diseñó a medida el período de prácticas para que encajara en las necesidades particulares de cada interno, en lugar de adoptar un planteamiento universal.

Tiempo cara a cara

Las reuniones regulares con Patty implican tiempo para debatir sobre las lecturas, planes de ministerio y el caminar personal con Cristo. McCullough señaló que el enfoque en estas tertulias sobre el cuidado de su alma ha demostrado ser sumamente valioso. Aunque la instrucción específica sobre plantar iglesias y el ministerio pastoral lo han preparado bien para su ministerio actual, la atención al cuidado del alma y las advertencias de guardarse del orgullo y de las inseguridades del corazón lo han mantenido a flote como cristiano y pastor.[19] Patty reconoce que entrenar no se limita sencillamente a los éxitos y las derrotas de la obra pastoral; de manera más importante, el entrenamiento debe centrarse en dirigir a los hombres jóvenes a prestar una cuidadosa atención a caminar con humildad y fidelidad, en obediencia a Cristo y al evangelio.

15 Ibíd.
16 Ibíd.
17 McCullough, «Evaluation».
18 Mosley, «Evaluation».
19 McCullough, «Evaluation».

Trabajo en equipo

La mentoría pastoral también incluye una interacción regular, aunque menos formal, con los ancianos de la GCC. Estos hombres proporcionan una perspectiva diferente a la del pastor Patty, ya que se concentran en la función de los laicos-ancianos en el ministerio de la iglesia local. En opinión de McCullough, la extensa interacción con ellos le resultó útil para guiar a quienes servían como laicos-ancianos en su congregación.[20] La orientación pastoral puede volverse desequilibrada cuando los líderes que no pertenecen al personal se involucran poco en la vida y el ministerio de los aprendices. Patty ha diseñado el período de prácticas con sabiduría para incluir el compromiso regular con sus homólogos ancianos.

Lecturas pertinentes

Los mentores pastorales dirigen con prudencia a sus aprendices en una lectura sustancial. Patty ha seleccionado una lista de autores destacados para leerlos y debatir con sus protegidos, por ejemplo, D. A. Carson, Graeme Goldsworthy, John Stott, Wayne Grudem, C. John Miller, David Powlison, Robert Coleman, J. I. Packer, Mark Dever y Tim Keller. Tanto Mosley como McCullough consideran que la obra de C. John Miller, *The Heart of a Servant Leader* y la de David Powlison, *Seeing with New Eyes*, son particularmente formativas en el entendimiento de las luchas del alma y la consejería centrada en el evangelio, respectivamente.[21] McCullough observa, además, el impacto de John Stott y Graeme Goldsworthy en su comprensión y su práctica en predicar a Cristo a partir de todas las Escrituras, cuando ministraba en una ciudad secular.[22]

Entrenar a líderes varones

Patty también es un ejemplo para sus aprendices en el entrenamiento del liderazgo masculino en la congregación. Tanto McCullough como Mosley comentaron cómo aprendieron de Patty y de los ancianos de la GCC el valor de entrenar a hombres. La misma práctica continúa en sus ministerios.[23] Eso parece fluir

---

20 Ibíd.

21 Ibíd.; Mosley, «Evaluation». Véanse C. John Miller, *The Heart of a Servant Leader: Letters from Jack Miller* (Phillipsburg, NJ: P&R, 2004) y David Powlison, *Seeing with New Eyes: Counseling and the Human Condition through the Lens of Scripture* (Phillipsburg, NJ: P&R, 2003).

22 McCullough, Ibíd. Véanse John Stott, *Between Two Worlds: The Challenge of Preaching Today* (Grand Rapids: Eerdmans, 1982) y *The Contemporary Christian: Applying God's Word to Today's World* (Downers Grove, IL: IVP, 1995); y Graeme Goldsworthy, *Preaching the Whole Bible as Christian Scripture: The Application of Biblical Theology to Expository Preaching* (Grand Rapids: Eerdmans, 2000).

23 Ibíd.; Mosley, «Evaluation».

con naturalidad de una de las expresiones claves de fe de la GCC: «*Crecemos* en nuestra relación con Cristo y los unos con los otros».[24] El liderazgo demuestra su seriedad en construir relaciones a través de los grupos de la comunidad ampliamente distribuidos por toda el área metropolitana de Nashville, una práctica ministerial adoptada por sus plantadores de iglesias.[25] Patty dirige a los hombres en el formato de pequeños grupos para tratar cuestiones específicas para ellos y su liderazgo. Las mujeres también están involucradas en grupos pequeños. El comentario de Mosley indica algo de la intensidad dada al entrenamiento de hombres y a hacer discípulos, cuando declaró que el ministerio de la GCC produce fruto en su ministerio, a través del «énfasis sobre *estar presente en las vidas de las personas* y usar cada momento de la vida como una oportunidad para el discipulado».[26] La presencia pastoral en la vida de la congregación, ejemplificada sistemáticamente por Scott Patty, sigue en el ministerio de sus aprendices.

Mantener la sencillez en el ministerio

Desde el comienzo de la GCC, Patty procuró mantener la sencillez en el ministerio. En lugar de añadir una larga lista de programas y actividades que desvían de la visión de la iglesia, los ha dirigido a centrarse en la enseñanza expositiva de las Escrituras, a construir relaciones a través de pequeños grupos y de ministerios conjuntos, alcanzar a la comunidad y servir en ella y conectarse con el ministerio internacional. Las huellas de su misión siguen expandiéndose de forma local y en muchos otros lugares del mundo.[27] Tanto McCullough como Mosley han adoptado la misma filosofía en el ministerio que aprendieron de su mentor. McCullough explica: «Procuro priorizar las cosas que Dios ha prometido usar para cambiar las vidas: predicar/enseñar la Biblia, la oración, el discipulado personal/el consejo centrado en el evangelio y la evangelización. Intento minimizar el tiempo que dedico a cualquier otra cosa».[28] Mosley concuerda: «Queremos ser sencillos y deliberados». Recalcó, además, que la mayor parte de lo que hacen como iglesia está impulsado por las relaciones, algo muy parecido a lo que observó durante cinco años bajo el liderazgo de Patty.[29]

---

24 «Grace Community Church» [citado el 12 de febrero de 2013], www.gccnashville.org. Cursivas originales.

25 «Community Groups» [citado 12 febrero de 2013], gccnashville.org/ministries/adult/small-groups/community-groups-2.

26 Mosley, «Evaluation». Cursivas añadidas.

27 «History».

28 McCullough, «Evaluation».

29 Mosley, «Evaluation».

Cultivar a la congregación

Al celebrar el vigésimo aniversario de la GCC, varios miembros y exmiembros redactaron sus historias sobre la iglesia. El tema que se hizo eco en cada uno de ellos se centró en la fuerza de las relaciones construidas en la congregación. Una señora escribió sobre cómo los años pasados en Grace le «sirvieron de escudo». Comentó que eso se debía a «las personas».[30] Una pareja habló de los amigos y mentores en la iglesia que alimentaron al esposo —física y espiritualmente— durante su membresía cuando era soltero, y después siguieron entrenándolos como matrimonio. Aludieron a la intención de la GCC de construir a pequeño nivel con el fin de servir de plataforma de lanzamiento para plantadores de iglesias y misioneros. Se regocijaban de haber sido enviados como parte del equipo de plantación de la Redeemer Church de Hendersonville con Jamie Mosley, exmiembro del personal, entrenado por Patty.[31] Otra pareja escribió: «Hemos experimentado cómo es, realmente, el cuerpo de Cristo, que pudimos ver durante las épocas de grandes luchas y fracasos personales, sin cotilleo ni condenación, con personas que experimentaban la restauración con nosotros». Prosiguieron hablando de la excelente predicación y enseñanza que escuchaban cada semana de boca de personas modestas que procuraban servir fielmente al Señor.[32]

Bajo Scott Patty y los ancianos de la GCC, la iglesia no se ha centrado en edificios, programas ni personalidades, sino más bien en una comunidad de seguidores de Cristo que viven el evangelio y sirven juntos en su ciudad y fuera de ella. En este entorno, donde la iglesia entiende el sentido bíblico de la comunidad, Patty orienta a los jóvenes ministros para que puedan cultivar a sus congregaciones para que reflejen la vida que experimentaron en la GCC. Las imágenes grabadas con precisión en la mente de los protegidos, de un cuerpo que vive junto en unidad, servicio y amor, sigue siendo la motivación de buscar lo mismo en sus propias congregaciones.

La sana doctrina, el sistema de gobierno bíblico y el pacto de la membresía

Los debates sustanciales de Patty con sus aprendices dejaron una fuerte marca en la forma en que ellos han dirigido a sus congregaciones en asuntos de doctrina, sistema de gobierno y membresía. Tanto McCullough como Mosley expresaron el

30 Emily Hudson, «Grace Has Served as a Shelter», en «Stories of Grace» [citado el 12 de febrero de 2013], gccnashville.org/life-at-grace/20-year-anniversary/stories-of-grace.

31 Mike y Duffy Betterton, «Grace as a Launch Pad», en «Stories of Grace» [citado el 12 de febrero de 2013], gccnashville.org/life-at-grace/20-year-anniversary/stories-of-grace.

32 Julie and Bill Bryan, «Same Team, Same Hope», en «Stories of Grace» [citado el 12 de febrero de 2013], gccnashville.org/life-at-grace/20-year-anniversary/stories-of-grace.

deseo de ejemplificar la declaración doctrinal de plantación de iglesias según lo que siguieron en la GCC. Observaron cómo sus convicciones doctrinales dirigían su adoración, su evangelización, sus misiones y el cuidado de su membresía. Patty y su iglesia fueron modelo de eficacia al hacer que la doctrina fuera fundamental para la misión y el ministerio, práctica que sus protegidos asumieron por completo.[33]

Tanto McCullough como Mosley han adoptado un liderazgo plural de ancianos dentro de una estructura congregacional, cuyo eficaz ejemplo vieron en la GCC.[34] Comenzaron sus congregaciones de manera deliberada, con una pluralidad de ancianos que habían sido examinados y confirmados por los ancianos de la GCC. Igual que en Grace, ellos también establecieron un proceso de membresía que requiere la asistencia a una clase de nuevos miembros, la entrevista por parte de los ancianos, el compromiso con el pacto de la iglesia y la confirmación de la congregación. Situar una alta prioridad en la membresía de la iglesia distingue a estas nuevas iglesias de muchas de las iglesias en su zona que mantienen grandes listas de «miembros inactivos» y que no exigen pacto alguno de membresía. La influencia de Patty en el aspecto de la membresía de una iglesia saludable sigue produciendo frutos en sus protegidos.[35]

Tanto McCullough como Mosley expresaron el deseo de ayuda adicional con su predicación. El primero señaló que el programa interno no pretendía proveer un laboratorio de predicación para los participantes. No se mencionó nada sobre las oportunidades de predicación en el plan de estudios interno, solo la preparación y la entrega del sermón, la lectura y el debate. Sin embargo, declaró que podría haber usado más ocasiones de predicar, junto con las críticas, para perfeccionar más sus aptitudes.[36] Mosley hizo prácticamente el mismo comentario, y deseó haber tenido más oportunidades de predicar y recibir impresiones de Patty y de los ancianos.[37]

Dado que la proclamación bíblica es fundamental para la vida de la iglesia, el énfasis en una mejor preparación de los aprendices pastorales para la predicación puede reforzar el proceso de entrenamiento. Actuar así requiere sacrificar el tiempo del púlpito para los ministerios regulares o para desarrollar un tiempo de predicación aparte, similar a la *Prophezei* de Ulrico Zuinglio y los sermones

33 McCullough, «Church Planting Proposal»; Mosley, «Hendersonville Church Planting Proposal».

34 Para una explicación del ancianato plural en una forma de gobierno congregacional, véase Phil A. Newton y Matt Schmucker, *Los ancianos en la vida de la iglesia: Redescubriendo el modelo bíblico de liderazgo para la iglesia* (Grand Rapids: Portavoz, 2022).

35 McCullough, «Church Planting Proposal»; Mosley, «Hendersonville Church Planting Proposal».

36 McCullough, «Evaluation».

37 Mosley, «Evaluation».

de los sábados por la tarde de Juan Calvino (véase capítulo 5). El nivel añadido de preparación asegura la disposición de los plantadores de iglesias para predicar cada semana y resolver asperezas en las aptitudes de predicación mientras los protegidos permanecen en la «red de seguridad» del programa de entrenamiento.

RESUMEN DEL MODELO DE ENTRENAMIENTO DE LA GRACE COMMUNITY CHURCH

En primer lugar, *este modelo se centra de forma deliberada en entrenar a uno o dos aprendices a la vez, asegurando así una atención relevante al desarrollo pastoral bajo la dirección del pastor titular.* Aunque los aprendices se pierdan la camaradería de un grupo de formación, la compensan con un involucramiento congregacional más amplio.

En segundo lugar, *este modelo tiene un fuerte involucramiento por parte de los ancianos de la iglesia.* Patty reconoce que la sabiduría y la experiencia de vida de los ancianos laicos tienen un valor inestimable en el entrenamiento de los futuros ministros.

En tercer lugar, *este modelo coloca mayor énfasis sobre la formación espiritual y el ministerio pastoral.* Los aprendices anteriores dan testimonio de la impresión duradera que este hincapié ha tenido en su vida espiritual y en sus ministerios.

En cuarto lugar, *este modelo espera que los aprendices estén plenamente involucrados en la amplitud de los ministerios de Grace y en la vida de la comunidad.* Primero son miembros activos de la iglesia que también resultan ser los aprendices pastorales.

En quinto lugar, *este modelo dedica un entrenamiento intencional a la plantación de iglesias, con el pastor titular como experimentado plantador que dirige el proceso.* El modelo funcionaría igual de bien con los ministros que se preparan para la revitalización o la obra misionera.

En sexto lugar, *este modelo tiene un fuerte respaldo congregacional durante el tiempo que duran las prácticas —y después—, así como en la plantación de una nueva iglesia.* La congregación sigue alentando y orando por los exaprendices incluso después de su partida.

En séptimo lugar, *este modelo adapta los ámbitos específicos de estudio y debate adecuados a cada interno.* Al hacerlo, Patty reconoce los dones particulares, los puntos fuertes y las debilidades en cada interno pastoral, y proporciona la estructura necesaria con el fin de prepararlos mejor para el ministerio.

CONCLUSIÓN

Se pueden hacer varias observaciones sobre el programa de práctica pastoral de la GCC. Primero, Scott Patty no se destaca como una figura descomunal, sino más bien como un pastor cálido, lleno de gracia, que se preocupa. Su involucramiento personal, mediante el entrenamiento de los hombres durante su período de prácticas —e incluso años más tarde, mientras continúan en su obra pastoral—, lo respalda como ejemplo de mentoría pastoral.

Segundo, el período de prácticas pastorales de la GCC no es extenso y rígido. El entrenamiento extensivo de uno o dos hombres para el ministerio parece ser el enfoque que Patty lleva bien con sus demás deberes pastorales. Su reunión mensual actual con sus exaprendices demuestra la seriedad con la que ha entrado a su función de mentor. Tercero, el telón de fondo de cada paso del proceso de la mentoría es la congregación de Grace. Conforme los protegidos participan con regularidad en la gama completa de la vida de la iglesia, la vida congregacional de Grace moldea aquello que su mentor les enseña.

Finalmente, el entrenamiento en GCC implanta un enfoque misional al ministerio en los aprendices de Patty. La membresía de la Trinity Church de McCullough, en la urbana Nashville, involucra con regularidad a familias internacionales de refugiados en su comunidad. La Redeemer Church de Mosley usa sus grupos de comunidad para servir en ministerios de misericordia. Ambas iglesias, como su modelo en Grace Community Church, participan en lo financiero, en la oración constante y en el apoyo personal con las misiones internacionales. Scott Patty y los ancianos de la GCC han formado bien a sus protegidos.

CAPÍTULO 13

MODELOS: LA IGLESIA Y LA ESCUELA DE TEOLOGÍA EN ASOCIACIÓN

Los seminarios teológicos —típicamente estructurados para enfocarse en lo académico, según Robert Banks— no pueden preparar a los estudiantes de forma adecuada para servir en el ministerio cristiano. Si bien Banks no niega la función ni la necesidad de la formación académica, sí percibe que solo se concentran en la erudición, y que no desarrollan una formación espiritual en los estudiantes, ni tampoco en el profesorado. Explica: «Un grupo eclesiástico crea la mejor oportunidad para esto».[1] Contrasta la naturaleza de un entorno académico exclusivo donde los logros educativos propios fundamentan la inclusión, en comparación con la naturaleza global de la iglesia que acoge a una diversidad de creyentes para experimentar la comunidad y compartir la Santa Cena. Banks apela a una mayor interacción de la comunidad entre el profesorado, la administración, los estudiantes, los cónyuges y los hijos, de manera que se pueda conseguir un acercamiento más integral a la vida común.[2] Lo que propone parece ser una combinación de iglesia e institución teológica que vive en forma de comunidad en Cristo.

A lo que Banks apela, con acierto, para transformar todo el proceso de la educación teológica, trayéndola de vuelta a la iglesia, es precisamente aquello que experimentan cada día los internos pastorales que participan en el programa de prácticas/

1 Robert Banks, *Reenvisioning Theological Education: Exploring a Missional Alternative to Current Models* (Grand Rapids: Eerdmans, 1999; Kindle ed.), loc. 2080.

2 Ibíd.

seminario de Lakeview Baptist Church (LBC) de Auburn, Alabama. Desde 1996, LBC y el Southern Baptist Theological Seminary (SBTS) de Louisville, Kentucky, se han unido para formar un grupo ministerial con el fin de prepararlos para servir como pastores, plantadores de iglesias, misioneros y obreros cristianos.[3] Combinando el trabajo con miras a la maestría en Teología, a través de la Billy Graham School of Missions, Evangelism and Ministry, y la mentoría práctica del pastor, del personal y de los diáconos de la LBC, un grupo de entre seis y diez internos funciona, sirve, crece y participa al unísono en el maridaje de la experiencia multidimensional del seminario y la iglesia que los entrena para el ministerio.[4]

Según lo ve Al Jackson, pastor de LBC, su modelo de grupo de formación se parece al entrenamiento de los Doce por parte de Jesús.[5] Sostiene que, en la educación teológica, las prácticas actuales no preparan de un modo apropiado a los pastores para el ministerio de la iglesia local. Para contrarrestar este déficit, recomienda «un regreso a la formación teológica basada en la iglesia para quienes son llamados al ministerio pastoral».[6] Así como Jesús actuó con los discípulos, este enfoque proporciona a los estudiantes del ministerio un entrenamiento en el trabajo.

COMPROMISO DE ORIENTACIÓN PARA EL MINISTERIO

Mucho antes de que Jackson y el SBTS se unieran para el entrenamiento de ministros, él había estado entrenando a los que habían sido llamados al ministerio, que asistían a la Auburn University, cerca del predio de la LBC. Durante dieciséis años se reunió con los estudiantes cada jueves por la mañana para una «Clase de predicación», en la que trataba la preparación del sermón, la evangelización, el liderazgo, las misiones y una serie de temas pastorales. La mayor parte de los miembros del primer grupo habían participado en la clase de predicación en la que Jackson ya se había comprometido a orientarlos para el ministerio.[7] Pasar de la clase del jueves al amplio trabajo académico para obtener la maestría en Teología, a la vez que se presta un servicio simultáneo como interno pastoral de la LBC, hizo que surgiera el deseo de Jackson de preparar a hombres jóvenes para servir con eficacia en el ministerio pastoral.[8] Su visión para esta colaboración seminario/iglesia no estuvo motivada porque los seminarios sean débiles, sino porque entendió que el entre-

3 Al Jackson, «Evaluation of Church-Based Model of Seminary Training» (Lakeview Baptist Church/Southern Baptist Theological Seminary, 1999), 1.
4 Ibíd.
5 Al Jackson, «Look, It's the Church's Job», *9Marks e-Journal*, s.l. [citado el 12 de febrero de 2013], https://9marks.org/article/look-its-churchs-job/.
6 Ibíd.
7 Jackson, «Evaluation of Church-Based Model», 1.
8 Ibíd.

namiento seminarista había demostrado ser incompleto cuando los graduados entran en su primer pastorado.[9] Sin la experiencia de la mentoría de la iglesia local estarían mal preparados para servir a la iglesia de Cristo con eficacia.

Este erudito pastoral reconoció la necesidad de un entrenamiento académico riguroso bajo la tutela de profesores veteranos de teología con una orientación simultánea por parte de pastores experimentados en toda la gama de la obra pastoral. En colaboración con el SBTS, los estudiantes requerirían doce horas de crédito en el seminario cada semestre, junto con un trabajo de, al menos, veinticinco horas por semana en el ministerio en la LBC. También participarían en clases en el campus del SBTS durante las vacaciones de invierno y, a lo largo de dos años, servirían entre seis y diez semanas cada verano en un entorno misionero estadounidense e internacional, aprendiendo así sobre la plantación de iglesias y la misionología sobre el terreno. Los estudiantes también tomarían más clases de Experiencia Supervisada en el Ministerio, bajo la mentoría de los miembros del personal de la LBC, que los estudiantes tradicionales en el campus. El plan de tres años exigía diligencia por parte del grupo para mantener el rigor de lo académico y de la labor pastoral.[10] Jackson seguiría siendo el mentor de los estudiantes, con la ayuda del personal y, más tarde, de los diáconos de la iglesia.

Jackson mantiene una lógica sencilla para el programa: «El modelo está basado en la iglesia, no en el aula. Tomamos cosas que suceden en la vida de la iglesia y las interpretamos de forma histórica, bíblica y teológica, algo que no se puede hacer en un entorno académico».[11] La integración de la experiencia de la vida real en la iglesia junto con los cursos fundamentales de la mayoría de los seminarios, amplían el alcance ministerial del grupo de internos pastorales. ¿Cómo cuantifican el éxito de esta integración del seminario y la iglesia? Jackson identifica diecinueve atributos que, según él y la administración del seminario han acordado, tienen que resultar en los tres años de prácticas:

> ...espiritualmente vivos y en crecimiento, un estilo de vida equilibrado y disciplinado, bíblicamente entendidos, con base teológica, conocedores de la historia, competentes para dirigir la adoración, preparados en la predicación, activos en la evangelización, con una visión misionera, capacitados para liderar, orientados a la personas, cualificados en administración, capaces de preparar a otros para el ministerio, educación cristiana, cuidado congregacional, motivadores de la mayordomía,

9 Jackson, «Look».
10 Robert Don Hughes, «Southern Seminary at Lakeview Project—July 9, 1996-May 20, 1999» (The Southern Baptist Theological Seminary, 1996), 1-3.
11 Conversación telefónica con el autor, 21 de agosto de 2012.

estudiantes de toda la vida, conocedores de las denominaciones, culturalmente conscientes.[12]

Al final del proceso de los tres años de formación académica y de mentoría de la iglesia local, Jackson entrevista personalmente a cada graduado, cuestionando el grado que el programa ha tratado los diecinueve atributos y el nivel de competencia de cada uno de ellos. Esta medición ha permitido que Jackson y sus colegas mentores ajusten el tiempo y la intensidad del entrenamiento de los grupos futuros, para asegurarse de que ellos han abordado cada atributo del modo adecuado y han ayudado a los miembros del grupo a alcanzar competencia.[13]

LA MENTORÍA CENTRADA EN LA IGLESIA

Jackson no está solo en la labor de traer nuevos estudiantes durante cada grupo de tres años. Los estudiantes deben presentar su solicitud tanto al seminario como a la iglesia Lakeview, y ser aceptados por ellos antes de ser admitidos en el período de prácticas pastorales. Los aspirantes deben rellenar un minucioso cuestionario que evalúa su caminar espiritual, su llamado al ministerio y su fidelidad doctrinal. El grupo de diáconos lo revisa antes de recomendar al candidato al cuerpo de la iglesia, que tiene el derecho de votar para convocarlo a la función de alumno pastoral en prácticas durante tres años.[14] Por el voto de la iglesia, la congregación considera a los aprendices pastorales como personal, aunque no reciban compensación por sus deberes. Los estudiantes tienen la responsabilidad de recaudar su propio sostén para participar a tiempo completo. La iglesia proporciona los libros y cubre cualquier gasto ministerial mientras ellos desempeñan sus deberes congregacionales.[15]

El modelo basado en la iglesia provee oportunidades para ver de primera mano la diversidad típica de la vida congregacional. Los aprendices pastorales asisten a funerales y después hacen un informe para entender mejor los componentes del funeral. Participan con los pastores en las visitas a los enfermos y los que no pueden salir de su casa, y aprenden a aplicar el evangelio en sus visitas. Observan a los pastores y los diáconos cuando abordan la práctica de la disciplina de la iglesia. Predican en Lakeview y otras iglesias, y reciben impresiones sobre sus sermones.[16]

El exinterno Kameron Pugh, cuyo padre es desde hace tiempo pastor de los bautistas del sur, informa que cada mes pasaba tres horas en reuniones con pastores

---

12 Al Jackson, «Churches Raising Up Pastors—Lakeview Baptist Church», *9Marks e-Journal*, s.l. [citado el 12 de febrero de 2013], www.9marks.org/journal/churches-raising-pastors-lakeview-baptist-church.

13 Jackson, «Evaluation of Church Based», 2.

14 Jackson, «Churches Raising Up Pastors».

15 Chris Burns, carta modelo dirigida a los «posibles alumnos», sin fecha.

16 Jackson, «Evaluation of Church-Based Model», 2.

y diáconos, y semanalmente se veía con un hombre mayor de la congregación para fomentar la rendición de cuentas, ofrecer y recibir aliento, y aprender de su sabiduría.[17] Reconoció que, además de las horas de clase y de las reuniones con Al Jackson y otros miembros de la congregación, Jackson también recibía de buen grado las preguntas sobre la vida y el ministerio, y daba de su tiempo con generosidad.[18]

¡La permanencia en el cargo del personal de la LBC es de una media de más de veinticinco años respecto a cada miembro! En 2016, Jackson cumplió treinta y siete años como pastor de la LBC. Esta estabilidad y permanencia del personal añade otra dimensión al entrenamiento que los internos pastorales reciben. Aprenden sobre perseverancia, perdón, colaboración, a llevarse bien con los demás y de la diversidad en el liderazgo al observar las relaciones del personal entre sí, así como con la congregación. En un momento dado, el programa de estudios requirió de un curso de liderazgo que Jackson impartió. Sin embargo, después de años de ver el liderazgo ejemplificado por el personal de la iglesia, Jackson y el seminario decidieron que el curso no podía añadir nada a lo que los estudiantes ya experimentaban de primera mano en este modelo basado en la iglesia.[19] Eliminaron esta asignatura para dejar lugar a otra.

Dado que la colaboración LBC/SBTS ya ha licenciado a cuarenta y dos estudiantes (y seis más que van camino de la graduación), sus antiguos internos pastorales sirven ahora por todos los Estados Unidos y en otros países.[20] Nathan Tubbs, licenciado por la LBC, plantó una iglesia en Brooklyn, Nueva York, que se reúne en la actualidad en un hotel.[21] En el verano del 2012, los internos pastorales de la LBC y sus esposas pasaron seis semanas trabajando y viviendo allí, donde ayudaron a los Tubbs y a la joven congregación. Aprendieron la plantación de iglesias por su experiencia de primera mano.[22] Los aprendices pastorales dedicaron entre seis y diez semanas para servir en la International Mission Board (de la Convención Bautista del Sur) con los misioneros en África durante una pausa estival, donde los estudiantes trabajaron y aprendieron las misiones en la práctica.[23] Esto complementa a los grupos anteriores que han servido en entornos de plantación de iglesias en Pennsylvania, Maryland y Nevada, y en misión internacional en Costa Rica, Gana y el África subsahariana.[24] El enfoque misionero de la LBC parece arraigarse

17 Kameron Pugh, «Evaluation for Church Planters and Revitalizers», 14 de noviembre de 2012.
18 Ibíd.
19 Jackson, entrevista telefónica, 31 de agosto de 2013.
20 Jackson, «Churches Raising Up Pastors».
21 Cornerstone Church en Bay Ridge, donde Nathan Tubbs sirve como pastor. Véase la página web de la iglesia: http://www.cornerstonebayridge.org/blog1.
22 Pugh, «Evaluation», s.l.
23 Ibíd.
24 Jackson, «Look», s.l.

en profundidad en los internos pastorales durante el tiempo que pasan en la iglesia, sobre todo por la forma en que los graduados siguen involucrados en la misión.

El contexto de iglesia sana en Lakeview infunde una visión en los aprendices pastorales para liderar a sus futuras congregaciones hacia la misma salud. Jackson habla con franqueza sobre los tiempos difíciles y las experiencias como pastor de la LBC. Cuenta detalles de lo poco saludable que era la iglesia cuando él llegó. También conversa con libertad sobre sus fracasos y sus éxitos a lo largo de sus treinta y siete años de ministerio en la LBC. De esta explicación de iglesia en vivo, los alumnos aprenden lecciones a las que pueden volver cuando les llega la hora de servir como pastores, plantadores de iglesias o misioneros.[25] Como pastor veterano, entiende la necesidad de perseverar en las disciplinas espirituales, de modo que imparte al grupo entrante una clase sobre las disciplinas espirituales.[26] Jackson es el ejemplo de un pastor espiritualmente sano que dirige una iglesia saludable.

UN MODELO PARA CONSIDERAR

Tras observar durante varios años la productividad del modelo LBC/SBTS para la mentoría pastoral, Lakeview ha marcado el paso para que otras congregaciones la sigan en su colaboración con los seminarios teológicos. The Church at Brook Hills de Birmingham, Alabama, abrió su Instituto para Hacer Discípulos, que une la educación teológica con su ministerio eclesiástico, y coopera con el Southeastern Baptist Theological Seminary (SEBTS).[27] El Equip Center (Centro de Preparación) del SEBTS busca introducir un número limitado de cursos del seminario al entorno de la iglesia local, con pastores que orienten a los estudiantes hacia el ministerio futuro.[28] Ya existen docenas de iglesias que trabajan con SEBTS para entrenar a jóvenes ministros. Esta corriente de la que Lakeview es pionera podría demostrar ser uno de los mejores dones para la iglesia contemporánea.

Es verdad, admite Jackson, añadir la enseñanza y la mentoría a sus exigentes deberes pastorales en la LBC lo dejan a veces fatigado. Sin embargo, halla una creciente satisfacción al «ver cómo los hombres llamados por Dios salen a servir a Cristo y a su iglesia», y esto hace que el cansancio y el agotamiento merezcan el esfuerzo.[29] Le resulta gratificante que su ministerio se multiplique mediante el entrenamiento de la siguiente generación de pastores y misioneros.

¿Cuáles son los puntos fuertes del modelo de Lakeview? Desde la perspectiva

25 Pugh, «Evaluation», s.l.

26 Conversación con Al Jackson y el autor, 12 de julio de 2016.

27 Véase The Church at Brook Hills, s.p. [citado el 13 de febrero de 2013], http://www.brookhills.org/idm, para una información adicional.

28 Véase la página web del Equip Center del SEBTS, s.p. [citado el 13 de febrero de 2013], http://www.sebts.edu/Equip/default.aspx.

29 Jackson, «Look», s.p.

de Hughes, antiguo administrador del SBTS, una comunidad tan sumamente unida proporciona un buen ambiente para el entrenamiento. Además, la mentoría a largo plazo de los estudiantes del ministerio por parte de Jackson y de su permanencia pastoral lo convierten en el líder ideal para el programa.[30]

Jackson evaluó las fortalezas de los tres primeros años de entrenamiento e identificó varios elementos positivos que se pueden hallar en el modelo de capacitación basado en la iglesia. En primer lugar, por su conexión con el profesorado del SBTS y los profesores retirados de otros seminarios, la enseñanza de los estudiantes procedía de una serie de eruditos evangélicos destacados, como Tim Beougher, Danny Akin, Tom Nettles, George Martin, Adam Greenway, Bruce Ware, Rob Plummer y Thom Rainer. En segundo lugar, el pequeño entorno del aula permitía la interacción excepcional entre estudiante y profesor. En tercer lugar, el modelo basado en la iglesia daba a los estudiantes la oportunidad de ser aprendices de Jackson y otros miembros del personal. Esto los llevó a observar y participar de los constantes retos enfrentados por los que están en el ministerio pastoral, con mentores disponibles para guiar a los estudiantes por la experiencia de la vida de la iglesia.[31]

En cuarto lugar, el modelo basado en el grupo desarrollado en Lakeview desafiaba a los estudiantes a practicar la comunidad cristiana. Dado que el mismo grupo permanecía junto durante tres años, tenía la oportunidad de experimentar las presiones normales de las relaciones que se producen en cualquier congregación. Jackson pensaba que el primer grupo no se amalgamó con tanta rapidez en el desarrollo de un sentido de hermandad como él creía que lo haría, pero, al final, los nueve estudiantes en prácticas llegaron a amarse y cuidarse los unos a los otros.[32] Junto a las relaciones entre sí, los estudiantes se enfrentaron a las exigencias habituales de la vida congregacional. Tuvieron que aprender a amar y servir también a los miembros de la iglesia, lección muy adecuada para el ministerio futuro. En quinto lugar, el grupo tuvo la oportunidad de conocer a varios líderes bautistas del sur y de visitar diversas agencias paraeclesiásticas como parte de su entrenamiento. Esto les proporcionó una exposición más amplia a la vida de la Convención Bautista del Sur. Finalmente, los aspirantes participaron juntos durante las sesiones estivales en la plantación de iglesias y la obra misionera que moldeó su perspectiva sobre las misiones cuando se marcharon para servir a otras iglesias.[33]

Tanto Hugues como Jackson identifican unos cuantos puntos débiles en el modelo basado en la iglesia. Primero, aparte de las vacaciones de invierno, los estudiantes no pudieron beneficiarse de la estupenda biblioteca teológica del SBTS.

30 Hughes, «Lakeview», 2.
31 Jackson, «Evaluation», 2-3.
32 Ibíd., 3.
33 Ibíd., 3-4.

Aunque tenían acceso a una librería general en la Auburn University y la extensa biblioteca teológica de Jackson, el material fuente, los volúmenes teológicos, los recursos de la historia de la iglesia y las ayudas exegéticas de la biblioteca del seminario habrían enriquecido la experiencia. Segundo, la distancia entre el grupo y el SBTS los dejaba en desventaja por no escuchar a los oradores invitados a la capilla y a las conferencias.[34] Tercero, Hughes señala que la necesidad de llevar un estilo de vida espartano, mientras se depende del apoyo exterior para cubrir los gastos de subsistencia durante tres años, supone una carga pesada sobre los estudiantes con familia que podrían hallarse en el entorno tradicional de campus. Como el modelo de Lakeview exige que los aprendices trabajen más de veinticinco horas en la iglesia cada semana y se abstengan de otra ocupación, deben recaudar un apoyo sustancial para los gastos normales de manutención, ya que no reciben estipendio alguno de la iglesia. Cuarto, la cercanía del grupo expone con rapidez a los estudiantes más débiles y pone una presión adicional sobre ellos para aguantar la carga de trabajo. Esto también podría dañar la moral del grupo si no se supervisa. Quinto, la naturaleza «sincronizada del programa», como Hugues lo denomina, no permite variación alguna en el plan de estudios.[35]

RESUMEN PARA EL MODELO DE ENTRENAMIENTO PASTORAL DE LA LAKEVIEW BAPTIST CHURCH

En primer lugar, *este modelo posee una combinación única de entrenamiento pastoral académico y de la iglesia local.* La relación con el Southern Baptist Theological Seminary (SBTS) y la iglesia Lakeview capacita a los aprendices para acabar su maestría en Teología, a la vez que sirven como alumnos pastorales en prácticas.

En segundo lugar, *este modelo tiene la fuerza de la permanencia del personal de la iglesia que aporta profundidad a las multifacéticas relaciones mentoras dirigidas por dicho personal.* La permanencia media de veinticinco años de los miembros del personal indica que los aprendices rara vez suscitan una situación en el ministerio que uno de los miembros del personal no haya experimentado.

En tercer lugar, *la interacción de este modelo con los profesores del seminario y el acceso inmediato al personal pastoral proporciona un mayor nivel de entrenamiento.* Pueden ocuparse de inmediato de temas teóricos e históricos, y llevarlos al contexto de la iglesia de Lakeview.

En cuarto lugar, *este modelo insiste en la rendición de cuentas no solo al personal pastoral, sino también a hombres laicos de la iglesia.* Esta práctica amplía la formación espiritual y madura el desarrollo relacional de los aprendices.

---

34 Ibíd., 4.

35 Hughes, «Lakeview», 4-5.

En quinto lugar, *la duración de este modelo —tres años—expone a los aspirantes a más problemas congregacionales y pastorales durante su permanencia.*

En sexto lugar, *este modelo provee la oportunidad para desarrollar la comunidad con el grupo de entrenamiento y la congregación, profundizando así el entendimiento de los aprendices respecto a la aplicación del evangelio a la totalidad de la vida.*

En séptimo lugar, *este modelo pone un fuerte énfasis en la predicación, de ahí que los aprendices reciban una sólida preparación para sus futuros ministerios de predicación.*

CONCLUSIÓN

Hughes ofreció una buena perspectiva sobre los estudiantes del modelo de entrenamiento de Lakeview para el ministerio basado en la iglesia. «Están doblemente preparados para el verdadero ministerio».[36] Con esta declaración dio a entender que la fuerte educación teológica que recibían, junto con la praxis de las relaciones de mentoría basadas en la iglesia, entrenaba ampliamente al grupo para ingresar en el ministerio futuro. Cuando uno de los graduados del programa de Lakeview oyó que un director de misiones comentaba que al empezar su primera experiencia en la iglesia no tenía ni idea, el graduado pensó para sí: «Tras numerosas horas de estudio con el personal, diáconos, escuela dominical y las reuniones ministeriales supervisadas sé muy bien lo que debería hacer cuando esté al frente de mi primera iglesia».[37] Si esta experiencia se repite con el resto de los miembros del grupo, entonces es una prueba firme de la necesidad de aumentar el entrenamiento basado en la iglesia por todos los Estados Unidos.

¿Qué sería necesario para que este modelo se repitiera? El compromiso del pastor dirigente, la disposición a invertir de seis a diez horas adicionales por semana para enseñar y orientar como lo ejemplifica Jackson será el primer requisito. El segundo, el personal, el liderazgo y la congregación tienen que estar de acuerdo en invertir personal, tiempo y recursos para que este modelo de entrenamiento tenga éxito. Lo tercero es que un seminario innovador debe reconocer la utilidad del modelo basado en la iglesia, comprometiendo personal, tiempo y recursos para que esto se produzca en el lado académico. También tendrán que reconocer un nivel de flexibilidad en su modelo tradicional de ministerio en el campus. Finalmente, los estudiantes deben comprometerse a vivir en comunidad, someterse a los mentores pastorales, mantener un alto nivel académico, involucrarse por completo en la iglesia local y buscar una formación espiritual con celo durante el proceso.

36 Ibíd., 5.

37 Jackson, «Evaluation», 5.

CAPÍTULO 14

MODELO PARA EL ENTRENAMIENTO DE LÍDERES

Cuando Mike McKinley visitó Capitol Hill Baptist Church (CHBC) en Washington, DC, como estudiante universitario, apareció con el cabello verde, botas de combate, una falda escocesa y varios *piercings*; ¡no era la moda habitual para esa congregación! Sin embargo, nadie pareció desconcertado por su aspecto. En su lugar, los septuagenarios de la congregación le dieron la bienvenida y hasta lo invitaron a comer. Varios años después, su pelo había retomado el color normal, el llamamiento de Dios al ministerio lo había llevado a graduarse en el seminario y el pastor Mark Dever, de la CHBC, lo miró fijamente a los ojos al hacerle una propuesta. Dever incorporó a McKinley al personal durante uno o dos años, para que pudiera estar preparado para ser enviado a plantar una iglesia en la zona de DC. Conforme se desarrolló el proceso, en lugar de empezar desde cero, McKinley procuraría revitalizar (y, en cierto modo, replantar) una iglesia en Guilford, Virginia, que según se estimaba parecía al borde de la muerte. Con sus antecedentes de punk-rock, para sus pares lo más natural habría sido que plantara una iglesia centrada en veinteañeros del mismo trasfondo. Por el contrario, la congregación diversa y saludable de la CHBC había tenido gran impacto sobre él. Aunque había leído extensamente sobre el tema de la eclesiología bajo la mentoría de Dever, lo variopinto de la congregación de la CHBC fue como muchos volúmenes más para él. No tendría a un solo grupo como «objetivo», porque probablemente esto excluiría a otro. En su lugar, se concentraría en la diversidad de su comunidad, tal como lo había experimentado en la Capitol Hill Baptist Church.[1]

Ver de cerca una iglesia diversa y saludable afectó a McKinley más que leer sobre otras iglesias. McKinley no está solo. A lo largo de las porciones bíblicas, históricas y contemporáneas de este libro hemos considerado que, a la vez que la influencia de una congregación saludable entrena para el ministerio, deja su marca sobre la obra futura de los aprendices. Las congregaciones de Listra e Iconio prepararon bien el entendimiento de Timoteo respecto a la iglesia local para que sirviera durante muchos años con Pablo, quien lo envió con frecuencia a fortalecer a las jóvenes congregaciones (compárese Hch. 16:1-2; 16:23-40; 17:10-15; 1 Ts. 3:2; 1 Ti. 4:14; 2 Ti. 1:5-6; 3:10-15). La iglesia de Martín Bucero en Estrasburgo influyó en la obra futura de Juan Calvino en Ginebra que, a su vez, moldeó la comprensión eclesiástica de centenares enviados desde Ginebra.[2] Los mentores pastorales no solo buscan desarrollar y preparar a sus protegidos por medio de la profundidad de su experiencia, sino que también los entrenan en la estructura de iglesias locales vibrantes. Los efectos de las congregaciones saludables sobre los aprendices pastorales son fundamentales para la mentoría pastoral.

El pastor que mejor entrene a los protegidos se dedica a edificar a una congregación saludable. Esto establece el escenario para entrenar en un contexto congregacional. En este caso, el estilo, el enfoque y la práctica de la mentoría pueden variar de un pastor a otro —y esto es ciertamente adecuado—, pero la praxis en el seno de la congregación moldea al aspirante pastoral tanto como las sabias palabras de su mentor. El entorno de la iglesia para el entrenamiento permite especializarse en la práctica de las situaciones de la vida real. Este ambiente fortalece lo que el aprendiz haya podido recibir en el tiempo pasado en la academia, reuniendo los elementos teóricos en el contexto congregacional, en maneras que la academia no puede replicar. Por consiguiente, el aprendiz pastoral halla mayor significado para su período en el entorno académico por su experiencia de la práctica en la congregación.

Este tipo de entendimiento condujo a Juan Calvino, Charles Spurgeon y Dietrich Bonhoeffer a combinar lo académico y lo congregacional en su enfoque para entrenar a jóvenes ministros. Al Jackson ha sido capaz de hacer lo mismo en su iglesia de Auburn, Alabama. Las cuestiones debatidas en la clase del seminario evolucionan en los escenarios de la vida real en la congregación. El entrenamiento

1 Mike McKinley, *Church Planting Is for Wimps—How God Uses Messed-up People to Plant Ordinary Churches That Do Extraordinary Things*, 9Marks Books (Wheaton, IL: Crossway, 2010), 11-22.

2 W. Robert Godfrey, *John Calvin: Pilgrim and Pastor* (Wheaton, IL: Crossway, 2009), 43-45.

basado en la iglesia local —con todo su servicio y su misión a disposición de los aprendices— en combinación con un estudio teológico sólido en un entorno académico prepara mejor a los aspirantes para el ministerio.

Los pastores que desean entrenar a los jóvenes ministros para plantar, revitalizar o servir en una iglesia local pueden considerar buscar una relación entre el seminario y sus iglesias, de manera que, por una combinación de lo académico y la praxis por medio de la iglesia, puedan llevar a cabo el entrenamiento pastoral ideal. Sin embargo, la mayoría no puede trabajar a partir del ideal y deben, por tanto, enfocarse en el entrenamiento en las formas que tengan a su disposición. Por consiguiente, el objetivo de los pastores que sientan carga por preparar a jóvenes ministros debe consistir en procurar entrenar a la siguiente generación para el ministerio y no detenerse de golpe por no poder lograr el modelo ideal. Procuraremos demostrar que el mejor modelo de preparación pastoral será aquel que se alimente de los modelos bíblicos, históricos y contemporáneos de entrenamiento, mientras que se ajusta a los dones pastorales propios, a la dinámica del liderazgo de la iglesia y al contexto congregacional.

ELEMENTOS BÁSICOS DE LA MENTORÍA EN LOS MODELOS BÍBLICOS, HISTÓRICOS Y CONTEMPORÁNEOS

El objetivo de los capítulos anteriores ha sido identificar diversos elementos y prácticas utilizados en la formación de ministros para el ministerio pastoral. Cada entorno considerado —bíblico, histórico y contemporáneo— varía en términos de las capacidades de los mentores, la fuerza de la congregación, la accesibilidad a la educación teológica, el nivel educativo y la experiencia pastoral de los que están siendo entrenados, el campo local del ministerio y los problemas culturales que moldean aún más la preparación para el ministerio. Dado que cada situación difiere de las demás, ninguno de los modelos considerados encajaría probablemente por completo con los pastores contemporáneos que procuran iniciar un ministerio de entrenamiento pastoral. Sin embargo, al analizar los diferentes modelos, cinco elementos parecen intervenir prácticamente en cada uno de ellos, lo que sugiere su inclusión en cualquier ministerio de preparación pastoral.

La mentoría dentro de una estructura congregacional

Ya sea que se mire a la incipiente iglesia en la pequeña comunidad reunida en torno a Jesús y sus seguidores, o a las iglesias emergentes en las casas por todo el Imperio romano, la influencia de la iglesia sobre quienes se preparan para ser enviados a la obra pastoral parece prominente (véanse Hch. 16:1-3; 20:4;

Gá. 2:1).[3] El enfoque de Bonhoeffer al entrenar a sus estudiantes se centraba en la trama y urdiembre de la vida en comunidad.[4] Charles Spurgeon consideraba que, a pesar de sus faltas, la atmósfera viva, celosa y esforzada del Metropolitan Tabernacle era el mejor centro de entrenamiento para sus jóvenes predicadores, ya que aprenderían de la congregación la aplicación sana del evangelio a todo en la vida.[5] Cada aspirante entrevistado en los modelos contemporáneos señaló el deseo de llevar algo del ADN de la iglesia formadora a sus propias congregaciones recién plantadas o revitalizadas.

Los mentores hablan a la vida de sus aprendices

Jesús y Pablo hablaban con regularidad a la vida de sus protegidos, trataban problemas de doctrina, carácter, relaciones y el ejercicio de sus dones (véanse Lc. 9:10; 10:17-20; 1 Ti. 4:11-16; 2 Ti. 1:6-14; 4:1-5; Tit. 2:1, 15).[6] Spurgeon llevó a sus aspirantes pastorales en sus viajes de predicación, para poder tener tiempo adicional y hablar directamente a sus vidas.[7] Los modelos contemporáneos ilustran la misma práctica, ya que los protegidos de Al Jackson, Scott Patty y Mark Dever hablaron de lo accesibles que habían sido los pastores para ellos y cuán directamente hablaron a sus vidas. La mentoría eficaz no se produce tanto detrás de un atril como en las relaciones de vida a vida.

La mentoría se centra en las relaciones

La persona que se entrena para el ministerio podría escapar a los desafíos

---

3 James George Samra, *Being Conformed to Christ in Community: A Study of Maturity, Maturation and the Local Church in the Undisputed Pauline Epistles*, Library of Biblical Studies 320; Mark Goodacre, ed. (Londres: T & T Clark, 2006), 31, observa: «Para Pablo no existe ningún individuo aparte del grupo(s), y no afectado por el grupo al que pertenece». No se actúa «en solitario» en lo que respecta al ministerio. La comunidad de creyentes ayuda a moldear a la persona para el ministerio. Samra explica, además, «que, para Pablo, la iglesia era en cierto modo un "laboratorio" donde se podría aprender la verdad poniendo los principios en la práctica» (163).

4 Eric Metaxas, *Bonhoeffer: Pastor, Martyr, Prophet, Spy—A Righteous Gentile vs. the Third Reich* (Nashville: Thomas Nelson, 2010; edición Kindle), loc. 5218. Véanse también Dietrich Bonhoeffer, *Life Together/Prayerbook of the Bible*, DBW 5; Gerhard L. Müller, Albrecht Schönherr, Geoffrey B. Kelly, eds.; Daniel W. Bloesch y James H. Burtness, trad. (Minneapolis: Fortress Press, 2005), 30-47, para su explicación de la comunidad que aplicaba a sus protegidos.

5 Charles Haddon Spurgeon, *C. H. Spurgeon Autobiography*, 2 vols.; ed. rev. por Susannah Spurgeon y Joseph Harrald (Carlisle, PA: Banner of Truth, 1973), 1:98.

6 La simplicidad de este enfoque para entrenar a otros para el ministerio se presenta en Robert Coleman, *The Master Plan of Evangelism* (Old Tappan, NJ: Revell, 1964), 17-19. La preocupación de Coleman consiste en seguir la estrategia de Jesús al entrenar a sus discípulos para hacer discípulos. Afirma que los escritores del evangelio no solo escucharon la verdad, sino que vieron la forma en que Él vivía y enseñaba, y registraron las cosas particulares que más influyeron para dejarlo todo y seguir a Cristo. Estas cosas se repiten cuando se entrena a otros.

7 Spurgeon, *Autobiography*, 2:110-111.

desordenados y a veces difíciles de las relaciones en un entorno académico, pero no en el ambiente de entrenamiento en la iglesia local. Felipe Spener reconoció esto cuando estableció su *ecclesiola in ecclesia,* en la que los creyentes disfrutaban de una estrecha proximidad en la que podían aprender a vivir el evangelio los unos con los otros. Bonhoeffer hizo lo mismo en su modelo de entrenamiento de Finkenwalde. Escribió: «Solo se puede proclamar la Palabra del amor y de la misericordia de Dios con gozo y autenticidad con la boca, cuando las manos no se consideran demasiado buenas para las acciones de amor y misericordia en la utilidad cotidiana».[8] Él fue modelo del foco en las relaciones con sus protegidos, sirviéndose los unos a los otros en aquel entorno tan unido. Cada modelo contemporáneo ejemplificó de forma intencional a sus aprendices en grandes situaciones congregacionales donde aprenden a amar y servir al cuerpo de Cristo con todas sus diversidades. La mentoría eficaz da mucha importancia a las relaciones en la iglesia.

La mentoría eficaz utiliza un enfoque de equipo para el entrenamiento

El enfoque de equipo alude a hacer buen uso de otros líderes en la congregación para ayudar a moldear y perfeccionar a los aprendices para el ministerio. Juan Calvino incorporó a la *Venerable Compañía de pastores* de Ginebra, como se los conocía, para ayudar en todos los aspectos del entrenamiento de quienes eran enviados al ministerio por la Academia de Ginebra y la Iglesia de San Pedro. Scott Patty, de la Grace Community Church, y Mark Dever, de la Capitol Hill Baptist Church, sacaron partido de que sus ancianos se unieran al régimen de formación de sus aspirantes. Al Jackson, de la Lakeview Baptist Church, utiliza al personal de su iglesia y al cuerpo de diáconos para entrenar y fomentar la rendición de cuentas con los aprendices. Quienes desarrollan un ministerio de formación pueden aprender una importante lección: no intente hacerlo todo solo. Reconozca a aquellos que el Señor ha levantado en la congregación —ancianos, diáconos, miembros mayores y aquellos que han soportado el sufrimiento con gracia— e involúcrelos en el entrenamiento de pastores para el ministerio.

Los mentores confían en sus protegidos

Jesús depositó un nivel de confianza en sus discípulos al enviarlos como principiantes.[9] Demostró que los mentores deben estar dispuestos a encomendar responsabilidades a sus protegidos con el fin de entrenarlos. Ciertamente, Pablo hizo lo mismo mediante las tareas que confió a Timoteo y Tito. Spurgeon envió a sus

8 Bonhoeffer, *Life Together,* 100.

9 A. B. Bruce, *The Training of the Twelve* (Grand Rapids: Kregel, 1971), 102-103.

aprendices a predicar, a menudo en entornos difíciles, confiando en ellos en la fiel proclamación del evangelio. Al Jackson asigna con regularidad diversas responsabilidades en el ministerio a sus aprendices y confía en ellos para que desempeñen sus deberes con integridad y fiabilidad. ¿Significa esto que los aspirantes siempre atinan en sus misiones? Probablemente no, pero significa que el mentor muestra gracia para con ellos, sobre todo cuando fracasan. La presentación de informes que sigue demuestra ser una excepcional oportunidad de enseñanza, que hace que los aprendices sean de mayor utilidad en el reino de Dios.

Los cinco elementos recogidos de los capítulos anteriores no constituyen todas las posibilidades para la incorporación a un modelo de entrenamiento en desarrollo, pero sí proporciona lo que me ha parecido fundamental para la mentoría eficaz de la iglesia local. ¿Cómo establece, pues, un pastor o el liderazgo de una iglesia, el modelo de entrenamiento eficaz? Ahora dirijamos nuestra atención a una estructura adaptable para orientar a los jóvenes ministros para involucrarse en el ministerio de la iglesia local.

UNA ESTRUCTURA ADAPTABLE PARA EL MINISTERIO DE ENTRENAMIENTO DE LA IGLESIA LOCAL

Dado que he argumentado que no hay un solo enfoque a la mentoría que pueda afirmar ser la *única* forma para entrenar pastores o misioneros, la estructura propuesta para entrenar por medio de la iglesia local recomienda un modelo de entrenamiento básico. Describiremos tres capas o ángulos adicionales de la formación en este modelo, sirviéndonos el básico como fundamento para cada uno de ellos. Primero, discutiremos algunas consideraciones preliminares, seguidas por una mirada al modelo básico de mentoría y, a continuación, tres capas adicionales de orientación: la colaboración seminario/iglesia, un período de prácticas pastorales a tiempo completo y una residencia para plantadores de iglesias a tiempo completo.

Consideraciones preliminares

Un pastor dispuesto

El proceso de entrenamiento empieza por un pastor dispuesto, establecido en su ministerio eclesiástico, comprometido a invertir el tiempo y los recursos necesarios para entrenar a pastores, misioneros y plantadores de iglesias.[10] No es necesario que sea una iglesia grande; basta con el compromiso de hacer lo necesario para orientar a los ministros menos experimentados hacia el objetivo

---

10 Scott Thomas y Tom Wood, *Gospel Coach: Shepherding Leaders to Glorify God* (Grand Rapids: Zondervan, 2012), 28, escribe: «Los líderes fieles harán discípulos, pero los grandes líderes se centrarán en hacer otros líderes».

del ministerio futuro. Su convicción de la inerrancia de las Escrituras, su práctica de la exposición bíblica, su pasión para discipular a otros y la colaboración con los nombrados/elegidos para servir en su congregación como líderes proporcionan la plataforma para entrenar por medio de la iglesia local.[11] Ciertamente, un pastor puede entrenar a alguien fuera de su entorno congregacional y puede conseguir mucho.[12] Sin embargo, el mejor entrenamiento tiene lugar, como he intentado demostrar, cuando el mentor pastoral moldea y perfecciona a sus protegidos en la experiencia viva de la comunidad.

La experiencia de entregarse a sí mismo en la mentoría de otros puede pasarle factura a un pastor, de modo que ya no debe presumir sobre su vida espiritual más de lo que él esperaría que sus protegidos lo hicieran de las suyas. ¿Cómo puede un pastor mantener su agudeza espiritual? Joel Beeke y Terry Slachter toman una página de los escritores puritanos al recomendar a los pastores que prioricen la oración, disfruten de la amistad con Dios, mediten en las Escrituras y lleven un diario para cristalizar el presente para las experiencias futuras de la vida.[13] Deben encontrar tiempo para leer y estudiar, tener comunión con otros creyentes y mantener la rendición de cuentas con sus colegas ancianos (personal o diáconos), para su formación espiritual. Además, deben prestar una cuidadosa atención a su matrimonio y su vida familiar, reconociendo que el ejemplo que deja en este ámbito vital se reflejará en sus protegidos.[14]

Una iglesia involucrada

Paul Gupta y Sherwood Lingenfelter señalan, con razón: «La iglesia local y el pastor están en la primera fila de la formación para el liderazgo».[15] Empezando por una congregación sana,[16] que presta una firme atención al ministerio de la

---

11 Tenga en mente los ejemplos históricos debatidos en los capítulos 5–7, sobre todo la forma en que Zuinglio y Calvino reunieron el liderazgo de sus iglesias para ayudar con el entrenamiento pastoral.

12 Muchos de los libros que tratan la mentoría y el entrenamiento toman este enfoque en lugar de centrarse en el entrenamiento en la iglesia local, por ejemplo: Paul D. Stanley y J. Robert Clinton, *Connecting: The Mentoring Relationships You Need to Succeed in Life* (Colorado Springs: NavPress, 1992); Regi Campbell, *Mentor Like Jesus* (Nashville: B&H, 2009). Aunque ofrecen una valiosa ayuda en la mentoría, se saltan este aspecto fundamental de la experiencia de la comunidad de la iglesia local en el entrenamiento.

13 Joel R. Beeke y Terry D. Slachter, *Encouragement for Today's Pastors: Helps from the Puritans* (Grand Rapids: Reformation Heritage Books, 2013), 25-37.

14 Los pastores encontrarán que el libro de Thomas K. Ascol, ed., *Dear Timothy: Letters on Pastoral Ministry* (Cape Coral, FL: Founders Press, 2004) es un excelente recurso para ayudar en la vida personal y en el ministerio.

15 Paul R. Gupta y Sherwood G. Lingenfelter, *Breaking Tradition to Accomplish Vision: Training Leaders for a Church-Planting Movement* (Winona Lake, IN: BMH Books, 2006), 209.

16 Véanse Mark E. Dever, *Nine Marks of a Healthy Church*, nueva ed. ampliada (Wheaton, IL: Crossway, 2004) y Mark E. Dever y Paul Alexander, *The Deliberate Church: Building Your*

Palabra y valora la orientación en el ministerio, el pastor debería dirigir a la congregación a adueñarse del proceso de entrenamiento para el ministerio. Como hizo Spurgeon con su iglesia,[17] el pastor debe mostrarles lo fundamental que será una congregación centrada en el evangelio para entrenar futuros ministros. Esto convoca a la iglesia para que se involucre orando por la preparación, apoyándola económicamente y alentando a los aprendices en cada oportunidad. Significa asistir para escucharlos predicar aun cuando los aspirantes estén luchando en sus primeros intentos. Se requiere una disposición a aceptar a los estudiantes pastorales con su inexperiencia, entrando lentamente a las funciones del liderazgo bajo la mentoría del pastor titular, del personal y de los ancianos. La congregación debe entender que tiene gran responsabilidad, junto con el pastor y los ancianos, para evaluar los dones de los aprendices pastorales para el ministerio o las misiones, a la vez que ayudan a prepararlos para su obra futura.[18] Si los aprendices fracasan en ministrar en una congregación sana, no deben lanzarse al ministerio hasta que se produzcan cambios relevantes. Por otra parte, si sus dones demuestran un desarrollo sistemático, la congregación debe estar dispuesta a confirmarlos y alentarlos.

Un equipo de liderazgo comprometido

Es necesario que los ancianos (o diáconos, si son los líderes pastorales de hecho) estén implicados en la planificación y el desarrollo del entrenamiento pastoral. Poseen un profundo y maravilloso conocimiento de cómo conectarse con una congregación, cómo iniciar una nueva obra, cómo alimentar a un grupo pequeño, cómo involucrarse en el ministerio local y la misión, y cómo aconsejar y entrenar a los miembros de la iglesia. Asimismo, deberían involucrarse en los aspectos de entrenamiento de los aprendices pastorales alojándolos, invitándolos a comer, reuniéndose con ellos con regularidad, llevándolos a un grupo de rendición de cuentas, etc. Conforme construyen relaciones con los aspirantes pastorales, estos estarán más dispuestos a recibir sus críticas y se gozarán en sus reafirmaciones.[19] Los ancianos, junto con el personal de la iglesia, están en la mejor posición para apoyar la obra congregacional del cuidado pastoral, de manera que el pastor titular pueda dedicar un tiempo adicional al entrenamiento y la mentoría de sus protegidos. De otro modo, sin esta inversión por parte del liderazgo de la iglesia,

Ministry on the Gospel (Wheaton, IL: Crossway, 2005), para la descripción de una iglesia saludable y una descripción expandida de las prácticas de una iglesia saludable.

17 Spurgeon, *Autobiography*, 1:98.

18 Rodney Harrison, Tom Cheyney y Don Overstreet, *Spin-Off Churches: How One Church Successfully Plants Another* (Nashville: B&H Academic, 2008), 70.

19 Véase Sam Crabtree, *Practicing Affirmation: God-Centered Praise for Those Who Are Not God* (Wheaton, IL: Crossway, 2011).

el pastor titular podría agotarse pronto por las exigencias adicionales respecto a su tiempo.[20]

Un proceso para seleccionar a los aprendices pastorales

Una vez que el pastor, el liderazgo y la congregación estén de acuerdo en invertir tiempo, personal y recursos en los ministerios de formación, el pastor y los ancianos necesitarán decidirse por un proceso para seleccionar a los aspirantes pastorales. Si los candidatos han sido miembros de la iglesia durante el tiempo suficiente para observar su carácter cristiano, su llamado al ministerio, su educabilidad, su espíritu de colaboración y su celo para la obra pastoral, la decisión será fácil. De otro modo, desarrolle un proceso de aplicación que incluya lo siguiente: *una página para cada cosa*: el testimonio cristiano, qué es el evangelio, una descripción básica de la iglesia del Nuevo Testamento, descripción básica del sistema político del Nuevo Testamento; el testimonio del llamado al ministerio; *breve respuesta*: conformidad con la declaración doctrinal de la iglesia, planes particulares para pastorear, plantar, revitalizar o hacer obra misionera, descripción del caminar espiritual personal, descripción de las relaciones de familia y los nombres de tres o cuatro referencias que hayan tenido la oportunidad de observarlo al menos durante un período de entre uno y tres años; *una o dos páginas*: un ensayo que explique por qué desea el candidato el entrenamiento pastoral. Entender que un aspirante al entrenamiento podría carecer de un firme testimonio o tener fallas críticas en su comprensión de la iglesia y que eso sería una razón para declinar su participación en el programa. No es que el pastor o el líder debieran esperar que un candidato haya llegado a comprender y tener práctica en cada ámbito, sino que debe haber pruebas de que responde a la intensidad de la preparación para el ministerio pastoral.

Hacer planes

Planificar el entrenamiento pastoral sería similar a programar de uno a tres cursos a nivel de la licenciatura en teología. Los estudiantes aprecian que los profesores se tomen el tiempo de pensar en los detalles de los requisitos de clases y participación. Del mismo modo, los aprendices pastorales deberían esperar conocer algunos detalles por adelantado para que puedan invertir en la preparación. La siguiente lista ofrece algunas recomendaciones para lo que pudiera formar parte de un proyecto de entrenamiento pastoral ministerial de seis a doce semanas:

- **Desarrollar un plan de estudios que muestre requisitos de lectura y generales.**

20 Dever y Alexander, *Deliberate Church*, 133-136.

- **Planear programas semanales para una mentoría cara a cara y clases a grupos pequeños.**
- **Adquirir los recursos necesarios para los alumnos pastorales en prácticas; decidir si tienen que hacerse cargo de algunos gastos.**
- **Planificar el nivel de deberes en el que se involucrarán los aprendices pastorales.**
- **Planificar las relaciones de rendición de cuentas entre los aprendices y el liderazgo de la iglesia.**
- **Planificar la involucración entre la congregación y los alumnos pastorales.**
- **Decidir si los aprendices pastorales lo serán a tiempo completo y el importe de estipendio, si lo hay, para sostenerlos; o a tiempo parcial, y el estipendio necesario, si es el caso; desarrollar los programas en consecuencia.**
- **Identificar áreas específicas o reducidas de enfoque según las necesidades de los aprendices.**
- **Delegar en pastores, ancianos, personal y diáconos las responsabilidades del entrenamiento.**
- **Considerar la colaboración con un seminario:**
  - **¿Será esto para crédito académico?**
  - **¿Tiene usted una relación establecida con un seminario para liderar algunos cursos?**
  - **¿Tiene usted las credenciales académicas para liderar una clase o necesitará de un catedrático?**
  - **¿Puede enviar a los internos pastorales a un seminario para recibir clases que usted no puede impartir por no tener credenciales?**
  - **¿Existe la posibilidad de albergar clases de seminario en su iglesia, impartidas por el profesorado del seminario?**
  - **¿Posee usted recursos de biblioteca adecuados para los conceptos básicos del ministerio pastoral?**
  - **¿Quiere seguir el trazado del seminario? ¿Preferiría dejar que el seminario haga su trabajo e intentar acompañar como iglesia local encargándose de la aplicación pastoral?**

Comunicarse con los internos pastorales

Tomarse tiempo para escuchar a los internos pastorales, entender sus luchas y sus preguntas hará progresar la dirección del entrenamiento pastoral. Pregunte qué esperan los aprendices de la mentoría y del entrenamiento. Descubra sus temores respecto a diversos aspectos del ministerio. Especifique las expectativas durante la formación, tanto en la vida pública como privada. Establezca un método de comunicación con ellos (correo electrónico, mensajes de texto, llamadas telefónicas) y mantenga la regularidad. Desarrolle una rúbrica o pauta que le permita evaluar el progreso realizado por los aprendices y la mentoría. Sea franco y directo con los protegidos respecto a su progreso en el ministerio.

La estructura del entrenamiento pastoral

Dado que no existe una fórmula única, lo siguiente propone un enfoque básico al entrenamiento pastoral, con capas adicionales añadidas según lo permitan las oportunidades. Recomiendo empezar con la estructura básica antes de esforzarse hacia las metas para el entrenamiento ministerial que encaje con los dones y los recursos del pastor, los ancianos y la congregación. Al actuar así, los pastores y las iglesias resolverán algunas de las cuestiones que pueden ser problemáticas en la formación, antes de involucrarse en un modelo de entrenamiento más complicado y caro. Si los pastores y las iglesias desean comprometerse en misiones y en la plantación y revitalización de iglesias será necesario que inviertan en orientar a los jóvenes líderes a los que pueden enviar a la obra.[21] El costo en términos de tiempo, energía, economía y cambio no puede medirse cuando se considera el resultado de preparar a una nueva generación que impacte al mundo estableciendo iglesias centradas en el evangelio.[22]

Un modelo básico de mentoría

Lo «básico» no minimiza la eficacia de este enfoque a la mentoría y al entrenamiento; más bien, se refiere a no complicar el proceso. Para empezar, el pastor intentará orientar tan solo a uno o dos jóvenes ministros a la vez. Podrían ser miembros de la iglesia que el pastor y los ancianos reconozcan que demostraron dones para el ministerio. En tales casos, el pastor debería iniciar el entrenamiento pastoral. Si se considera a un aspirante de fuera de la iglesia, el proceso de aceptación explicado al principio de este capítulo podría valer. Dedique tiempo a exponer sobre el evangelio, la iglesia y el ministerio cristiano con los aprendices, con el fin de calibrar por dónde empezar a leer, debatir y asignar tareas. Tómese mucho tiempo para escuchar a los aprendices. Bob Roberts afirma con razón: «Una buena mentoría no se inicia con abrazos, sino escuchando, observando y después desafiando».[23] Haga una orientación a medida, según las necesidades específicas del aprendiz.

21 Bob Roberts Jr., *The Multiplying Church: The New Math for Starting New Churches* (Grand Rapids: Zondervan, 2008), 90.

22 Timothy Keller, *Center Church: Doing Balanced, Gospel-Centered Ministry in Your City* (Grand Rapids: Zondervan, 2012), 46-51.

23 Roberts Jr., *Multiplying Church*, 92.

Desarrolle un plan de lectura, discusión, proyectos ministeriales, construcción de sermones, tareas escritas y oportunidades de poner a prueba los dones para la predicación y la enseñanza, y una forma de evaluar el progreso.[24] Decida la frecuencia con la que tendrán lugar las reuniones. Incorpore una praxis como parte del entrenamiento. El protegido necesitará tener la oportunidad para predicar ante una audiencia y recibir afirmación y crítica; haga planes para tales ocasiones.[25] Él necesitará ocasiones para unirse al pastor, al personal o a los ancianos en diversos tipos de visitas, asistir a funerales, a bodas, incluidos los ensayos y, de ser posible, incluso participar en las sesiones de consejería. Será necesario que realice tareas administrativas reales que afecten al ministerio eclesiástico. Tendrá que ver los entretelones del ministerio diario de la iglesia y probar su capacidad sirviendo en esos entornos. La presentación de informes regulares será fundamental para el entrenamiento.

Si el alumno está siendo preparado para plantar o revitalizar iglesias, el pastor tendrá que dirigir la lectura y la investigación en estos campos.[26] Esto mismo será cierto en quienes tienen por objetivo pastorear o dedicarse a la obra misionera. Comience la lectura y las explicaciones construyendo una fuerte teología de la iglesia. El pastor deberá ayudar a los aprendices a filtrar las páginas de material para discernir la metodología bíblica adecuada de la iglesia que tenga un buen fundamento en una eclesiología sana. El debate regular de estos temas, las visitas a las iglesias recién plantadas o revitalizadas (o que estén en el proceso) fortalecerán las tertulias. Los aspirantes que acompañen a pastores y ancianos en viajes misioneros darán visión a quienes se preparan para las misiones internacionales. El mentor podría proporcionarle al protegido algunos estudios de casos en su área de interés ministerial para ver cómo trata los detalles.[27] Este tipo de mentoría y entrenamiento llegará lejos, por cuanto le proporcionará al futuro plantador o revitalizador de iglesias las herramientas fundamentales que necesitará. También

24 Véase el Apéndice para una lista de lectura sugerida.

25 En una mentoría de un año, sugiero que el alumno pastoral predique al menos entre seis y diez veces, y que se le provea oportunidades de enseñar a grupos pequeños. El pastor tendrá que revisar las notas del sermón antes de que el aprendiz lo predique, con el fin de proveer suficiente dirección, seguido por una crítica después del mismo. Siga un libro sobre predicación, por ejemplo, Bryan Chapell, *Christ-Centered Preaching: Redeeming the Expository Sermon*, 2ª ed. (Grand Rapids: Baker Academic, 2005), como guía para el proceso de preparación. Programar tiempos de predicación podría resultar un reto en el programa regular de la iglesia, de modo que utilizar una alternativa, como las que siguieron Zuinglio, Calvino y Spurgeon, indicadas con anterioridad, también podría servir al proceso.

26 Véase la extensa bibliografía de Ed Stetzer sobre la plantación de la iglesia, Ed Stetzer, «Church Planting Bibliography», s.l. [citado el 25 de enero de 2012], http://www.christianitytoday.com/edstetzer/2009/april/church-planting-bibliography.html. Véase el Apéndice para los libros recomendados sobre la revitalización.

27 Roberts Jr., *Multiplying Church*, 92, escribe: «Deles las cosas en pequeñas dosis y obsérvelos».

le provee tiempo para perfeccionar sus dones y sus capacidades antes de enfrentarse a la presión del ministerio.[28]

Transcurridos de seis a nueve meses en el proceso de mentoría, el mentor debería tener una idea de si su protegido parece preparado para ser enviado, si precisa otro año o dos de entrenamiento o considerar el servir a la iglesia de Cristo de un modo diferente. Conforme el mentor trabaje para construir una fuerte relación con su aprendiz, tendrá la capacidad de hablar a su vida, aunque pueda ser doloroso para ambos, ya que podría quedar expuesta alguna debilidad patente.[29] Por encima de todo, tiene que ser un modelo para su protegido, como Jesús lo fue para sus discípulos, dirigiendo con el ejemplo.[30] Cuando el entrenamiento oficial llegue a su fin, el pastor ha de entender que en realidad no ha acabado. Probablemente seguirá siendo mentor durante algunos años, aunque el contacto pueda ser más infrecuente, ya que el protegido avanza a su propio ministerio.

Cada uno de los modelos de entrenamiento siguientes incorporará esta estructura básica como fundamental para su desarrollo. Estos modelos añaden otra dimensión al modelo básico.

Colaboración entre el seminario y la iglesia local en el entrenamiento

El pastor y el liderazgo de la iglesia precisarán alinearse con un seminario en particular para la educación teológica de sus alumnos pastorales. La formación del seminario debería ser a tiempo completo, por ejemplo, como la practicada por la Lakeview Baptist Church de Auburn y The Southern Baptist Theological Seminary Great Commission Equipping Network. Aunque el seminario proporciona gran parte del entrenamiento académico, la iglesia local desarrolla planes para realizar la aplicación eclesiástica. Sirven como colaboradores, reconociendo los puntos fuertes de cada cuerpo para preparar a los aprendices pastorales para el futuro ministerio.

Si un estudiante ha completado al menos el primero o segundo año de su trabajo de seminario, podría ajustarse mejor a compaginar el seminario y el trabajo de la iglesia local. En la medida de lo posible, parece mejor que la tarea académica pueda entrecruzarse con los énfasis de la iglesia, por ejemplo, los cursos en misiones, la eclesiología, la plantación de iglesias, el ministerio pastoral, la consejería, la hermenéutica y la homilética, así como el liderazgo. Si el liderazgo eclesiástico tiene que enseñar capacitaciones académicas, entonces habría que

28 Ben Ingebretson, *Multiplication Moves: A Field Guide for Churches Parenting Churches* (Grand Rapids: Faith Alive Resources, 2012), 116-117.

29 Véase Thomas y Wood, *Gospel Coach*, 23-108, para una explicación útil sobre este tema.

30 Ted W. Engstrom, *The Making of a Christian Leader* (Grand Rapids: Pyranee Books, 1976), 37.

procurar hacer arreglos con el seminario para que imparta, si es posible, algunas de las clases en la iglesia local. Esto le proporcionará al pastor una relación más fuerte con el seminario, y viceversa. El método normal de la evaluación del curso será útil para que el mentor pastoral edifique sobre los puntos fuertes del aprendiz y perfeccione las áreas de debilidad. El orientador y el aprendiz tendrán que determinar la duración del entrenamiento.

Durante un período en que entrenaba a un alumno pastoral que sentía el llamado a las misiones globales, The Southeastern Baptist Theological Seminary —donde estaba matriculado como estudiante— me dio la oportunidad de diseñar una clase a medida sobre la plantación internacional de iglesias, que se enfocaba sobre un grupo particular de personas no alcanzadas. Más adelante, este joven y su esposa sirvieron entre ellas. La inversión al tratar con ese enfoque reducido demostró ser útil en su preparación para la obra misionera, así como para informarme a mí con mayor detalle mientras dirigía a nuestra congregación en oración por ellos y en su sostén.

Un modelo de entrenamiento pastoral a tiempo completo

El modelo de entrenamiento pastoral a tiempo completo podría parecerse a las residencias discutidas en los capítulos 10–12 para la Capitol Hill Baptist Church, The Summit Church y Grace Church. Será necesario que el liderazgo decida si el alumno ha de tener una licenciatura en teología antes de participar, o si el modelo es más adecuado para quien se prepara para asistir al seminario. El aprendiz pastoral sirve a tiempo completo en la iglesia en aquellas capacidades planificadas por el pastor y el liderazgo. Cabría esperar cierta medida de compensación en este modelo, de manera que la iglesia tendrá que determinar con tiempo el nivel de estipendio y las disposiciones para su alojamiento, si fuera necesario, así como el tiempo invertido por parte del pastor y el personal. Será preciso desarrollar un plan de estudios a largo plazo y el programa semanal de responsabilidades y tareas. El plan de estudios podría determinarse mejor tras pasar algún tiempo conociendo al interno pastoral, para encomendarle deberes a su medida, que desarrollen sus puntos fuertes y fortalezcan sus debilidades.

La posibilidad de praxis en una capacitación pastoral a tiempo completo parece ilimitada. El aprendiz tendrá que experimentar toda la gama del ministerio de la iglesia local. ¡Si se va a dedicar a ella, será mejor que se vaya acostumbrando!

Junto con la praxis, el aprendiz pastoral necesitará una lectura sustancial que coordine con las áreas de la vida de la iglesia: predicación, enseñanza, teología, eclesiología, sistema de gobierno, liderazgo, consejería, misiones, discipulado, entre otros. Por supuesto, las tareas tendrán que mantener en mente un buen equilibrio entre el tiempo para leer y el tiempo para la práctica. La lectura y la discusión que sigue con el mentor ayudarán a poner a prueba, informar y fomentar las aptitudes de un pensamiento crítico respecto al ministerio. El mentor también tendrá que especializarse en el involucramiento del aprendiz en la iglesia, en la construcción de relaciones, en refinar las aristas de su personalidad y de sus aptitudes relacionales, cumpliendo las tareas en el momento oportuno y desarrollando la ética de trabajo.

Establezca metas u objetivos claros al principio del período de formación, para que exista una herramienta para medir el progreso. La duración del entrenamiento también tendrá que determinarse para que se permita el tiempo adecuado para cultivar los dones y las capacidades del aprendiz con el fin de que esté listo para la obra pastoral.

Modelo de aprendizaje a tiempo completo para el plantador de iglesias

Este modelo de aprendizaje para el plantador de iglesias sigue la práctica de The Summit Church descrito en el capítulo 11. La intención es entrenar al aprendiz de plantación de iglesias (PI) y después enviarlo con miembros de la congregación a plantar una iglesia. Este es el tipo más estratégico de entrenamiento de PI, ya que todo su enfoque se centra en ello. Se podría hacer lo mismo con el enfoque en la revitalización de la iglesia, en las misiones o en la obra pastoral.[31] En este caso, habrá que terminar todo el trabajo del seminario antes de empezar el período de residencia. A la vez que se tiene en mente el contenido del entrenamiento pastoral básico, este modelo también presta atención a las estrategias en la plantación de iglesias, la evangelización/el discipulado, las misiones, las cuestiones culturales, los ministerios de misericordia y la construcción de relaciones. La lectura, las tareas, el debate, la mentoría y la praxis tendrán que incorporar estas áreas de ministerio. El objeto de este modelo será un acercamiento práctico al ministerio, complementado con una lectura intensiva, discusión y tareas. Será necesario que el mentor observe intensamente la coherencia, la humildad, la actitud, la capacidad de trabajar con otros, la sumisión, la diligencia, la ética de trabajo, las aptitudes del liderazgo y las disciplinas espirituales del protegido a lo largo de la praxis y de las sesiones de orientación. Tendrá que confirmar y corregir, entendiendo que su aprendiz pronto dirigirá a miembros de su propia congregación para plantar una nueva obra.

Ben Ingebretson señala: «La selección del plantador principal es la decisión más importante en el comienzo de una nueva iglesia».[32] Por consiguiente, el

31 Véase también McKinley, *Church Planting*, 27, quien describió un proceso similar al que él experimentó en la Capitol Hill Baptist Church antes de ser enviado a revitalizar una iglesia en Virginia.

32 Ingebretson, *Multiplication Moves*, 114.

modelo de residencia proporciona la oportunidad más minuciosa para evaluar la aptitud y los dones del aprendiz para plantar iglesias, ya que los ejercerá en la vida real, en el entorno de la iglesia local. Como indica sabiamente Mike McDaniel, la iglesia local es la mejor herramienta evaluadora del plantador de iglesias.[33] El cronograma para la residencia debería apuntar a liberarlo para ser enviado por la iglesia con los miembros en quienes haya invertido tiempo preparándolos para servir como parte del equipo de liderazgo en la nueva plantación de iglesias. En esta estructura, lo mejor sería que el residente recibiera un salario mientras está siendo entrenado, pero la iglesia también invertirá económicamente en el comienzo de la nueva iglesia.

CONCLUSIÓN

Antes de iniciar un ministerio de formación pastoral, el pastor y el liderazgo de una iglesia necesitarán evaluar sus objetivos para involucrarse en entrenar a jóvenes ministros. La obra añadirá a la ya pesada carga del ministerio local, de modo que necesitarán entrar en ella con entusiasmo para proseguir la tarea. También habrán de entender los aspectos únicos del entorno de su iglesia local, la estructura del liderazgo y la comunidad que pueda realzar el modelo de entrenamiento. También será necesario que consideren cómo podrían contribuir diversos miembros de la congregación a la formación de los jóvenes ministros, por ejemplo, aquellos cuyas experiencias de vida les hayan enseñado cómo aplicar el evangelio en tiempos de necesidad. ¿Formarán con miras a preparar a un plantador o revitalizador de iglesias? ¿O entrenarán con el fin de entrenar a un pastor o a un misionero?

Cualquiera que sea la orientación del modelo de entrenamiento, sirve para preparar a la generación siguiente para los desafíos del ministerio pastoral. Al actuar así, la iglesia mentora sirve al reino de Cristo alistando a quienes siguen el llamamiento divino a plantar, revitalizar, pastorear o llevar a cabo la obra misionera para liderar iglesias centradas en el evangelio, así como las iglesias los entrenaron a ellos.

Mi propósito ha sido demostrar que la mejor mentoría para el ministerio pastoral tiene lugar dentro de la estructura de una congregación sana. Cualquiera que sea el modelo de formación elegido, al margen del firme caminar del mentor pastoral con Cristo, el elemento más importante en el entrenamiento será una iglesia que viva y manifieste el evangelio en sus relaciones, ministerios y misión. En un entorno así, el futuro pastor empieza a entender la importancia y el peso del trabajo que tiene por delante. Asimismo, tiene un claro modelo grabado en

33 Mike McDaniel, «Why You Should Do a Church Planting Residency», en SendRDU (6 de febrero de 2012), s.l. [citado el 12 de febrero de 2013], www.sendrdu.com/blog/page/5.

su mente que tomará forma a medida que se dirija a un entorno de misión o asuma la obra de revitalización, o planee una nueva iglesia. La orientación y el entrenamiento lo han ayudado a comprender cómo dirigir a una congregación para que se convierta en una iglesia sana, centrada en el evangelio para la gloria de Dios. Una iglesia mentora —mediante la colaboración de los pastores y de la congregación— multiplica la obra del reino a través de un entrenamiento fiel y enviando a nuevos pastores y misioneros a la misión de Cristo.

CONCLUSIÓN

AHORA LE TOCA A USTED

Fui alguien que necesitó *una mentoría organizada* que me entrenara para los años de ministerio pastoral, pero esto sencillamente no ocurrió. No obstante, *sí se produjo* en numerosas otras formas cuando los miembros de las iglesias sirvieron como instrumentos de Dios para perfeccionarme y moldearme para la obra pastoral. El Señor trajo al pastor adecuado, a un cristiano mayor o a un nuevo creyente de corazón hambriento a mi vida para que me ayudaran a avanzar. Las biografías de quienes viajaron antes que yo me proporcionaron percepción sobre el ministerio, me desafiaron en momentos de debilidad y me inspiraron a ser fiel al llamamiento de Dios al ministerio del evangelio.

Sin embargo, por el camino he cometido errores suficientes para llenar un abultado libro, no por culpa de quienes me ayudaron a lo largo de los años, sino debido a mis ideas erróneas, mi idealismo, mi obcecación, mi ignorancia y mi inexperiencia respecto a la obra pastoral. Creo que por esta razón siento tal entusiasmo por la mentoría: es algo que percibo cada día bajo el peso del ministerio del evangelio.

Con toda probabilidad, algunos que lean esta conclusión sentirán la misma carga al entrenar a quienes se preparan a entrar en una obra de pastorado, se embarcan en las misiones, se lanzan a plantar una nueva iglesia o sirven a una congregación como anciano o líder. Sin duda, la tarea de orientación puede compararse a tallar una figura a partir de un bloque de granito o a dar forma a un trozo de arcilla y hacer una copa útil. La única forma de que la figura pueda emerger o que la copa se moldee será que usted ponga manos a la obra. No sucederá con solo mirarlos fijamente.

Esta es la razón del libro que acaba de terminar. Al considerar los modelos bíblicos para la mentoría en comunidad, ha visto cómo funciona. Los candidatos moldeados por Jesús, Pedro y Pablo no eran distintos del pastor o el misionero potenciales de su congregación. Aman a Cristo, desean servirle, pero podrían equivocarse sin su dirección y su disposición a hablar a sus vidas sobre las disciplinas espirituales, interpretar las Escrituras, predicar a Cristo y pastorear a la iglesia.

Que yo haya seleccionado a Zuinglio, Calvino, Spener, Gano, Spurgeon y Bonhoeffer como modelos de mentoría histórica no hace más que rozar el borde del manto. Conforme lea la historia de la Iglesia y las biografías de pastores y misioneros, observe las influencias sobre sus vidas que los prepararon para el ministerio. Es posible que encuentre algunos patrones similares a lo que haya leído respecto a los escogidos en este libro. Pero también descubrirá ángulos de la orientación que no he mencionado. Siga aprendiendo de quienes nos precedieron.

Los modelos contemporáneos, como los históricos, representan solo unos cuantos de entre los centenares de modelos de mentoría. He convertido en una práctica el preguntar a los pastores cómo entrenan a los futuros obreros del evangelio. ¡He aprendido tanto al hacer preguntas, escuchar y poner a prueba! Lo aliento a que haga lo mismo. No estamos en una competición, sino que colaboramos los unos con los otros en el entrenamiento de la siguiente generación que servirá fielmente a la Iglesia de Cristo.

Ahora le toca a usted. ¿Quién, en su congregación, muestra interés en la obra pastoral o de misión? ¿Quién es un potencial candidato a anciano o a líder de la iglesia? ¿A quién ve ya haciendo la obra del ministerio y necesita perfeccionamiento pastoral? *Ellos son sus aprendices.* Búsquelos. Usando ideas que ha leído en este libro, desarrolle un modelo que encaje con usted, con sus aprendices y en su contexto pastoral. Tal vez su modelo no sea parecido al de Spurgeon, al de Al Jackson o Mark Dever ni al mío; mejor así, porque es su modelo, su mentoría, que servirá a su congregación y preparará a nuevos líderes para la obra del reino. Confíe en el Señor de la Iglesia con el fin de recibir la gracia para abordar el entrenamiento de la nueva generación.

APÉNDICE

LIBROS SUGERIDOS PARA LA FORMACIÓN PASTORAL

FORMACIÓN ESPIRITUAL

Brooks, Thomas. *Remedios preciosos contra las artimañas de Satanás*. Libros puritanos de bolsillo. El Estandarte de la Verdad 2009 de la edición de 1652.

Burroughs, Jeremiah. *El contentamiento cristiano… Una joya rara*. Libros puritanos de bolsillo. El Estandarte de la Verdad, 1999 de la edición de 1648.

Ferguson, Sinclair. *Solo en Cristo: Una vida centrada en el evangelio.* Medellín, Colombia: Poiema Publicaciones, 2016.

Owen, John. *Victoria sobre el pecado y la tentación*. Lima: Teología Para Vivir, 2019.

Spener, Felipe Jacobo. *Pia Desideria*. Buenos Aires: Instituto Universitario ISEDET, 2007.

Whitney, Donald. *Disciplinas espirituales para la vida cristiana*. Carol Stream, Il.: Tyndale House Publishers, 2014.

ECLESIOLOGÍA

Agustín. *La ciudad de Dios*. Traducido del latín al castellano por José Cayetano Díaz de Beyral. Madrid: Apostolado de la Prensa, 1941.

Dever, Mark E. *Una iglesia saludable*. Versión abreviada. Publicaciones Faro de Gracia, 2003.

Keller, Timothy. *Iglesia centrada: Cómo ejercer un ministerio equilibrado y centrado en el evangelio en su ciudad*. Miami, FL.: Editorial Vida, 2012.

La Didaché: La doctrina de los doce apóstoles. Edición Kindle, DeusCanticum.com, 2012.

HERMENÉUTICA

Aleman, Lucas, ed. gen. *La hermenéutica de Cristo*. Grand Rapids, MI: Editorial Portavoz, 2020.

Chou, Abner. *La hermenéutica de los escritores bíblicos*. Grand Rapids, MI: Editorial Portavoz, 2019.

PREDICACIÓN

Ash, Christopher. *La predicación como prioridad.* Ciudad Real: Editorial Peregrino, 2018.

Chapell, Bryan. *La predicación cristocéntrica*. Medellín, Colombia: Poiema Publicaciones 2020.

Clowney, Edmund P. *Predica a Cristo desde toda la Escritura.* Barcelona: Publicaciones Andamio, 2016.

Lloyd-Jones, D. Martyn. *La predicación y los predicadores*. Ciudad Real: Editorial Peregrino, 2010.

Sunukjian, Donald. *Volvamos a la predicación bíblica*. Grand Rapids, MI: Editorial Portavoz, 2010.

MINISTERIO PASTORAL

Ascol, Thomas K., editor. *Querido Timoteo: Cartas sobre el ministerio pastoral.* Graham, NC: Publicaciones Faro de Gracia, 2011.

Dever, Mark y Paul Alexander. *La iglesia deliberante: Edificando su ministerio en el evangelio.* Publicaciones Faro de Gracia, 2008.

Grace Community Church. *Siervo fiel: Distintivos esenciales del ministerio pastoral.* Grand Rapids, MI: Editorial Portavoz, 2020.

Gregorio Magno. *Regla pastoral.* Traducido por Alejandro Holgado Ramírez y José Rico Pavés; Madrid: Editorial Ciudad Nueva, segunda edición: 2001.

MacArthur, John, editor. *El ministerio pastoral: Moldeando el ministerio pastoral del siglo XXI con principios bíblicos*. Barcelona: Clie, 2005.

Marshall, Colin y Tony Payne. *El Enrejado y la Vid: Una visión que transformará tu iglesia*. Torrentes de Vida, 2010.

San Benito. *La regla de san Benito*. Zamora: Ediciones Monte Casino, 1985.

Spurgeon, Charles Haddon. *Discursos a mis estudiantes.* El Paso, TX: Casa Bautista de Publicaciones, reedición 2006; de la edición de 1950.

CONSEJERÍA

Clinton, Tim y Ron Hawkins. *Consejería bíblica: Manual de consulta sobre 40 temas críticos*. Grand Rapids, MI: Editorial Portavoz, 2013.

Collins, Gary. *Consejería cristiana efectiva*. Grand Rapids, MI: Editorial Portavoz, 1992.

Pierre, Jeremy y Deepak Reju. *El pastor y la consejería: Los fundamentos de pastorear a los miembros en necesidad*. Colombia: Poiema Publicaciones, 2018.

LIDERAZGO

Mohler, R. Albert Jr. *Un líder de convicciones: 25 principios para un liderazgo relevante*. Nashville, TN: B&H Español, 2017.

Sanders, J. Oswald. *Liderazgo espiritual*. Grand Rapids, MI: Kregel Publishing, 1995.

DISCIPULADO Y MISIÓN

Bonar, Horatius. *Palabras para el ganador de almas*. Edición Kindle, reeditado de la edición de 1860.

Coleman, Robert E. *Plan supremo de evangelización*, El Paso, TX: Casa Bautista de Publicaciones, 2003.

Dever, Mark. *El evangelio y la evangelización personal*. México: Publicaciones Faro de Gracia, 2014.

Greear, J. D. *Evangelio: Recuperando el poder que hizo el cristianismo revolucionario*. Nashville: B&H Español, 2018.

Green, Michael. *La evangelización en la iglesia primitiva*. Grand Rapids, MI: William B. Eerdmans Publishing Co., 1998.

Packer, J. I. *El evangelismo y la soberanía de Dios*. México: Publicaciones Faro de Gracia, 2015.

Piper, John. *¡Alégrense las naciones!: La supremacía de Dios en las misiones*. Barcelona: Editorial Clie, 2007.

Sills, M. David. *Alcanzando y capacitando: Un llamado a obedecer la Gran Comisión*. Nashville, TN: B&H Publishing, 2016.

BIBLIOGRAFÍA SELECCIONADA

Ascol, Thomas K. *Querido Timoteo: Cartas sobre el ministerio pastoral.* Publicaciones Faro de Gracia, 2011.

Ash, Christopher. *La predicación como prioridad.* Ciudad Real: Editorial Peregrino, 2018.

Banks, Robert J. *La idea de comunidad de Pablo.* Terrasa: Clie, 2015.

Bock, Darrell L. *Lucas.* Comentario bíblico con aplicación NVI. Nashville: Editorial Vida 2011.

Bosch, David J. *Misión en transformación: Cambios de paradigma en la teología de la misión.* Miami: Libros Desafío (2000).

Calvino, Juan. *Institución de la religión cristiana.* Grand Rapids, MI: Libros Desafío, 2012.

Carson, D. A. *Comentario bíblico del expositor: Mateo.* Grand Rapids: Editorial Vida, 2004.

Clowney, Edmund P. *Predica a Cristo desde toda la Escritura.* Barcelona: Publicaciones Andamio, 2016.

Coleman, Robert E. *Plan supremo de evangelización.* El Paso, TX: Casa Bautista de Publicaciones, 1994.

Dallimore, Arnold. *Spurgeon: Una nueva biografía.* Ciudad Real: Editorial Peregrino, 2006.

Dever, Mark. *El liderazgo de la iglesia.* Graham, NC: Publicaciones Faro de Gracia, 2008.

________. *Una iglesia saludable: Nueve características.* Moral de Calatrava: Editorial Peregrino, 2018.

Dever, Mark y Paul Alexander. *La iglesia deliberante: Edificando su ministerio en el evangelio*. Graham, NC: Publicaciones Faro de Gracia, 2008.

Engstrom, Ted W. *Un líder no nace, se hace*. Madrid: Editorial Betania, 1980.

Eusebio. *Historia eclesiástica*. Barcelona: Editorial Clie, 2008.

González, Justo L. *Historia del pensamiento cristiano: Desde san Agustín hasta la Reforma protestante*. Tomo 2. Nashville: Editorial Caribe, 2002.

Green, Michael. *La evangelización en la iglesia primitiva*. Grand Rapids: Eerdmans Publishing, 1998.

Gregorio Magno. *Regla pastoral*. Traducido por Alejandro Holgado Ramírez y José Rico Pavés; Madrid: Editorial Ciudad Nueva, segunda edición: 2001, de la edición de 1895.

Grudem, Wayne. *Teología sistemática: Introducción a la doctrina bíblica*. Nashville, TN: Editorial Vida, 2007.

Hunter, James Davison. *Para cambiar el mundo: La ironía, la tragedia y la posibilidad del cristianismo en el mundo actual*. Argentina: Editorial Peniel, 2015. 1ª edición.

Kauflin, Bob. *Nuestra Adoración Importa: Guiando a otros a encontrarse con Dios*. Nashville, TN: B&H Español, 2016.

Keller, Timothy J. *Iglesia centrada: Cómo ejercer un ministerio equilibrado y centrado en el evangelio en su ciudad*. Miami, FL.: Vida, 2012.

Kistemaker, Simon J. *Hechos*. Comentario al Nuevo Testamento. Grand Rapids, MI: Libros Desafío, 2002.

Kittel, Gerhard y Gerhard Friedrich, editores. *Compendio del Diccionario Teológico del Nuevo Testamento*. Grand Rapids, MI: Libros Desafio, 2002.

Knight, George W. III. *Las Epístolas Pastorales, Un comentario sobre el texto griego*. Fairfax, VA: Fundación Hurtado, 2016.

La Didaché: La doctrina de los doce apóstoles. Edición Kindle, DeusCanticum.com, 2012.

Lutero, Martín. *Charlas de sobremesa*. Createspace Independent Pub., 2016

Marshall, Colin y Tony Payne. *El enrejado y la vid: Un ministerio que transforma tu iglesia; discípulos que hacen discípulos*. Colombia: Editorial Torrentes de Vida, 2011.

McKinley, Mike. *¿Soy realmente cristiano?* Ciudad Real: Editorial Peregrino, 2014.

McNeal, Reggie. *Prácticas para la grandeza: 7 Disciplinas extraordinarias del liderazgo*. St. Medley, FL: Edición Peniel, 2010.

Merkle, Benjamin. *Preguntas y respuestas sobre ancianos y diáconos*. Grand Rapids: Editorial Portavoz, 2012.

Metaxas, Eric. *Bonhoeffer: Pastor, Mártir, Profeta, Espía*. Nashville: Thomas Nelson, 2012.

Metzger, Bruce M. *Un comentario textual al Nuevo Testamento Griego.* Stuttgart: Deutsche Bibelges, 2013.

Mohler, R. Albert Jr. *Un líder de convicciones: 25 principios para un liderazgo relevante.* Nashville: B&H Español, 2017.

Newton, Phil A. y Matt Schmucker. *Ancianos en la vida de la iglesia*. Grand Rapids: Editorial Portavoz, 2021.

Packer, J. I. *Evangelismo y soberanía de Dios*. Colombia: Publicaciones Faro de Gracia, 2012.

Piper, John. *La supremacía de Dios en la predicación*. Ciudad Real: Editorial Peregrino, 2008.

________. *Lo que Jesús exige del mundo*. Grand Rapids, MI: Editorial Portavoz, 2007.

San Benito. *La Regla de San Benito.* Zamora: Ediciones Monte Casino, 1985.

Sanders, J. Oswald. *Liderazgo Espiritual.* Grand Rapids, MI: Editorial Portavoz, 1995.

Spurgeon, C. H. *Discursos a mis estudiantes*. El Paso, TX: Casa Bautista de Publicaciones, reedición 2006; de la edición de 1950.

Stott, John. *La misión cristiana hoy*. Buenos Aires. Edicions Certeza, 1977.

________. *Segunda Epístola de Timoteo*. San José, Costa Rica: Desarrollo Cristiano Internacional, 2010.

Walker, Williston. *Historia de la Iglesia cristiana.* Kansas City: Casa Nazarena de Publicaciones, 2011.

Woodbridge, John D., ed. gen. *Grandes líderes de la iglesia.* Nashville, TN: Vida Publishers, 1998.

ÍNDICE DE TEXTOS BÍBLICOS

ÍNDICE TEMÁTICO